中国社会科学院—上海市人民政府上海研究院智库丛书

迈入高铁时代

"两业融合"与
制造业转型升级

高洪玮　著

Entering the Era of
High-speed Rail

"INTEGRATION OF THE TWO INDUSTRIES"
AND THE TRANSFORMATION AND UPGRADING OF
THE MANUFACTURING INDUSTRY

中国社会科学出版社

图书在版编目（CIP）数据

迈入高铁时代："两业融合"与制造业转型升级 /
高洪玮著. -- 北京：中国社会科学出版社，2024.5
（中国社会科学院—上海市人民政府上海研究院智库
丛书）

ISBN 978-7-5227-3574-0

Ⅰ.①迈… Ⅱ.①高… Ⅲ.①高速铁路—影响—制造
工业—产业结构升级—中国 Ⅳ.①F426.4 ②F532.3

中国国家版本馆 CIP 数据核字（2024）第 101560 号

出 版 人	赵剑英
责任编辑	周 佳
责任校对	胡新芳
责任印制	李寡寡

出 版	中国社会科学出版社
社 址	北京鼓楼西大街甲 158 号
邮 编	100720
网 址	http://www.csspw.cn
发 行 部	010-84083685
门 市 部	010-84029450
经 销	新华书店及其他书店

印 刷	北京明恒达印务有限公司
装 订	廊坊市广阳区广增装订厂
版 次	2024 年 5 月第 1 版
印 次	2024 年 5 月第 1 次印刷

开 本	710×1000 1/16
印 张	18.5
字 数	303 千字
定 价	98.00 元

凡购买中国社会科学出版社图书，如有质量问题请与本社营销中心联系调换
电话：010-84083683

目　录

第一章　绪论

第一节　研究背景与意义

一　研究背景

交通运输业是国民经济的基础性和先导性产业。作为一项重要的社会资本，交通基础设施对一个国家和地区的经济社会活动具有重要影响。中华人民共和国成立以来，特别是改革开放以来，中国交通基础设施实现了迅猛发展，超大规模交通网络加快形成，客货运输能力大幅提升，极大地便利了人民的生活，支持和带动了国民经济增长，使中国成为名副其实的交通大国。党的十八大以来，中国交通基础设施建设加快推进，交通运输体系持续完善，全球最大的高速铁路网、高速公路网、世界级港口群陆续建成，航空海运连通全球，服务质量不断提升，逐步实现了由交通大国向交通强国的历史性跨越，为经济社会高质量发展和第一个百年奋斗目标的实现提供了有力保障。其中，高速铁路（以下简称"高铁"）的蓬勃发展，成为交通基础设施建设的突出代表。在 2007 年铁路的第六轮大规模加速后，中国开始通过现有铁路的电气化和新高铁线路的建设，布局全国性的高铁网络，逐步向高铁时代迈进。2008 年，第一条设计时速 350 千米的京津城际铁路建成运营。党的十八大以来，高铁发展进入快车道。2016 年，自主研制、具有完全自主知识产权、达到世界先进水平的标准动车组成功试跑。2012—2021 年，全国高铁营业里程增长 3 倍多，从 9356 千米到突破 4 万千米，占世界高铁总里程的 2/3 以上，覆盖了 95% 以上的百万人口及以上的城市，中国迈入高铁时代。目前，中国高铁在运营里程、建设规模、商业运营速度等方面均居于世界首位，与高铁有关的配套设施和产业的发展水平也位居前列。作为一种快速安全、便利环保的客运交通基础设施，高铁能够极大地改善原有交通运输网络，有效压缩时空距离，变革城市间的空间联系，促进人员、知识和信息等要素的加快流动、配置优化和集聚发展，为"两业融合"与制造业高质量发展提供了坚实基础和有利契机。

制造业是国民经济的主体，在现代经济体系中具有重要的引领和支撑作用。塑造具备国际竞争力的制造业一直是中国提升综合国力的重要支撑。中华人民共和国成立 70 余年来，虽然依托技术集成实现了制造能力的大幅度提升，成为"制造大国"和"世界工厂"，却始终没能成为"制造强国"，在创新能力、产品质量以及信息化水平等方面仍与发达国家存在较大的差距，从而使中国制造长期处于全球价值链的中低端。党的十八大以来，党中央高度重视制造业发展，习近平总书记多次强调要大力发展制造业和实体经济，提出要把制造业高质量发展作为构建现代化产业体系的关键环节，推动中国从"制造大国"向"制造强国"迈进，制造业综合实力显著提升，重点领域创新突破不断实现，产业结构持续优化，有力支撑了中国经济的高质量发展。尽管发展质量持续提升，中国制造业与美国、日本、德国等传统制造强国相比仍存在较大差距。与此同时，中国制造业发展的国际环境日趋严峻，新一轮科技革命和产业变革加速演进，经济全球化遭遇逆流，全球先进制造业竞争加剧，部分西方国家对中国高科技行业进行持续封锁和打压，产业链韧性与安全问题加快显现，制造业及整个产业体系结构的转型升级迫在眉睫。2020 年 10 月召开的党的十九届五中全会提出，要加快发展现代产业体系，推动经济体系优化升级，坚持把发展经济着力点放在实体经济上，坚定不移建设制造强国，推进产业基础高级化、产业链现代化，提升经济质量效益和核心竞争力。2022 年 10 月，党的二十大报告指出，要坚持把发展经济的着力点放在实体经济上，加快建设制造强国，推动制造业高端化、智能化、绿色化发展。这表明制造业转型升级仍是中国"十四五"时期及未来较长一段时期的艰巨任务。

生产性服务业是从制造业内部独立出来的新兴产业，其不直接参与生产活动，但可以为其他产业（特别是制造业）提供中间产品和服务，是生产制造中不可或缺的产业活动。随着国际分工的日益深化，全球价值链中各个细分环节间的连接和协调几乎都离不开生产性服务业。各国经验表明，生产性服务业在支撑和壮大实体经济方面的作用愈加突出。

作为制造业的直接配套产业，生产性服务业能够有效连接上下游产业，为制造业部门提供高端的要素和服务，提升制造业的技术含量和创新能力，促进其价值链向"微笑曲线"两端延伸。因此，推动先进制造业和现代服务业深度融合（即"两业融合"），对增强制造业核心竞争力、实现制造业转型升级和高质量发展具有重要意义。近年来，中国高度重视依托"两业融合"推进制造业转型升级。2019 年 11 月，中国首次发布"两业融合"实施意见，就培育融合发展新业态新模式、探索重点行业重点领域融合发展新路径等进行了方向性指导。2021 年 3 月，《中华人民共和国国民经济和社会发展第十四个五年规划和 2035 年远景目标纲要》提出，促进先进制造业和现代服务业深度融合。2022 年 10 月，党的二十大报告再次强调，构建优质高效的服务业新体系，推动现代服务业同先进制造业深度融合。集聚是生产性服务业的重要组织形式。一方面，生产性服务业的知识技术密集性及其产出的不可储存性对人力资本、知识和信息等高端要素的流动和市场的一体化发展提出了极高的要求，高铁开通很可能促进其发展和集聚；另一方面，生产性服务业集聚的经济外部性可以进一步降低制造业的生产与交易成本，有利于促进沿线制造业的转型升级。近年来，国内外生产性服务业显著出现了向中心城市和制造业集聚区集聚的趋势；同时，生产性服务业集聚对制造业也产生了积极的外溢效应，为制造业转型升级提供了有力支持。可以说，生产性服务业集聚已成为区域和城市制造业转型升级的重要推动力。

综上，高铁开通、生产性服务业发展及集聚和制造业转型升级三者之间存在着密切的关联。作为一种重要的客运交通运输方式，高铁可以大大缩短人员、知识以及信息等生产要素的运输时间，促进沿线地区的市场一体化，深刻影响着产业的空间布局和转型升级，而生产性服务业的发展和集聚又可以通过为制造业提供成本更低、质量更高的中间投入助力制造业转型升级。因此，基于制造业转型升级的紧迫需要，中国应充分发挥高铁建设的现存优势，促进生产性服务业发展及集聚，通过"两业融合"加快制造业转型升级。基于此，本书在"两业融合"视角下，系统剖析高铁开通对制造业转型升级的影响及作用机制，在理论分析直接和间接作用机制的基础上，基于 2003—2018 年地级城市数据和双重差分模型，从经济效益、环境效益和综合效率三个层面出发对影响效应和直接机制进行实证检验，并从生产性服务业发展、生产性服务业集聚以及生产性服务业与制造业协同集聚三个维度对"两业融合"视角下的间接机制进行验证。从"两业融合"视角出发，本书立足于中国高铁建设的现存优势与制造业转型升级的迫切需求，基于多维度、多指标系统剖析高铁开通与制造业转型升级间的因果关系及作用机制，具有重要的理论和现实意义。

二 研究意义

受高铁技术特征及生产性服务业自身产业特性的影响，生产性服务业的发展水平和空间布局情况与高铁网络布局变化密不可分，而生产性服务业的产生方式又决定了制造业是其主要的服务对象，制造业转型升级离不开生产性服务业的高端要素投入。因此，高铁、生产性服务业与制造业三者之间很可能存在如下传导机制：高铁开通—生产性服务业发展及集聚—制造业转型升级。基于此，在中国高铁建设蓬勃发展、制造业转型升级需求迫切以及生产性服务业对制造业转型升级的作用日益突出的背景下，基于"两业融合"视角研究高铁开通对制造业转型升级的影响及作用机制具有重要的理论和实践意义。

（一）理论意义

第一，理论剖析"两业融合"视角下高铁开通对制造业转型升级的影响机制，厘清高铁开通、生产性服务业发展及集聚和制造业转型升级之间的作用路径。在系统梳理产业升级、产业集聚和产业融合的相关理论后，本书基于现有理论和文献，深入探讨了高铁开通对制造业转型升级的直接影响机制，并从生产性服务业发展、生产性服务业集聚以及生产性服务业与制造业协同集聚三个维度系统剖析了"两业融合"视角下的间接影响机制，丰富了交通基础设施、产业集聚以及产业转型升级之间内在规律的理论研究，有利于填补"两业融合"视角下高铁开通对制造业转型升级作用路径理论分析的不足。

第二，多维度测度生产性服务业发展情况与制造业转型升级水平，为现有的变量测度和实证研究提供有益补充。本书从发展水平、集聚程度以及与制造业的协同集聚程度三个维度出发，对生产性服务业的发展情况进行科学测度，并将其作为"两业融合"视角下的间接影响机制变量。同时，从经济效益、环境效益以及综合效率三个维度出发，采用工业劳动生产率、工业利税额、工业污染物排放水平、工业污染物排放程度以及工业绿色全要素生产率增长率五个指标对制造业转型升级水平进行度量，更为全面和系统地测度了生产性服务业发展和制造业转型升级水平，拓展了现有的变量测度方法。

第三，精准识别影响效应、作用机制、时空效应与异质性效应，深化高铁开通对制造业转型升级的影响效应和作用路径研究。本书在理论剖析直接和间接影响机制的基础上，采用双重差分模型实证研究了高铁开通对不同维度制造业转型升级的影响，验证了直接影响机制和"两业融合"视角下的间接影响机制，并进一步对影响的时间累积效应、空间溢出效应以及多维度的异质性效应进行剖析，更为系统和深入地分析了高铁开通对制造业转型升级的总体影响、传导机制和复杂效应，为现有研究提供了更为丰富的经验证据。

（二）实践意义

第一，为中国进一步完善高铁建设、优化高铁布局、发挥高铁的经济效应提供依据和借鉴。本书基于"两业融合"视角，将高铁开通与产业发展相联系，以生产性服务业发展及集聚为机制，剖析了高铁开通对制造业转型升级的影响，发现高铁开通不仅可以直接促进中国制造业转型升级，还可以促进沿线城市生产性服务业的发展和集聚，从而间接推动制造业转型升级。通过深入阐释高铁开通对产业发展、产业集聚以及产业转型升级的影响、路径及特征，为中国基于产业发展目标完善高铁建设和布局提供了理论依据与政策方向。

第二，为中国加快实现制造业转型升级提供思路和对策。当前，中国制造业仍处于全球价值链中低端，面临来自发达国家和发展中国家的双重压力，转型升级和跨越发展的任务迫在眉睫，而传统方式收效甚微，寻找新的思路和举措至关重要。本书将中国高铁建设的现存优势和制造业转型升级的迫切需求相联系，基于理论和实证研究方法，阐明了高铁开通以及"两业融合"在制造业转型升级中的积极作用，详细剖析了具体的作用路径和多重效应，并提出针对性对策建议，为中国制造业转型升级提供了新的思路和政策参考。

第三，为优化中国生产性服务业布局，促进"两业融合"发展提供决策参考。《中国制造2025》明确把制造业服务化作为制造业转型升级的战略核心，党的二十大报告指出，要推动现代服务业同先进制造业深度融合。"两业融合"发展已成为中国制造业转型升级的重要方式，但相关研究依然不足，具体对策和举措有待进一步探讨。本书基于"两业融合"

视角，论证了高铁开通对生产性服务业发展、集聚及其与制造业协同集聚的影响及异质性效应，为中国推动生产性服务业发展和空间布局优化、促进生产性服务业与制造业融合，更好发挥生产性服务业在推动制造业转型升级中的积极作用提供了科学精准的对策建议。

第二节　研究内容、研究方法与创新点

一　研究内容

基于2003—2018年的地级城市数据，本书综合运用理论分析方法和实证分析方法，构建多维度度量指标，系统研究了高铁开通对制造业转型升级的影响、直接作用机制以及"两业融合"视角下的间接作用机制，并对影响的时空效应及多维异质性效应进行剖析。本书共九章，主要研究内容如下。

第一章是绪论。本章主要阐述本书的研究背景和研究意义，简要介绍主要章节安排及其研究内容，说明采用的主要研究方法，并提出本书可能的创新点。

第二章是文献回顾与政策脉络。其一，通过对交通基础设施与制造业转型升级、交通基础设施与生产性服务业发展及集聚、生产性服务业发展及集聚与制造业转型升级三类文献的梳理和回顾，了解该领域的研究现状，对已有研究的成果和不足进行评述。其二，聚焦本书的三个核心概念——"高铁""制造业转型升级""两业融合"，从高铁发展及交通强国战略、新型工业化与制造业转型升级、生产性服务业与制造业融合发展三个维度出发，对各领域的重点政策及发展脉络进行梳理，以明确国家政策导向，更好地开展对策研究。

第三章是内涵界定、指标测度与现状分析。本章从三个核心概念出发，分别对高铁开通、制造业转型升级、"两业融合"与生产性服务业的定义、测度和现状进行分析。首先通过对现有研究的梳理，科学界定相关概念；其次根据概念定义，构建多维度测度指标，对变量进行精准测度；最后采用描述性分析方法对中国高铁开通、生产性服务业发展及集聚，以及制造业转型升级的现状、趋势及地区差异进行初步分析。

第四章是理论基础与影响机制分析。本章采用理论分析方法对"两业融合"视角下高铁开通对制造业转型升级的传导机制进行研究，并据此提出实证部分的可检验假设。首先，系统梳理并总结产业升级理论、产业集聚理论和产业融合理论。其次，基于上述理论，剖析高铁开通对区域可达性的影响机制，并在此基础上剖析高铁开通对制造业转型升级的直接影响机制。然后，从生产性服务业发展、生产性服务业集聚、生产性服务业与制造业协同集聚三个维度出发，剖析"两业融合"视角下高铁开通对制造业转型升级的间接影响机制。接着，借鉴 A. Ciccone 和 R. E. Hall 的思想（Ciccone，Hall，1996)，以 H. Abdel-Rahman 和 M. Fujita 以及 G. Duranton 和 D. Puga 的中间产品模型为依据（Abdel-Rahman，Fujita，1990；Duranton，Puga，2005)，构建数理模型对生产性服务业集聚维度的传导机制进行验证。最后，基于以上研究结论提出实证部分可检验假设。

第五章是经济效益视角下高铁开通对制造业转型升级的影响。本章采用实证分析方法研究高铁开通对制造业经济效益的影响。首先，基于地级城市数据和双重差分模型研究高铁开通对沿线城市制造业生产效率和盈利能力的影响，并进行稳健性检验。其次，从要素流动和市场一体化两条路径出发，验证高铁开通对制造业经济效益的直接传导机制。然后，基于双重差分模型和空间双重差分模型，研究高铁开通对制造业经济效益影响的时间累积效应和空间溢出效应。最后，采用分组回归方法剖析影响的多维度异质性。

第六章是环境效益视角下高铁开通对制造业转型升级的影响。与第五章类似，本章从环境效益视角出发，实证研究高铁开通对制造业转型升级的影响。首先，基于地级城市数据和双重差分模型研究高铁开通对沿线城市制造业污染物排放水平和污染物排放强度的影响，并进行稳健性检验。其次，鉴于要素流动和市场一体化两个一般性传导机制已进行过验证，本章仅对绿色物流发展和旅游经济发展两条直接影响机制进行验证。然后，采用双重差分模型和空间双重差分模型研究高铁开通对制造业环境效益影响的时间累积效应和空间溢出效应。最后，采用分组回归方法对影响的异质性效应进行深入剖析。

第七章是综合效率视角下高铁开通对制造业转型升级的影响。本章将经济效益因素和环境效益因素同时纳入考虑，构建投入产出指标体系，基于 SBM 方向距离函数的 ML 指数测度沿线城市工业绿色全要素生产率增长率，从综合效率视角实证考察高铁开通对制造业转型升级的影响。

首先，基于地级城市数据和双重差分模型研究高铁开通对沿线城市工业绿色全要素生产率增长率的影响，并进行稳健性检验。其次，基于双重差分模型和空间双重差分模型对影响的时间累积效应和空间溢出效应进行剖析。最后，采用分组回归方法，剖析高铁开通对沿线城市制造业综合效率影响的多维度异质性效应。

第八章是"两业融合"视角下高铁开通对制造业转型升级的间接作用机制。本章立足"两业融合"视角，从生产性服务业发展、生产性服务业集聚、生产性服务业与制造业协同集聚三个维度出发，探讨高铁开通对制造业转型升级的间接传导机制。其一，采用双重差分模型估计高铁开通对生产性服务业的平均效应，并基于倾向得分匹配法和平行趋势检验对结果的稳健性进行分析。其二，从不同子行业、不同地理位置城市、不同人口规模城市、不同要素规模城市、不同市场规模城市、不同知识溢出条件城市以及不同工业发展水平城市等多维度探讨影响的异质性效应，以深化对传导机制的剖析。

第九章是研究结论与政策建议。本章对全书主要研究结论进行归纳总结，并基于主要结论就高铁布局、制造业转型升级和"两业融合"发展提出针对性政策建议。

二 研究方法

（一）定性分析法

定性分析法是指在对事物的形式、性质和特征等一系列抽象概念进行分析的基础上，依靠实践经验以及主观的分析和判断能力，推断出事物的性质和发展趋势的分析方法。第二章的文献回顾与政策梳理、第四章的理论与机制分析、第九章的研究结论与政策建议都用到了定性分析方法。在第二章的文献回顾与政策梳理部分，通过对现有文献和政策的梳理和总结，一方面深入分析现有研究的不足之处，提出本书的研究内容与可能的创新之处；另一方面明确国家层面的政策目标，更好开展对策研究，为政府科学决策服务。在第四章的理论与机制分析部分，通过查找、梳理和汇总文献，对国内外的产业升级理论、产业集聚理论和产业融合理论进行系统归纳和整理，并据此分析了高铁开通对制造业转型升级的直接影响机制，以及"两业融合"视角下的间接影响机制。在第九章的研究结论与政策建议部分，基于全书的研究结论提出对策建议，为中国高铁建设、制造业转型升级以及"两业融合"发展提供政策参考。

（二）定量分析法

定量分析法是对社会现象的数量特征、数量关系以及数量变化进行分析的方法。第三章的描述性分析以及第五至第八章的实证分析均用到了定量分析方法。在第三章的描述性分析部分，运用图表等描述性分析方法对中国高铁建设进程、生产性服务业发展及集聚程度以及制造业转型升级状况进行测算和描绘，初步判断其在样本期内的发展状况、变化趋势及地区差异。在第五至第八章的实证分析部分，采用双重差分模型、倾向得分匹配—双重差分模型、平行趋势检验、工具变量回归、安慰剂检验、空间双重差分模型、分组回归模型等多种方法，研究了高铁开通对制造业转型升级、生产性服务业发展、生产性服务业集聚以及生产性服务业与制造业协同集聚的影响、传导机制、时空效应及异质性效应。

三　创新点

（1）基于多维度指标系统研究高铁开通对制造业转型升级的影响，拓展了交通基础设施升级与产业转型升级之间关系的研究。制造业转型升级的概念复杂且动态变化，从已有研究来看，缺少基于多维度指标的综合性分析。本书从经济效益、环境效益以及综合效率三个维度出发，构建工业劳动生产率、工业利税额、工业污染物排放水平、工业污染物排放强度和工业绿色全要素生产率增长率五个指标测度制造业转型升级，据此研究高铁开通对制造业转型升级的影响，并对直接作用机制进行理论剖析和实证检验，不仅增强了指标测度的精准性和全面性，也提升了研究的系统性和综合性，拓展了相关研究。

（2）深入剖析高铁开通对生产性服务业集聚以及生产性服务业与制造业协同集聚的影响，丰富了交通基础设施升级与产业集聚之间关系的研究。尽管大量研究剖析了高铁开通对生产性服务业集聚的影响，但对影响的时间累积效应、空间溢出效应以及多维度异质性效应剖析不足，且少有研究涉猎高铁开通对生产性服务业与制造业协同集聚的影响，已有研究尚未达成一致结论。本书在理论剖析作用机制的基础上，多维度测度产业集聚及协同集聚发展水平，实证研究了高铁开通对生产性服务业集聚以及生产性服务业与制造业协同集聚的影响，并深入剖析了影响的时空效应以及多维度异质性效应，为高铁等交通基础设施升级的产业集聚及协同集聚效应研究提供了更为丰富的实证证据。

（3）从"两业融合"视角出发，探讨高铁开通对制造业转型升级的间接机制，深化了交通基础设施升级、产业集聚以及产业转型升级之间关系的研究。关于高铁开通与制造业转型升级，现有研究多从要素流动、技术创新、市场扩大等方面剖析直接影响机制，对"两业融合"下的间接机制关注不足；关于生产性服务业与制造业转型升级，已有研究对外部因素通过生产性服务业促进制造业转型升级的机制分析较少。基于此，本书聚焦"两业融合"视角，将高铁开通、生产性服务业、制造业纳入同一框架，从生产性服务业发展、生产性服务业集聚以及生产性服务业与制造业协同集聚三个维度出发，理论分析了三者间的传导机制，实证检验了影响及异质性效应，对现有研究进行了有益补充。

第二章　文献回顾与政策脉络

第一节　文献回顾

一　交通基础设施与制造业转型升级

（一）交通基础设施对产业转型升级的影响研究

早期关于交通基础设施的研究仅从现实出发分析了交通通达性与产业发展之间的关系，直到20世纪80年代后，学者们才开始关注交通基础设施对产业结构转型升级的影响。部分学者认为，交通基础设施建设带来的可达性提升是影响企业（尤其是高科技企业）布局的重要因素。良好的交通条件便捷了人与人之间的面对面交流，有利于知识的交流和共享（Kobayashi，Okumura，1997），便于企业接近客户与市场，搜集信息并把握商务机会（邵晖，2008），能够更好地满足信息服务、金融等技术密集型产业的发展需要，因而成为影响高科技产业区位决策的重要因素。肯尼思·巴顿指出，便利的国际运输、城市间运输和本地运输对高科技企业发展十分重要（肯尼思·巴顿，2002）。D. Keeble 和 L. Nachum 认为，交通便捷、邻近客户以及毗邻大型交通站点是高科技企业选址的重要考虑。分行业的研究表明，日本上越新干线至东北段沿线城市的金融业和商务服务业的产业份额要明显高于非沿线城市对应产业的份额（Ueda，Nakamura，1989）；交通通达的日本东京都23区的情报和信息服务业产品销量占全国总销量的比例超过50%（张文忠，1999）；纽约的多媒体企业集中分布在大都市区的核心区域（Pratt，2000）。类似的，中国的信息服务业也主要集聚在上海、南京和广州等交通便捷的直辖市和省会（林善浪、张惠萍，2011）；北京的金融服务业、信息咨询服务业和计算机服务业三类生产性服务业基本都集聚于中心商务区（邵晖，2008）。

还有学者直接研究了交通基础设施对产业结构升级的影响。一方面，刘玉国等研究发现，作为第三产业，现代交通运输业的发展将直接增加第三产业的产出及其在经济中的占比，从而促进产业结构优化升级（刘玉国等，2003）。另一方面，大部分学者从区域可达性提升视角出发，研究了交通基础设施对产业结构升级的影响。刘江等的研究均证实了交通基础设施对产业结构转型升级的重要意义（刘江，1997；李国强，1998；Démurger，2001；Masson，Petiot，2009）。李慧玲等研究发现，现代交通运输业和产业结构调整之间存在着双向互动关系（李慧玲、徐妍，2016；刘玉国等，2003）。关于交通基础设施对产业转型升级的影响机制的研究，董辰、孔刘柳指出，交通基础设施可以通过要素重置促进产业结构升级（董辰、孔刘柳，2012）；梁双陆、梁巧玲研究发现，中国交通基础设施对本地和邻近地区的产业创新具有显著正向影响，尤其是公路交通基础设施，从而有利于产业结构的转型升级（梁双陆、梁巧玲，2016）。

关于高铁与产业结构升级，苏文俊等研究认为，铁路客运提速或高铁的发展对产业结构升级具有促进作用（苏文俊等，2009；罗鹏飞等，2004；金凤君等，2003）。金凤君等指出，由于区位和资源禀赋差异，不同城市从铁路提速中实现的经济增长程度和产业结构升级水平都有所不同（金凤君等，2003）。近年来，随着中国各地区高铁线路逐渐开通，学者基于愈加丰富的实证数据对这一问题进行了更为系统和深入的验证与剖析。有学者进一步证实了高铁的产业升级效应，并对其异质性影响进行了系统剖析。他们的研究发现，高铁的产业升级效应在中心城市和外围城市（徐海东，2019），东部、中部和西部地区城市（黎绍凯等，2020；罗能生等，2020），不同高铁开通时间城市（李建明等，2020），不同经济发展水平和基础城市（邓慧慧等，2020），以及不同规模城市间存在显著差异。高铁开通对产业结构升级的正向影响随节点城市交通脉络沟通能力的提升而增强（罗能生等，2020），受连通城市间产业结构和经济发展水平差异的影响（孙伟增等，2022）。

关于高铁对产业结构升级的影响机制，国外学者认为知识溢出发挥了重要作用。J. J. Trip 最先发现知识溢出效应是交通基础设施促进产业结构升级的重要机制（Trip，2005）。该研究指出，产业结构升级的关键在于知识（尤其是隐性知识）的溢出，由于隐性知识难以清晰表达，其传播通常依赖于面对面的交流，故而其溢出的范围会受到一定限制（Storper，Scott，1995)，而高铁的开通可以有效提升沿线地区之间的可达性，加快知识和信息等要素流动，促进面对面交流，有利于提升知识经济的发展水平，促进产业结构升级。此外，通过对比阿姆斯特丹与鹿特丹的产业升级过程，该研究还发现城市当前的产业结构也会对高铁的产业结构升级效应产生影响。具体来说，尽管两个城市同时开通了高铁，但由于鹿特丹的产业结构以制造业为主，其产业结构的升级速度明显慢于阿姆斯特丹，现有的产业结构削弱了鹿特丹高铁的产业升级效应。C. L. Chen 和 P. Hall 则以英国为例，从知识溢出视角剖析了高铁开通对产业结构升级的影响。研究发现，高铁沿线地区知识密集型产业的发展速度要明显快于非沿线地区，表明高铁开通加快了隐性知识的流动，促进了知识密集型产业的发展，实现了产业结构的升级（Chen，Hall，2011)。类似的，李中研究发现，中国交通基础设施的技术演进可以提升沿线地区的可达性，加快隐性知识的传播，从而促进产业结构升级（李中，2015)。此外，国内学者还从规模经济、技术创新、资本劳动流动及再配置，以及第三产业就业—产业耦合协调等视角剖析了中国高铁开通影响沿线地区产业结构升级的机制（徐海东，2019；邓慧慧等，2020；黎绍凯等，2020)。孙伟增等进一步从连通城市间的差异性出发，系统归纳出交通基础设施影响产业结构的三大效应——分工效应、趋同效应和学习效应（孙伟增等，2022)。

（二）交通基础设施对制造业发展的影响研究

关于交通基础设施对制造业的影响，现有研究从区位选择、产业集聚、就业水平、出口升级、库存成本、生产和资源配置效率等各个方面进行了系统且深入的分析。总体来看，可分为空间布局视角的研究、发展水平视角的研究和生产效率视角的研究。

1. 空间布局视角的研究

部分学者关注了交通基础设施对制造业空间布局的影响。制造业空间布局依赖于交通成本和贸易成本（Tabuchi，Thisse，2006)。大量研究表明，交通基础设施是制造业企业区位选择的重要因素（任晓红、张宗益，2010；刘钜强、赵永亮，2010；周浩等，2015)，尤其是外资制造业企业（魏后凯，2001)。刘钜强、赵永亮认为，交通基础设施可以通过克服自然壁垒提升中间品和最终品的市场获得，从而影响制造业企业的布局（刘钜强、赵永亮，2010)。交通基础设施对制造业企业区位选择的影响具有显著的异质性。A. Holl 研究了高速公路对直辖市制造业企业空间布局的影响，发现偏远地区的企业更偏向于在新建的高速公路附近选址布局（Holl，2004）；耿纯、赵艳朋以公路交通基础设施为例的研究发现，交通基础设施对新建制造业企业选址的正向影响主要体现在全要素生产率较低、吸纳就业能力较弱、所得税和增值税贡献较小的企业样本中，原因在于交通基础设施带给"好"企业的成本下降少而竞争增加多，因而总效应不显著，"差"企业选址更依赖于交通基础设施发展（耿纯、赵艳朋，2018）。

大量学者还关注了交通基础设施对制造业空间集聚的影响（Martin，Ottaviano，2001；路江涌、陶志刚，2007；唐红祥，2017；唐红祥，2018；唐红祥等，2018）。运输成本是影响制造业行业集聚的重要因素（路江涌、陶志刚，2007）。R. Martin 和 Ottaviano 从运输成本视角出发，论证了交通基础设施对制造业集聚的影响机制，认为交通基础设施可以降低本地区企业的运输成本，从而降低本地区企业产品的价格，增加产品需求量，进而吸引外地企业的迁入和集聚（Martin，Ottaviano，2001）。现有研究表明，道路、公路和机场等交通基础设施投资均可以促进制造业集聚（Ding，2013；Duran-Fernandez，Santos，2014；Tsekeris，Vogiatzoglou，2014）。朱文涛等研究发现，高铁建设阻碍了省域制造业集聚，但促进了非中心城市制造业集聚（朱文涛，2019；朱文涛、顾乃华，2020）。Z. Liu 等研究表明，高速公路改善显著促进了制造业集聚（Liu et al.，2022）。还有学者进一步指出，交通基础设施对制造业集聚的影响是非线性的，呈现倒"U"形曲线（刘荷、王健，2014）或倒"N"形曲线（尹希果、刘培森，2014）。关于影响的异质性，徐盈、欧国立研究发现，铁路和水运交通基础设施有利于促进区域比较优势制造业集聚，而公路交通基础设施有利于促进区域非比较优势制造业集聚（徐盈、欧国立，2016）；李雪松、孙博文研究发现，高铁开通对沿线站点城市制造业集聚的影响会随时间的延长而逐步历经集聚加速、弱化和扩散三个阶段，高铁开通促进了站点城市的制造业集聚，但对中心城市和非中心城市的影响分别处于集聚的弱化阶段和加速阶段（李雪松、孙博文，2017）；唐红祥等基于中国西部地区的研究发现，交通基础设施对制造业集聚的影响在不同类型、不同等级的交通基础设施以及不同制造业行业中存在显著差异，公路对制造业集聚的促进作用大于铁路，一级公路对制造业集聚的促进作用最强，交通基础设施对劳动、资本和技术密集型行业的影响效应依次递减（唐红祥，2018）；朱文涛、顾乃华认为，高铁开通带来的可达性提升能够促进资本和技术密集型制造业行业集聚，抑制劳动密集型行业集聚（朱文涛、顾乃华，2020）；Z. Liu 等研究发现，高速公路改善对非本地产业和关联产业集聚具有正向影响，但对本地产业和非关联产业聚集具有负向影响（Liu et al.，2022）。此外，尹希果等的研究发现，交通基础设施对制造业集聚的影响存在显著的空间外溢效应（尹希果、刘培森，2014；朱文涛、顾乃华，2020）。

2. 发展水平视角的研究

大量研究剖析了交通基础设施对制造业发展水平的影响。基于县域样本的研究发现，交通基础设施对制造业产值、增加值、从业人数和投资均有显著的促进作用，金融发展是重要制约因素，企业创新是重要传导机制（刘冲等，2019）。在就业方面，肖挺探究了交通基础设施建设对城市制造业就业的影响，结果表明，交通改善对发达地区制造业就业的正向影响更为突出（肖挺，2016）；张彬斌进一步剖析了大型交通基础设施与技术外溢机制对西部地区就业增长的交互效应，研究发现，交通基础设施显著放大了产业专业集中度、业内竞争度、多元化等就业增长机制（张彬斌，2021）。此外，还有学者剖析了交通基础设施对制造业出口升级的影响。张慧等研究发现，交通可达性的提升对本地及邻地制造业出口升级均具有显著的促进作用，资本要素错配优化、产业多样化集聚、知识技术溢出、劳动力市场分割缓解是主要传导机制（张慧等，2023）；包群、郝腾基于国际数据研究发现，交通基础设施质量提升可以促进国际技术溢出与协同集聚，从而提升制造业的全球分工地位（包群、郝腾，2023）。

还有部分研究剖析了交通基础设施对制造业企业库存成本的影响。朱正伟通过理论分析发现，交通基础设施建设对制造业企业库存水平的影响机制有三种：提高运输效率从而降低库存；促进产业转移和市场扩大从而提高库存；促进经济增长从而提高库存。实证研究发现，中国交通基础设施建设显著提升了制造业企业的库存水平（朱正伟，2014）。而大多数研究认为，交通基础设施的发展能够缩短运输时间、降低运输成本，从而有效降低制造业企业的采购成本和不确定性成本，最终降低制造业库存成本（Shirley, Winston, 2004；李涵、黎志刚，2009；Baldwin et al.，2011；Straub，2011；刘秉镰、刘玉海，2011；Datta，2012；Li，Li，2013；刘峰、张忠军，2014；李涵、唐丽森，2015；Cui，Li，2019）。关于影响的异质性，李涵等研究发现，不同交通基础设施对制造业企业库存成本的影响存在显著差异，高等级公路在降低制造业企业库存成本方面的作用最为明显，不同类型交通基础设施对制造业企业库存成本的影响存在显著的地区差异（李涵、黎志刚，2009；刘秉镰、刘玉海，2011）；C. Cui 和 S. Z. Li 以中国为例的研究表明，高铁开通对沿线下游行业和私营企业库存成本的降低作用更为突出（Cui，Li，2018）。部分学者还剖析了交通基础设施对制造业企业库存成本影响的空间效应。刘峰、张忠军研究发现，中国各省份交通基础设施的发展显著降低了本省制造业企业的库存成本，但对周边省份库存成本的外溢效应则因交通基础设施类型的不同而存在差异，其中，铁路的外溢效应显著为负，而公路的外溢效应显著为正（刘峰、张忠军，2014）；李涵、唐丽森的结论则表明，中国省级公路交通基础设施显著不仅降低了本地制造业企业的库存成本，还对周边省份制造业企业的库存成本产生了显著的负向溢出效应（李涵、唐丽森，2015）。

3. 生产效率视角的研究

此外，大量学者证实了交通基础设施对制造业企业生产效率的积极影响（薛漫天，2011；Giroud，2013；龙小宁、高翔，2014；Bernard et al.，2019）。从国际层面看，X. Giroud 以美国为例的研究发现，新航线的增加可以显著提升分支机构的全要素生产率水平，总部对分支机构的监管和信息沟通力度的强化是主要机制（Giroud，2013）；A. Mitraa 等以印度为例的研究发现，公路等交通基础设施的完善显著提升了制造业企业的生产效率（Mitraa et al.，2014；Ghani et al.，2016）。A. Holl 以西班牙为例的研究表明，高速公路可以降低企业的货物运输成本和人员的商旅成本，从而降低企业的生产和运营成本，优化企业生产组织形式，进而提高企业全要素生产率（Holl，2016）；P. Charnoz 等以法国为例的研究发现，高铁网络通过降低企业管理层的沟通成本提升了分支机构的生产效率（Charnoz et al.，2018）；A. B. Bernard 等以日本为例的研究表明，新干线通过降低搜寻成本使企业获得了更多、更优质的供应商，从而提高了企业的生产效率（Bernard et al.，2019）；J. Baek 和 W. R. Park 以韩国为例的研究表明，高速铁路对制造业生产率具有显著的正向影响及溢出效应，高速列车的开通使沿线制造业工厂的生产率提高了约 5%（Baek，Park，2022）。

大量学者以中国为例开展了系列理论和实证研究，结果显示，在交通、通信、电力装机容量等基础设施中，交通基础设施对制造业各行业全要素生产率的影响最为突出（薛漫天，2011）；交通运输成本的下降可以通过促进竞争来提高企业的生产效率，并增大国有企业和私营企业之间生产效率的差异（Liu et al.，2019）；公共基础设施投资与企业全要素生产率之间的关系并非严格线性，而是呈现倒"U"形曲线（贾俊雪，2017）。部分学者以公路基础设施为例进行了实证分析，研究发现，高速公路减少了货物运输时间，节约了人员旅行中的时间成本，促进了企业与外部市场和大城市服务业的联系，有利于提升制造业企业生产效率（龙小宁、高翔，2014）；交通基础设施建设能够通过价格加成和行业集中度提升，提高企业的资源配置效率（张天华等，2017），促进新企业进入和现有企业资源的重新配置，从而提高制造业企业的全要素生产率（Yang，2018）。关于影响的异质性与空间溢出效应，龙小宁、高翔认为，虽然高速公路在总体上对制造业企业生产率的影响效应不大，但其显著提高了小城市企业和距离大城市较远企业的全要素生产率（龙小宁、高翔，2014）。类似的，李兰冰等认为，高速公路显著促进了非中心城市制造业生产效率的提升（李兰冰等，2019）；但冯媛的研究表明，交通基础设施建设加快了沿线生产要素向大城市的流动和集聚，相比于距离国道主干线较远的县域地区，与国道主干线距离较近县域地区内的工业企业具有更低的生产率（冯媛，2017）。朱瑜珂以西北五省为样本研究发现，交通基础设施的发展显著提升了西北五省制造业的全要素生产率，并且这种影响还具有一定的空间溢出效应（朱瑜珂，2017）。

（三）高铁开通对制造业转型升级的影响研究

关于高铁开通对制造业转型升级的影响，现有研究主要聚焦发展水平、生产效率、技术创新以及绿色发展等维度进行了分析。其中，大部分研究剖析了高铁开通对制造业发展水平和生产效率的影响。李欣泽等研究发现，高铁通过加快资本要素流动、促进资本要素重新配置提高了中国工业企业的生产效率（李欣泽等，2017）。施震凯等基于 2007 年铁路提速准自然实验的研究表明，交通基础设施改善显著提升了沿线工业企业的全要素生产率（施震凯等，2018）。进一步地，张梦婷等研究了高铁开通对外围城市工业企业全要素生产率的影响及作用机制，发现高铁开通促进了资本和劳动等生产要素由外围城市向中心城市的流动，通过"虹吸效应"降低了外围城市工业企业的生产效率（张梦婷等，2018）。黄凯南、孙广召基于上市公司样本的研究表明，高铁开通通过增加创新和减少短期决策行为提高了制造业企业的全要素生产率（黄凯南、孙广召，2019）。乔彬等首次将高铁开通、生产性服务业集聚和制造业升级同时纳入研究，基于地级城市数据实证研究了高铁开通对制造业升级的影响，发现高铁开通通过提升市场潜力和生产效率以及促进生产性服务业集聚提高了规模以上工业企业的生产总值（乔彬等，2019）。

在技术创新维度，罗双成等基于中国上市制造业企业数据的研究发现，高铁开通对制造创新具有显著的正向影响，集聚效应、规模效应和要素配置效应是主要传导机制（罗双成等，2021）。孙文浩和张杰聚焦此问题进行了系列研究，他们发现，高铁开通通过促进高学历科技人才流动显著提升了沿线制造业企业的新产品产值，但其也通过强化"西低东高"的创新格局、使外资企业在人才集聚方面受益更多，以及促使沿线制造业形成以"熊彼特效应"占优的产业结构，对制造业高质量创新发展产生了不利影响（孙文浩、张杰，2020）；在动态影响层面，高铁网络增密对制造业企业研发投入存在显著的倒"U"形影响，这种影响对东部地区和低 TFP 水平的城市更为突出，创新结构变化是重要影响机制（孙文浩、张杰，2021）；从高级劳动力要素分配结构优化视角出发，高铁开通显著降低了沿线制造业企业的发明专利授权数量，高级劳动力要素在制造业企业间的逆集聚分布是重要机制之一，高铁网络对制造业创新的抑制效应在沿海、民营和低研发强度企业中更加突出（孙文浩、张杰，2022）。

在绿色发展维度，张明志等聚焦工业污染物排放的研究表明，高铁开通通过优化产业结构、促进技术进步、扩大对外开放减少了沿线地区的工业污染排放，高铁开通对非省会污染物排放量的降低作用较省会更为突出（张明志等，2019）。李建明、罗能生研究了高铁开通对城市雾霾污染水平的影响，指出高铁开通通过替代公路客运量、促进产业结构调整降低了沿线城市的污染水平（李建明、罗能生，2020）。孙鹏博、葛力铭剖析了高铁开通对工业碳排放的影响，发现高铁开通显著降低了沿线城市的工业碳排放，绿色技术创新、产业升级和生产率提升是主要作用机制。此外，高铁开通还通过技术外溢效应降低了沿线中小城市的工业碳减排（孙鹏博、葛力铭，2021）。基于重大战略区域样本，高洪玮、吴滨研究发现，长江经济带高铁开通显著促进了沿线城市制造业的绿色转型，高铁开通对西部长江上游城市群、直辖市和省会以及非沿江城市制造业绿色转型的促进作用更为突出。人力资本和研发资本要素流动加快是重要机制，而绿色物流的机制作用则有待发挥（高洪玮、吴滨，2022）。类似的，张金月、张永庆的研究也证实了高铁开通对长江经济带工业绿色全要素生产率的积极作用（张金月、张永庆，2020）。

二　交通基础设施与生产性服务业发展及集聚

（一）交通基础设施对产业集聚的影响研究

大部分研究都认为交通运输成本是影响产业空间布局的重要因素，并从交通基础设施会降低运输成本的视角研究其对于产业集聚的影响。从国际来看，关于交通运输成本对产业空间布局的影响，J. H. Thünen最早进行了研究，他指出农产品的运输成本差异是影响农业土地利用和经营的重要因素（Thünen，1826）。W. Launhardt 基于资源和产品约束，首次给出了厂商在运输成本最小化目标下的最优布局决策（Launhardt，1882）。A. Weber 和 E. M. Hoover 将研究范围从农业拓展到了工商业，A. Weber 认为运费是影响工业企业空间布局的根本因素（Weber，1909），E. M. Hoover 则对不同运输情形下的运价率变动进行研究（Hoover，1948），证实了企业区位选择中的中转点现象，为工业企业在港口和交通枢纽领域的布局奠定了理论基础。W. Christaller 提出的"中心地理论"也认为，交通运输成本是影响中心地体系的重要因素（Christaller，1933）。在此基础上，L. K. Cheng 和 Y. K. Kwan 等均研究了企业选址的决定因素，并认为良好的交通基础设施对企业集聚具有正向影响（Cheng，Kwan，2000；Coughlin，Segev，2000；Graham et al.，2003；Daniels et al.，2007）。R. W. Eberts 和 D. P. McMillen 等则从外部性视角出发，认为交通运输成本的下降可以通过更大范围的知识溢出扩大集聚经济的范围（Eberts，McMillen，1999；Laird et al.，2005）。R. Vickerman 和 D. Puga 的研究表明，高铁的发展有利于产业空间集聚（Vickerman，1997；Puga，2002）。此外，部分实证研究发现交通运输的重要性对于不同属性特征企业的空间布局而言并不一致，这些不同属性特征包括产业类别、所属生命周期、是不是分支机构以及来源等（Button et al.，1995；Leitham et al.，2000；Hong，2007）。

也有部分学者质疑交通基础设施或运输成本对产业空间布局的作用。M. L. Greenhut 提出交通运输成本在生产成本中的占比是其是否会影响企业布局选择的关键因素，只有当这一比重较高时，交通运输成本才能成为影响企业布局的重要因素，但这一比重通常较低，以至于运输成本降低的收益还不足以抵偿信息搜寻的成本，难以影响企业的布局决策（Greenhut，1963）。D. R. Diamond 和 N. Spence 基于英国的数据测算发现，近 3/4 行业的交通运输成本占总生产成本的比重低于 5%（Diamond，Spence，1989），而且交通运输在企业布局选择中的重要性将随着新技术的不断涌现而逐渐下降（Glickman，Woodward，1987），从而进一步佐证了 M. L. Greenhut 的结论。A. J. Venables 和 D. Puga 认为，交通运输成本对企业空间决策影响的方向和作用力度与企业所在位置以及交通基础设施的相对位置有关（Venables，1996；Puga，1999）。A. F. Haughwout 提出美国交通基础设施分散了经济集聚区的资源，弱化了集聚经济（Haughwout，1999）。P. C. Melo 等的研究也质疑了交通运输成本在企业布局选择中的作用（Melo et al.，2009）。

还有部分学者从交通基础设施会改变区域资源要素禀赋进而影响企业生产成本的视角来研究其对于产业集聚的影响。土地及地租是众多学者关注的焦点，W. Petty 提出市场距离的差异是级差地租产生的重要原因（Petty，1662）；A. Marshall 认为，交通基础设施的发展可以提高土地的使用效率，增加其公有价值，从而提升地租（Marshall，1890）；R. M. Haig 则认为，交通基础设施会降低地租，并促进经济集聚。此外，大量实证研究也发现交通基础设施的发展会改变区域的资源要素禀赋，进而影响产业空间布局，土地要素（Richardson，1978；Haughwout，1997；O'Sullivanm，2001）和人力要素（Moses，1962；Button，1993）是实证研究关注较多的两个视角。

以国内数据为基础，中国学者也聚焦交通基础设施对产业集聚的影响进行了丰富的研究。大量学者的研究表明，交通基础设施或运输成本对产业空间布局具有显著的正向影响[①]。比如，城市通达性与交通运输成本是外资企业选址的重要因素（张华、贺灿飞，2007）；航空交通基础设

---

① 由于本章对交通基础设施影响制造业和服务业集聚方面的文献进行了专门的综述，此处不再具体展开。

施会显著影响临空经济的集聚（曹允春等，2009）。此外，刘利民、王敏杰基于纳入地租和运输成本的空间经济模型，通过数值模拟和实证研究发现交通条件与产业集聚之间存在双向关系（刘利民、王敏杰，2010）。吴江等以旅游业为例的研究发现，交通基础设施建设对产业集聚的影响并非严格线性，而是存在倒"U"形关系（吴江等，2019）。从中国目前的情况来看，以高铁为代表的高质量交通基础设施对产业集聚有着更加突出的影响。谢呈阳、王明辉进一步对比分析了区内和区际交通基础设施对工业活动空间分布的影响，研究表明，区内交通基础设施水平的提高能促进本地工业的集聚，而在被纳入经济发展"分散力"的基础上，区际交通基础设施水平提高也能促进生产要素的优化配置（谢呈阳、王明辉，2020）。部分学者也从区域资源禀赋改变的角度出发研究了交通基础设施对产业集聚的影响。董晓霞等指出，距离和运输成本是影响种植业生产要素流动的重要因素（董晓霞等，2006）；施卫东、孙霄凌研究发现，高铁开通有利于密切与不同创意中心的联系，促进创意资源向中心城市流入（施卫东、孙霄凌，2008）；刘钜强、赵永亮研究表明，交通基础设施因可以克服自然条件和地区差异而成为制造业企业选址的重要因素（刘钜强、赵永亮，2010）；李红昌等研究发现，高铁引起的可达性变化可以通过改变地区集聚租金从而影响经济空间集聚（李红昌等，2016）；王春杨等的研究表明，高铁开通降低了地区间贸易成本，推动了沿线城市间的人力资本迁移，从而提升了城市创新水平（王春杨等，2020）。

（二）交通基础设施对服务业发展的影响研究

部分学者从整体上研究了交通基础设施对服务业发展的影响。首先，现代交通运输业自身就属于第三产业，它的发展将促使第三产业（即服务业）的产出增加、比重提高（刘玉国等，2003）。其次，交通运输业是决定服务业发展的重要因素（Wie，Choy，1993），交通运输业可以通过加快要素流动促进服务业发展。具体来说，交通运输条件会影响商品和要素的流动成本，继而通过改变生产可能性函数影响服务业等产业的产出（Fromm，1965）；交通基础设施可以通过减少人员运输时间，使企业和居民更多地购买与使用本地没有的专业化程度更高的服务，从而促进服务业发展（Krugman，1980）；交通基础设施还可以通过促进人口、资源等生产要素在沿线地区的集聚，推动服务业快速发展（姚士谋等，2001）。蒋荷新采用空间计量方法研究表明，交通基础设施不仅可以显著促进本地区生产性服务业的发展，还对周边地区生产性服务业的发展存在微弱的正向空间溢出效应（蒋荷新，2017）。

还有大量学者具体研究了交通基础设施对服务业空间集聚、生产效率及就业份额的影响。首先，部分学者研究了交通基础设施对服务业集聚的影响。由于服务业的产品具有不可存储和不可远距离运输属性，生产和消费具有同一性，因而具有更强的本地偏好和相对更小的集聚范围，而交通基础设施能够缩短城市间的时空距离，在一定程度上减弱服务产品不可储存、不可远距离运输以及时空同一的特性，从而使服务业在更广的区域内实现集聚发展（顾乃华，2011）。早在1927年，德国学者W. Sombart 就提出了"生长轴"理论。该理论认为，位于发达城市的重要交通干线的建设有效地降低了沿线地区间的运输成本，从而促进了服务业等产业的集聚。类似的，陆大道研究发现，服务业等产业的聚集与扩散通常都是沿着运输线、动力线和水源线等低阻力方向展开的（陆大道，1995）。A. Holl 认为，基础设施（尤其是发达的交通基础设施）能够通过加快信息传输的速度从而改变经济活动的空间分布形态（Holl，2004）。此后，V. Meliciani 和 M. Savona 的研究证实了信息传输对服务业集聚的重要意义（Meliciani，Savona，2015）。D. J. Graham 则认为，外部性是交通基础设施投资促进服务业集聚的重要机制（Graham，2007）。孙晓华等基于不同行政层级视角的研究指出，对于交通基础设施发达省份，省级服务业集聚能够强化城市服务业集聚，而对于交通基础设施欠发达省份，服务业集聚的有效范围仅局限在城市层面，省级对市级的集聚效应难以发挥（孙晓华等，2017）。其次，关于交通基础设施对服务业生产效率的影响，吴昌南、陈小兰基于省级数据的研究发现，高速公路密度与服务业全要素生产率总体呈负相关关系，但这种影响具有地区差异性，高速公路发展促进了东部地区服务业全要素生产率的提升，而阻碍了中西部地区服务业全要素生产率的提升（吴昌南、陈小兰，2014）。高翔等基于县级数据的研究则表明，高速公路开通可以提升沿线地区服务业企业的劳动生产率（高翔等，2015）。曹跃群等在基于省级数据估算交通基础设施生产性资本存量的基础上，研究了交通基础设施资本投入对服务业全要素生产率的影响，发现二者具有正向关系，集聚效应和市场进入是重要机制，其中，中西部地区以及公路的促进作用更为突出（曹跃群等，2021）。最后，关于交通基础设施与服务业就业，邓明研究发现，人均道路面积的增加能够显著提高城市第三产业的就业密度（邓明，2014）。张彬斌、陆万军研究表明，国道主干线的开通显著提高了西部县域地区服务业的就业份额（张彬斌、陆万军，2016）。肖挺以人均道路面积度量交通基础设施建设水平的研究发现，交通条件的改善会显著提升本地就业水平，且对服务业的影响要显著大于制造业，但经济落后地区、距离核心城市以及省会较远或较近的城市从交通条件改善中获得的就业刺激效应则相对较弱（肖挺，2016）。肖挺、黄先明基于人均公路和铁路里程指标的研究得到了类似结论，交通基础设施建设对服务业就业的促进作用较制造业更为显著和稳定，但其效果受地区间经济发展水平及地缘环境的影响具有一定的差异性（肖挺、黄先明，2017）。

关于高铁对现代服务业的影响，国外学者从 20 世纪 80 年代末开始研究，认为高铁开通提高了区域间的可达性，促进了服务要素的空间流通，对现代服务业的发展产生了积极影响（Bonnafous，1987；Ueda，Nakamura，1989；Sands，1993；Kobayashi，Okumura，1997；Blum et al.，1997；Kim，2000；Masson，Petiot，2009；David，Oliver，2012）。K. Kobayashi 和 M. Okumura 通过构建一个多区域的动态模型发现，高铁的开通便利了面对面交流，从而促进了知识的外溢和生成，对生产性服务业的发展具有重要意义（Kobayashi，Okumura，1997）。分国别来看，日本新干线的建成显著增加了沿线地区第三产业的就业人数，其中服务业就业人数的增长达到 50% 以上（Ueda，Nakamura，1989）；法国高铁的开通减少了客运运输时间，促进了商务服务及房地产等服务行业的发展（Bonnafous，1987）；韩国高铁的发展虽然促进了首尔及其周边区域人口和居住空间的集聚，却导致了就业和经济活动的分散（Kim，2000）；中国台湾高铁的建设通过提升交通可达性对沿线地区的房价产生了显著影响（David，Oliver，2012）。部分学者还研究了高铁开通对旅游业发展的影响。J. Ueda 和 H. Nakamura 研究发现，日本新干线的建成显著促进了沿线地区旅游业就业人数的增加（Ueda，Nakamura，1989）；B. D. Sands 指出，高铁增加了往返的便捷性，促进了游客数量的增加并扩大了其出行的范围，从而推动了旅游产业的优化升级（Sands，1993）；S. Masson 和 R. Petiot 运用中心外围理论分析了南欧高铁对法国佩皮里昂和西班牙巴塞罗那旅游业发展的重要作用及其影响的异质性（Masson，Petiot，2009）。

大部分国内学者在借鉴国外学者的研究成果与经验的基础上，以中国已开通运营的高铁为例，实证研究了其对服务业发展的影响。胡天军和申金升等的研究分别证实了京沪高铁、秦沈客运专线、贵广高铁、沪杭高铁的开通对现代服务业发展的积极影响（胡天军、申金升，1999；陈春阳等，2005；史明华，2008；姚如青，2010）。李廷智等指出，高铁开通便捷了面对面交流，其所带来的知识溢出为知识的创造和商务活动的开展提供了良好机会，从而有利于现代服务业的发展（李廷智等，2013）。在服务业就业方面，邓涛涛等研究表明，高铁引致的空间效应显著提升了沿线城市服务业的就业密度（邓涛涛等，2017）；朱文涛等研究发现，高铁开通对沿线中间站点城市的服务业就业水平有显著的正向影响，但对不同地区和不同行业就业水平的影响存在一定的异质性（朱文涛等，2018）。邓涛涛等以长三角地区为例研究了高铁开通对服务业集聚的影响，发现二者具有正相关关系，且高铁对服务业集聚的促进作用呈逐渐增强趋势（邓涛涛等，2017）。此外，大量学者聚焦生产性服务业和旅游业等细分行业进行了深入剖析。关于生产性服务业，肖雁飞等以武广高铁为例的研究发现，高铁开通可以显著提升生产性服务业的发展水平，并且其影响具有一定的时间累积效应（肖雁飞等，2013）；唐荣、顾乃华则从服务业价值链视角出发，对高铁建设与上游生产性服务业发展的关系进行了实证研究，结果显示，中国的高铁建设显著阻碍了上游生产性服务业的发展（唐荣、顾乃华，2018）。在旅游业发展方面，大量研究证实了高铁开通对旅游业发展的积极作用（胡天军、申金升，1999；姚如青，2010；郭吉安，2012）。田坤等研究发现，高铁开通能够促进沿线地区旅游经济的高质量发展，外部交通通达性的提升和内部公共服务供给水平的优化是主要机制（田坤等，2022）。然而，冯烽、崔琳昊的结论却表明，高铁对沿线旅游业发展的影响仅有"过道"效应，未能成为拉动旅游业发展的"引擎"，高铁开通对站点城市旅游人数的增长具有正向影响但并不显著（冯烽、崔琳昊，2020）。城市规模效应、结构效应和技术效应等机制的正向和负向影响并存是主要原因。

（三）高铁开通对生产性服务业集聚的影响研究

覃成林、杨晴晴首次将生产性服务业与产业集聚相结合，基于地级城市数据研究了高铁开通对沿线生产性服务业集聚的影响（覃成林、杨晴晴，2016）。研究表明，高铁开通显著增强了沿线城市之间的经济联系，促进了生产性服务业的集聚。覃成林、杨晴晴进一步研究发现，中国生产性服务业集聚区与高铁网络高度耦合；高铁会产生"虹吸效应"，促进资源要素从周边城市向高铁网络节点城市聚集，从而拉大城市间的差异，促进高铁网络节点城市生产性服务业的集聚，并且高铁网络节点城市的向心集聚力呈规模递增态势（覃成林、杨晴晴，2017）。曹小曙等以中国16个城市群为案例探讨了高铁开通对生产性服务业集聚的影响及其空间差异，发现高铁开通显著促进了沿线城市群生产性服务业的集聚，但这种影响存在空间上的差异性，高铁开通对以珠三角、长三角和京津冀为代表的东部地区城市群的积极影响更为突出，而在同一城市群内部，期初具有集聚优势的高铁城市所受积极影响更为突出（曹小曙等，2019）。宣烨等从多样化和专业化双重视角出发，研究了高铁开通对高端服务业空间集聚的影响，结果表明，高铁开通显著促进了生产性服务业多样化集聚，尤其是对于东部地区，但对专业化集聚没有显著影响。区位可达性提升、交易成本下降和地区要素丰裕程度改善是重要传导机制（宣烨等，2019）。马红梅、郝美竹则在新经济地理学的理论分析框架下研究了高铁建设对生产性服务业集聚的影响及内在机制，研究发现，高铁开通通过增加集聚租金促进了生产性服务业在高铁沿线城市的集聚（马红梅、郝美竹，2020）。这种影响具有一定的行业和城市异质性。高铁开通对高端生产性服务业集聚的影响较为突出，而对特大城市和沿海城市的影响不明显。高铁开通对生产性服务业集聚的正向影响会受到距离的限制。许丽萍等还关注了高铁开通对生产性服务业与制造业协同集聚的影响，但二者结论并不一致。前者结果表明，高铁开通对产业协同集聚具有显著促进作用，尤其是在东中部地区、大中型城市、高端生产性服务业以及高铁站距离市中心30千米以内的城市，高素质劳动力流动加快、市场潜力提升是重要传导机制；而后者认为，高铁开通促进了生产性服务业与制造业的"分离式集聚"，产业的集聚与分散情况受城市发展水平的影响（许丽萍等，2023；周思思、逯苗苗，2023）。

三 生产性服务业发展及集聚与制造业转型升级

（一）生产性服务业发展对制造业转型升级的影响研究

生产性服务业和制造业相辅相成，一方面，现代制造业发展所需的知识、技术和人力资本均来自生产性服务业的中间投入（刘志彪，2006），生产性服务业可以将人力资本和知识等高端要素引入制造业生产过程，促进制造业的生产效率提升和转型升级（刘志彪，2006；江静等，

2007）；另一方面，制造业规模的扩大也会为生产性服务业创造更多的需求，从而有助于生产性服务业的规模扩大和质量提升（唐晓华等，2018）。关于生产性服务业对制造业转型升级的影响，现有研究主要聚焦制造业的生产效率水平（Markusen，1989；Yang et al.，2018）、价值链攀升（罗军，2019）、技术创新（宣烨、陈启斐，2017）等方面。

首先，早期学者主要研究了生产性服务业对制造业生产效率水平的影响。J. R. Markusen 等的研究均证实了生产性服务业对制造业生产效率提升的促进作用（Markusen，1989；O'Farrell，Hitchens，1990；顾乃华等，2006；冯泰文，2009；江静、刘志彪，2009；Yang et al.，2018）。关于影响机制，J. R. Markusen 指出，生产性服务业是知识密集型行业，能够通过分工细化提供专业化服务，有效降低制造业成本，从而提高生产效率（Markusen，1989）。江静等研究发现，生产性服务业发展通过自身效率提升降低了制造业的单位生产成本，从而提升了制造业生产效率（江静等，2007）。冯泰文研究表明，基于专业化分工、范围经济和制度创新的交易成本下降是生产性服务业促进制造业生产效率提升的重要机制（冯泰文，2009）。喻美辞基于珠三角样本的研究发现，生产性服务业可以通过促进人力资本和知识资本深化、降低生产成本、培育产品差异化优势等机制提升制造业生产效率水平（喻美辞，2011）。宣烨、余泳泽关注了生产性服务业层级分工对制造业生产效率的影响，研究发现，长三角生产性服务业层级分工通过专业化分工、空间外溢效应以及比较优势发挥，提升了制造业的生产效率（宣烨、余泳泽，2014）。陈启斐、刘志彪基于多边模型研究了生产性服务进口对一个国家制造业技术进步的影响，结论显示，只有当母国制造业的生产率达到一定阈值之后，生产性服务业进口才能促进制造业的技术进步（陈启斐、刘志彪，2014）。对中国来说，生产性服务进口可以显著促进制造业生产效率的提升。

关于生产性服务业对制造业生产效率影响的异质性，从生产性服务业的异质性来看，顾乃华等认为，金融保险业最能发挥提升制造业生产效率的作用（顾乃华等，2006）；江静等研究表明，交通运输仓储和邮电通信业对劳动密集型制造业生产效率提升的影响最为明显，而资本密集型制造业的生产效率提升在很大程度上受到金融保险业发展的影响（江静等，2007）；彭湘君、曾国平研究发现，目前中国只有金融业、租赁和商务服务业的发展促进了制造业全要素生产率的提升（彭湘君、曾国平，

2014）。类似的，陈光、张超认为，流通业、金融业及商务服务业能显著提高制造业生产效率（陈光、张超，2014）；陈启斐、刘志彪发现，金融服务进口贸易、研发服务进口贸易和商业服务进口贸易都可以促进制造业生产效率的提升（陈启斐、刘志彪，2014）。从制造业的异质性来看，学者们普遍认为生产性服务业的发展对资本技术密集型制造业或是服务密集型制造业的生产效率提升作用更为突出（喻美辞，2011；陈光、张超，2014；Liu et al.，2019）。从地区异质性来看，顾乃华等均认为，生产性服务业对东部地区制造业生产效率水平的影响比中西部地区更为明显（顾乃华等，2006；王俊等，2011）。此外，张振刚等还以珠三角城市为例，证实了生产性服务业发展对制造业生产率的促进作用及空间溢出效应，指出生产性服务业的发展对制造业生产效率的外溢作用不仅发生在相邻的地区之间，还发生在不相邻的地区之间（张振刚等，2014）。

其次，还有大量学者从结构升级、价值链攀升等视角研究了生产性服务业对制造业转型升级的影响。S. H. Park 和 K. S. Chan 基于跨国数据的实证分析发现，生产性服务业可以显著促进制造业升级（Park，Chan，1989）。路红艳提出，生产性服务业能够推动制造业产业链的整合，从而促进制造业结构升级（路红艳，2009）。于明远、范爱军的研究表明，制造业会随着生产性服务投入比例的增加逐步向价值链两端的高附加值环节攀升（于明远、范爱军，2016）。鲁成浩等基于现代服务业综合试点准自然实验的研究发现，生产性服务发展能够显著促进中国制造业的升级（鲁成浩等，2022）。罗军关注了生产性服务业贸易对制造业升级的影响，发现生产性服务进口促进了中国制造业企业在全球价值链中的产品升级，但抑制了其功能升级，主要原因在于成本增加效应大于技术创新效应（罗军，2019）。刘慧等研究了生产性服务资源嵌入制造业的环节偏好对制造业出口品国内增加值率的影响，发现二者呈倒"U"形关系，偏好中游环节能较好地发挥"补短板"作用，而过于偏好上游或下游环节会加剧制造业的外部依赖（刘慧等，2020）。目前，中国生产性服务资源过于偏好上游环节，对制造业升级的支持作用相对有限。

关于生产性服务业促进制造业转型升级的内在机理，刘志彪认为，现代生产性服务业能够降低服务业投入成本，提高投入品质，有利于制造业的专业化和精细化（刘志彪，2006）；高传胜指出，生产性服务业可以通过深化人力和知识资本、提高自主研发能力、促进专业化分工、降低交易成本、增强产品差异化优势等途径促进制造业升级（高传胜，2008）；白清从全球价值链视角出发，阐述了生产性服务业对制造业升级的四种影响机制——协同定位、价值链融合、服务外包以及高质量要素投入（白清，2015）；鲁成浩等同时分析了地区和企业的传导机制，发现创新促进效应是地区层面的传导机制，存续企业产出变动下的资源配置效应和新企业进入效应则是企业层面的传导机制。还有学者进一步分析了生产性服务贸易推动制造业升级的机制（鲁成浩等，2022）。研究表明，生产性服务贸易可以通过提高资源配置效率、改善供求状况、增大竞争程度、扩大规模经济、促进资本积累、引入高端外资以及优化现有制度等方式促进中国制造业转型升级（孟萍莉，2017；张志醒，2018）。关于生产性服务业促进制造业转型升级的异质性，高传胜研究发现，在生产性服务业的子行业中，金融业、信息通信业以及科教文卫服务业对制造业升级的正向影响较交通运输业和商贸服务业更强（高传胜，2008）；孟萍莉指出，生产性服务进出口贸易对制造业价值链攀升和技术进步的影响受到制造业要素密集度的影响（孟萍莉，2017）；鲁成浩等研究发现，生产性服务业发展对东部地区企业、非国有企业和出口企业制造业升级的影响更强（鲁成浩等，2022）。

最后，近年来，部分研究还关注了生产性服务业开放对制造业自主创新的影响。董也琳基于知识生产函数模型的研究发现，生产性服务进口并没有抑制国内制造业的自主创新，且人力资本投入显著提高了创新产出和技术溢出吸收能力，高技术行业较中、低技术行业获得的技术溢出效应更强（董也琳，2016）。宣烨和陈启斐等则进一步研究了生产性服务进口技术复杂度与制造业创新的关系（宣烨、陈启斐，2017；杨晓云、赵小红，2022）。宣烨、陈启斐的研究表明，生产性服务品进口技术复杂度的提升有利于促进高科技行业创新能力的提升，但这种影响具有一定的异质性，金融服务品、计算机及信息服务品进口的积极影响较强，而通信服务品进口具有一定的负向效应；非 OECD 国家高科技产业创新能力的提升程度要高于 OECD 国家（宣烨、陈启斐，2017）。类似的，杨晓云、赵小红的实证结果表明，生产性服务业进口技术复杂度对中国制造业企业创新具有显著的正向影响，技术溢出、投入服务化、产品升级和市场扩张是主要机制（杨晓云、赵小红，2022）。喻胜华等基于中国加入世界贸易组织准自然实验，系统研究了生产性服务业开放对制造业创新质量的影响（喻胜华等，2022）。研究发现，生产性服务业开放显著促进了制造业创新质量的提升。

（二）生产性服务业集聚对制造业转型升级的影响研究

随着制造业空间集聚趋势日益凸显，生产性服务业也呈现出了较为明显的聚集态势（顾乃华，2011）。关于生产性服务业集聚对制造业转型升级的影响，首先，部分学者研究了生产性服务业集聚对制造业生产效率的影响。R. Banga 等的研究均表明，生产性服务业集聚能显著提高制造业的生产效率（Banga，2005；顾乃华，2011；宣烨，2012）。集聚经济可以划分为专业化集聚与多样化集聚（Hoover，1937），生产性服务业集聚也包括专业化集聚和多样化集聚两种模式（韩峰等，2014）。现有研究表明，生产性服务业专业化集聚和多样化集聚都显著提升了工业企业的全要素生产率，其中，多样化集聚的促进作用更强（宣烨、余泳泽，2017）。于斌斌的研究却得出了相反的结论，由于拥挤效应，中国城市生产性服务业集聚对制造业生产效率具有显著的负向效应，人力资本和信息化水平的提高可以在一定程度上缓解其负向效应（于斌斌，2017）。高康、原毅军进一步研究发现，生产性服务业集聚对制造业生产效率的影响呈倒"U"形曲线，研发资本流动、资源错配和污染排放强度具有一定调节作用（高康、原毅军，2020）。还有学者关注了产业协同集聚，研究发现，基于城市群的生产性服务业和制造业协同集聚显著促进了制造业全要素生产率的提升（刘叶、刘伯凡，2016）。

关于生产性服务业集聚对制造业生产效率的影响机制，集聚经济理论认为，经济的外部性是产业空间集聚影响经济活动的主要机制。A. Marshall 认为，专业化集聚更容易产生经济外部性，包括规模经济和技术外溢两种效应（Marshall，1890）。而 J. Jacobs 认为，跨行业的多样化集聚同样可以通过以上两种效应对经济活动产生影响（Jacobs，1969）。已有研究表明，生产性服务业空间聚集会通过提升专业化水平（Markusen，1989）、降低中介服务成本和交易成本（Eswaran，Kotwal，1989）等机制提升制造业生产效率。从中国实际出发，顾乃华认为，生产性服务业集聚可以通过知识扩散效应、劳动力蓄水池效应、投入品共享和风险投资分散效应、竞争效应等机制提升制造业全要素生产率（顾乃华，2011）。宣烨指出，生产性服务业空间集聚会通过竞争效应、专业化效应以及外部性等机制降低制造业交易成本，提高其生产效率（宣烨，

2012）。靳光涛等研究发现，高质量生产性服务业集聚不仅能直接提升制造业生产效率，还能通过知识溢出效应间接促进制造业升级（靳光涛等，2023）。刘叶、刘伯凡发现，技术进步是生产性服务业和制造业协同集聚影响制造业全要素生产率的主要机制（刘叶、刘伯凡，2016）。

关于生产性服务业集聚对制造业生产效率的异质性影响，于斌斌研究发现，生产性服务业集聚对制造业生产效率的影响具有一定的地区、城市、行业和集聚模式异质性（于斌斌，2017）。从地区来看，中部地区生产性服务业集聚可以显著提升制造业生产效率，而西部地区表现出阻碍作用；从城市来看，特大城市和小城市的生产性服务业集聚可以显著提升制造业生产效率；从行业来看，高端生产性服务业集聚可以显著提升制造业生产效率，低端行业则表现出阻碍作用；从集聚模式来看，雅各布斯外部性对制造业生产效率具有显著的正向影响，马歇尔外部性具有负向影响，波特外部性则无显著影响。宣烨、余泳泽的研究表明，低端生产性服务业集聚对制造业企业生产效率的正向影响更为明显，生产性服务业集聚对国有制造业企业生产效率提升的促进作用更强，生产性服务业集聚对中小城市制造业企业的生产效率提升无显著影响（宣烨、余泳泽，2017）。靳光涛等研究发现，高质量生产性服务业集聚对制造业生产效率的影响在大中型城市样本和高技术制造业样本中更强（靳光涛等，2023）。部分学者还指出，生产性服务业集聚对邻近地区制造业的生产效率具有显著的正向溢出效应，但这种效应会产生空间衰减现象，且具有一定的区域边界（宣烨，2012；余泳泽等，2016；程中华等，2017）。

其次，大量学者从利润率、发展质量、结构升级、产品质量等维度研究了生产性服务业集聚对制造业转型升级的影响。詹浩勇等分别基于制造业利润率和规模比、工业利润率和工业增加值指标进行研究，发现生产性服务业集聚对制造业转型升级具有显著促进作用（詹浩勇，2013；盛丰，2014；卢飞、刘明辉，2016）。刘奕等证实了生产性服务业集聚（尤其是支持型生产性服务业集聚）与制造业升级指标体系之间存在双向促进的关系（刘奕等，2017）。郭然、原毅军聚焦制造业发展质量的研究发现，生产性服务业集聚与制造业发展质量呈"U"形关系，环境规制在其中具有正向调节作用（郭然、原毅军，2020）。韩峰、阳立高从制造业结构升级出发的研究表明，生产性服务业专业化和多样化集聚对制造业结构升级均产生了显著的促进作用（韩峰、阳立高，2020）。从价值链升级来看，喻胜华等认为，生产性服务业专业化与多样化集聚均能有效推动制造业向价值链高端攀升，且多样化集聚的作用效果更强（喻胜华等，2020）。曾艺、韩峰关注了制造业出口产品质量升级，发现生产性服务业集聚显著提升了城市自身制造业出口产品的质量，但抑制了周边城市制造业出口产品的质量升级（曾艺、韩峰，2022）。

关于影响机制，与前文的效率层面的结论类似，A. J. Venables 指出，生产性服务业空间集聚可通过中间投入的规模经济效应和知识外溢效应等机制促进制造业升级（Venables，1996）。詹浩勇认为，功能型生产性服务业集聚和知识密集型生产性服务业集聚对制造业升级的影响机制存在差异，前者通过竞争效应和合作效应促进制造业升级，后者则通过知识溢出效应和空间结构协同演进效应促进制造业升级（詹浩勇，2013）。郭然、原毅军指出，技术创新能力提升与产业结构优化是生产性服务业集聚影响制造业升级的重要路径（郭然、原毅军，2020）。韩峰和阳立高等研究发现，生产性服务业专业化集聚通过规模经济效应和技术外溢效应对制造业升级产生促进作用，而多样化集聚仅具有规模经济效应（韩峰、阳立高，2020；喻胜华等，2020）。高康、原毅军认为，外部性是生产性服务业集聚影响制造业升级的重要路径，要素流动加快和污染排放强度下降是主要机制（高康、原毅军，2020）。曾艺、韩峰的研究表明，降低生产成本和促进技术创新是生产性服务业集聚促进制造业出口产品质量提升的主要机制（曾艺、韩峰，2022）。盛丰等还分别发现交通发达程度和信息化水平，社会创新体系、综合交易成本和需求规模等外部因素能够通过生产性服务业集聚间接地推动制造业升级（盛丰，2014；刘奕等，2017）。关于影响的异质性效应，现有研究发现，生产性服务业集聚对制造业升级的影响在不同地区（卢飞、刘明辉，2016；郭然、原毅军，2020；喻胜华等，2020）、不同规模城市（曾艺、韩峰，2022）、不同生产性服务业和制造业行业类别（郭然、原毅军，2020；韩峰、阳立高，2020；曾艺、韩峰，2022）、不同特征企业（喻胜华等，2020）样本中均存在显著差异性。此外，部分学者还证实了生产性服务业集聚对制造业升级的空间溢出效应（盛丰，2014；卢飞、刘明辉，2016；喻胜华等，2020；曾艺、韩峰，2022）和非线性效应（卢飞、刘明辉，2016）。

四 文献评述

本章分别从交通基础设施与制造业转型升级、交通基础设施与生产性服务业发展及集聚、生产性服务业发展及集聚与制造业转型升级三个方面对现有研究进行了梳理和回顾。

在交通基础设施与制造业转型升级方面，关于交通基础设施对产业转型升级的影响，现有研究证实了交通基础设施的产业升级效应，其中，大量研究证实了高铁的产业升级效应，并指出知识溢出是高铁促进产业结构升级的重要机制；关于交通基础设施对制造业发展的影响，学者聚焦空间布局、发展水平和生产效率等视角进行研究发现，交通基础设施是制造业企业区位选择的重要因素，对制造业集聚、就业、出口升级、库存成本、生产和资源配置效率均有显著正向影响；关于高铁开通对制造业转型升级的影响，现有研究主要聚焦发展水平、生产效率、技术创新以及绿色发展等维度，发现高铁开通促进了制造业转型升级。现有研究的不足之处主要包括两个方面。其一，基于多维度指标的综合性研究不足。制造业转型升级是一个复杂的概念，且其内涵会随着实践和政策的发展而动态变化，已有研究要么从生产效率、绿色发展、出口升级等单一视角出发，要么采用指标体系构建综合效率指标，缺少基于多维度指标的综合性分析，对不同维度指标的对比分析不足，研究的系统性有待提升。其二，对影响机制的剖析有待深化。一方面，现有研究对高铁开通影响制造业绿色转型的机制分析还不充分；另一方面，缺乏对"两业融合"视角下间接影响机制的探讨，关于高铁开通对制造业转型升级的影响机制，现有研究多从要素流动、技术创新、市场扩大等维度进行分析，而基于"两业融合"视角，从生产性服务业发展、集聚以及协同集聚等维度探讨间接作用机制的研究仍然不足，值得进一步深入挖掘。

在交通基础设施与生产性服务业发展及集聚方面，关于交通基础设施对产业集聚的影响，大部分研究认为交通运输成本是影响产业空间布局的重要因素，并从交通基础设施会降低运输成本和改变区域资源要素禀赋进而影响企业生产成本等视角来研究其对产业集聚的影响；也有部分学者质疑交通基础设施或运输成本对产业空间布局的作用，提出交通运输成本在生产成本中的占比是交通运输成本是否会影响企业布局选择的关键。基于中国数据的实证研究表明，交通基础设施对产业空间布局具有显著的正向影响。关于交通基础设施与服务业发展，现有研究发现，交通基础设施对服务业发展具有正向影响，并指出交通基础设施对服务业的影响要大于制造业。大量学者还证实了高铁开通对服务业总体发展，以及生产性服务业、旅游业等子行业发展的积极作用。高铁开通对生产性服务业集聚的正向影响在现有研究中已得到广泛验证，但存在较为明显的异质性效应。从现有研究来看，主要包括以下不足之处。其一，高铁开通对生产性服务业集聚的影响研究有待深化。尽管现有研究证实了二者之间的正向关联，但在集聚指标选择、异质性效应剖析等方面仍有待进一步完善和拓展。其二，高铁开通对生产性服务业与制造业协同集聚的研究不足。生产性服务业与制造业协同集聚有利于更好地促进二者协同互动，推动制造业转型升级，但目前聚焦高铁开通对二者协同集聚影响的研究仍然较少，且现有研究尚未达成一致结论。

在生产性服务业发展及集聚与制造业转型升级方面，大量学者证实了生产性服务业发展及集聚对制造业转型升级的正向影响；机制分析表明，生产性服务业能够通过提供专业化服务降低制造业成本，从而促进制造业转型升级，而生产性服务业集聚能够进一步产生经济外部性，通过规模经济以及技术外溢等机制强化制造业转型升级效应。尽管相关研究较为充分，但它们多关注二者之间的关系，较少涉猎外部因素通过生产性服务业发展及集聚影响制造业转型升级的机制，不利于全面支撑体系的有效性评价和政策措施的提出。虽然盛丰发现交通发达程度可以通过生产性服务业集聚间接地促进制造业升级，但并未从高铁等跨区域重大交通基础设施视角出发（盛丰，2014）；乔彬等虽然将高铁、生产性服务业集聚和制造业升级纳入统一框架，但并未对三者之间的关系及传导机制进行深入的理论剖析和系统的实证检验（乔彬等，2019）。基于"两业融合"视角，高铁开通作用于生产性服务业发展、集聚以及协同集聚进而间接影响制造业转型升级的机制，存在进一步深入挖掘的空间。

第二节 政策脉络

一 高铁发展及交通强国战略

交通运输是人类社会最基本的经济活动，是影响经济社会发展的重要因素。中国高铁发展起步于20世纪80年代末90年代初，历经30余年的快速发展，已创下了世界瞩目的伟大成就，这离不开国家政策的大力支持和引导。总体来看，中国高铁发展的政策脉络可划分为初步探索阶段、快速推进阶段和系统谋划阶段。

（一）初步探索阶段（1990—2003年）

中国高铁的发展起步于20世纪80年代末90年代初。改革开放使中国城市化进程不断加速，为满足人们日益增长的出行需求，中国开始探索高铁技术。1990年，铁道部制定了《铁路科技发展十年规划和"八五"计划纲要》，首次将发展高铁技术写入铁路科技发展规划，并谋划开展高铁成套技术的科技攻关。1991年，《"八五"国家科技攻关计划》首次将高铁建设列入重点任务，有效推动了高铁技术的自主研发。1996年3月，《中华人民共和国国民经济和社会发展"九五"计划和2010年远景目标纲要》明确提出，要着手建设京沪高速铁路，建设大客运量的现代化运输通道，这是"国家发展规划"中首次出现高铁建设。2001年，《中华人民共和国国民经济和社会发展第十个五年计划纲要》提出，要加快铁路既有线技术改造，提高列车运行速度，建设京沪高速铁路。至此，中国铁路提速及高速铁路建设计划在21世纪正式进入推进阶段。

（二）快速推进阶段（2004—2016年）

2004年，国家发改委发布中国铁路行业的第一个发展规划——《国家中长期铁路网规划》，提出了中国高铁到2020年在建设规模和运行速度方面的发展目标，该规划在中国高铁大规模建设和发展中发挥了重要的推动作用。2005年12月，《国家中长期科学和技术发展规划纲要（2006—2020年）》提出，要加快发展安全高速的交通运输技术，使高速轨道交通系统相关技术研发的重要性得到较大提升。2006年3月，"加快发展高铁装备制造，推动核心技术攻关和产业化发展"被写入《中华人民共和国国民经济和社会发展第十一个五年规划纲要》。此后，国家陆续发布《综合交通网中长期发展规划》《"十一五"重大技术装备研制和重大产业技术开发专项规划》等政策，这些政策围绕高铁装备国产化的发展目标，持续提升中国高铁技术装备研发生产的要求。2008年，受国际金融危机影响，中国持续增加基建投资，高铁建设开始提速扩容。2010年10月，《国务院关于加快培育和发展战略性新兴产业的决定》将高铁装备制造纳入战略性新兴产业，提出要优先重点支持其发展。2011年7月，科技部发布《关于印发高速列车科技发展"十二五"专项规划的通知》，强调要加快发展高铁安全保障技术。2012 年 7 月，国务院发布《"十二五"综合交通运输体系规划》，提出发展高速铁路，加快快速铁路网建设。2016 年 3 月，《中华人民共和国国民经济和社会发展第十三个五年规划纲要》提出，要加快推进高铁网络化发展，到 2020 年实现营业里程达 3 万千米、覆盖 80% 以上大城市的发展目标。同年 7 月，国家发改委印发《中长期铁路网规划》，提出进一步扩大高铁网络覆盖面、提高新建高铁线路运行时速、培育壮大高铁经济等发展目标，使中国高铁建设进入新阶段。

（三）系统谋划阶段（2017 年以来）

2017 年，党的十九大作出"建设交通强国"重大战略决策，为新时代中国做好交通运输工作提供了重要抓手。这一战略立足高质量发展背景，旨在将中国交通发展的重点由追求发展规模转到追求质量效益，由各种交通方式独立发展转到打造多层次、一体化交通运输体系，是中国交通运输高质量发展的根本遵循。自此，作为高质量交通运输体系的重要组成部分，中国高铁建设也进入系统谋划阶段。2019 年，中共中央、国务院印发《交通强国建设纲要》，明确提出了交通强国的建设目标、原则和宗旨，明确从 2021 年到 21 世纪中叶，中国将分两个阶段推进交通强国建设，提出到 2035 年基本建成交通强国和到 21 世纪中叶全面建成人民满意、保障有力、世界前列的交通强国两个阶段性目标。"十三五"时期，在日趋完善的政策推动下，中国高铁建设快速推进，2020 年年底，高铁运营里程超额完成"十三五"建设目标。但在快速开展高铁建设的过程中，各地也出现了片面追求高标准、重高速轻普速、重投入轻产出等现实问题，高铁产业的持续健康发展出现隐忧。2021 年 3 月，为进一步规范高铁建设，国家发展改革委、交通运输部、国家铁路局、中国国家铁路集团有限公司联合发布《关于进一步做好铁路规划建设工作的意见》，首次提出要加强规划指导，高铁建设不得片面追求高速。自此，中国高铁建设进入降速调整阶段。

"十四五"时期，中国对交通强国战略的布局和推进进一步加快。2021 年 2 月，《国家综合立体交通网规划纲要》发布，成为指导加快建设交通强国的纲领性文件。国家"十四五"规划纲要和党的二十大报告也先后将"交通强国"作为中国经济社会发展的重大战略进行决策部署。其中，"十四五"规划在"加快建设交通强国"中明确提出，要构建快速网，基本贯通"八纵八横"高速铁路。2022 年 1 月，国务院正式印发《"十四五"现代综合交通运输体系发展规划》，从立体交通设施网络、城乡区域交通协调、城市群和都市圈交通现代化等十个方面对交通强国进行了详细部署。2022 年 10 月，党的二十大再次强调加快建设交通强国。2023 年 4 月，为了进一步落实党的二十大精神，交通运输部等五部门联合印发《加快建设交通强国五年行动计划（2023—2027 年）》，提出了未来五年加快建设交通强国的行动目标和行动任务，为加快建设交通强国提供了重要指导。从高铁发展来看，尽管速度有所放缓，但"十四五"时期仍是中国高铁产业提质增效的关键时期，国家对高铁装备技术发展的要求持续提升。"十四五"规划纲要提出，推进 CR450 高速度等级中国标准动车组研发应用；2021 年 12 月印发的《"十四五"现代综合交通运输体系发展规划》提出，开展智能铁路建设，加快推进高速铁路线路智能化升级；2021 年 12 月发布的《"十四五"铁路科技创新规划》指出，要重点组织实施"CR450 科技创新工程"，持续扩大高铁技术领跑优势，深化智能铁路技术创新。

二 新型工业化与制造业转型升级

工业是一国综合国力的根基，作为工业的重要领域，制造业是中国国民经济的主导产业和重要支柱。改革开放 40 年来，中国成功探索出了一条符合国情的新型工业化道路，取得了举世瞩目的工业发展成就，建立了门类齐全的现代工业体系，并稳居世界第一制造大国。2018 年，中国提出制造业高质量发展战略，为制造业进一步提质增效、实现中国从制造大国向制造强国的转变提供了根本遵循，新型工业化发展进入崭新的历史阶段。

2002 年，为了推动中国制造业转型升级，提升制造业的附加值和竞争力，党的十六大首次提出要走出一条科技含量高、经济效益好、资源消耗低、环境污染少、人力资源优势得到充分发挥的新型工业化道路。此后，党中央一直高度重视中国新型工业化的发展，并不断加强顶层设计，完善相关战略部署。新型工业化这一概念开始在政策文件中频繁出现。党的十七大报告指出，坚持走中国特色新型工业化道路，大力推进信息化与工业化融合。党的十八大报告指出，坚持走中国特色新型工业化、信息化、城镇化、农业现代化道路，推动信息化和工业化深度融合、工业化和城镇化良性互动、城镇化和农业现代化相互协调，促进"四化"

同步发展。党的十九大报告强调，要在推动"四化"同步发展中更好地发挥政府作用。党的十九届五中全会明确提出，2035 年为中国基本实现新型工业化的时间节点。党的二十大报告再次强调，坚持把发展经济的着力点放在实体经济上，推进新型工业化。

党的十八大以来，党中央高度重视实体经济（特别是制造业）的发展，作出了建设"制造强国"的重大战略决策。2015 年，为更好地适应国际环境变化、抓住发展机遇、改变中国制造业"大而不强"的局面，中国政府适时地提出了《中国制造 2025》行动纲领，强调要坚持走中国特色新型工业化道路，把提质增效作为核心，大力促进制造业的创新发展及其与新一代信息技术的深度融合，促进产业的转型升级，并以十年为一阶段，明确未来 20 年中国制造强国建设的战略目标和重点任务。此后，"加快建设制造强国"这一表述开始频繁出现在党的重要会议中，"十三五"规划纲要和"十四五"规划纲要专门对"制造强国战略"的实施进行规划和部署。2015 年，党的十八届五中全会通过的《中共中央关于制定国民经济和社会发展第十三个五年规划的建议》明确指出，要加快建设制造强国，实施《中国制造 2025》。2016 年，"十三五"规划纲要指出，深入实施《中国制造 2025》，以提高制造业创新能力和基础能力为重点，推进信息技术与制造技术深度融合，促进制造业朝高端化、智能化、绿色化等方向发展，培育制造业竞争新优势。党的十九大报告提出，加快建设制造强国，加快发展先进制造业。2018 年，中央经济工作会议在提出坚定不移建设制造强国的同时，正式提出推动制造业高质量发展，并将其作为 2019 年重点工作任务。新型工业化发展进入一个新的阶段。2020 年，"十四五"规划纲要指出，要深入实施制造强国战略，构建自主可控、安全高效的产业链、供应链，保持制造业比重基本稳定，增强制造业竞争优势，推动制造业高质量发展。党的十九届五中全会提出，坚持把发展经济着力点放在实体经济上，坚定不移建设制造强国。党的二十大报告指出，要加快建设制造强国，推动制造业高端化、智能化、绿色化发展。

三 生产性服务业与制造业融合发展

服务化是制造业高质量发展的重要实现路径。制造业与生产性服务业具有紧密的供需联系，生产性服务业可以通过为制造业提供生产要素和中间投入品从而为其转型升级提供重要支撑。为了加快实现从制造大国向制造强国的转型、推动制造业高质量发展，中国围绕推动生产性服务业与制造业融合发展提出了系列针对性政策。总体来看，中国"两业融合"政策发展可分为萌芽起步阶段、初步融合阶段和加速融合阶段。

（一）萌芽起步阶段（2011—2015 年）

尽管业界早已意识到服务化对于制造业转型升级的重要意义，但由于中国制造业多为附加值较低的生产型制造，对现代服务业的需求较低；同时中国生产性服务业起步较晚，发展水平和能级不高，制造业与生产性服务业的融合发展较为迟缓，在推动制造业转型升级方面发挥的作用十分有限。2011 年，为落实"十二五"规划纲要，加快工业发展方式转型，国务院编制并印发《工业转型升级规划（2011—2015 年）》，明确要大力发展面向工业生产的现代服务业，加快推进服务型制造，不断增强服务对工业转型升级的支撑能力。这是中国首次明确提出要发展生产性服务业，并发挥其对工业转型升级的促进作用。2015 年 5 月，国务院印发《中国制造 2025》，提出制造强国建设的总体导向为高端化、智能化、绿色化和服务化。其中，发展服务型制造是实现产业结构转型升级的重中之重。这一文件的发布成为中国由生产型制造向服务型制造转变的重要节点。

（二）初步融合阶段（2016—2018 年）

2016 年 5 月，国务院印发《关于深化制造业与互联网融合发展的指导意见》，明确指出要进一步深化制造业与互联网融合发展，协同推进《中国制造 2025》和"互联网+"行动，加快制造强国建设。同年 7 月，为进一步加快推动服务型制造发展，工信部、国家发改委和中国工程院联合发布《发展服务型制造专项行动指南》，提出推动服务型制造向专业化、协同化、智能化方向发展。2017 年，国家发改委印发的《服务业创新发展大纲（2017—2025 年）》将推进服务业与制造业融合作为服务业创新发展的重要内容，提出要强化服务业对先进制造业的全产业链支撑作用，充分发挥制造业对服务业发展的基础作用，有序推动双向融合，并从发展服务型制造、推动服务向制造拓展、搭建服务制造融合平台三个方面进行具体部署。2018 年 12 月，中共中央政治局会议提出了推动制造业高质量发展，推进先进制造业和现代服务业深度融合，为未来制造业和服务业融合发展指明了方向。

（三）加速融合阶段（2019 年以来）

为解决"两业融合"发展中面临的问题，推动先进制造业和现代服务业深度融合，2019 年 11 月，国家发展改革委等部门联合印发《关于推动先进制造业和现代服务业深度融合发展的实施意见》，作为中国首次以文件方式提出的"两业融合"实施意见。该文件就融合发展中的新业态和新模式培育、重点行业和领域新路径探索、多元主体作用发挥等问题进行了详细部署，为更好地推动先进制造业和现代服务业耦合共生、互利共赢，支撑制造业高质量发展提供了重要指导。2020 年 7 月，工信部等部门出台《关于进一步促进服务型制造发展的指导意见》，提出健全服务型制造发展生态，充分发挥工业互联网等新一代信息技术在赋能新制造和催生新服务中的重要作用，加快培育发展服务型制造新业态和新模式，并从工业设计服务、定制化服务、供应链管理等十个方面对推动服务型制造创新发展提出了具体要求。2021 年 3 月，"十四五"规划纲要提出，坚持把发展经济着力点放在实体经济上，加快推进制造强国建设，促进先进制造业和现代服务业深度融合。随后，为进一步提升制造服务业供给质量，更好发挥其在引领和支撑制造业转型升级中的作用，国家发改委等部门联合印发《关于加快推动制造服务业高质量发展的意见》，强调聚焦重点环节和领域推动制造服务业发展，以专项行动和重点工程为抓手，统筹谋划、重点突破，加快推动制造业与制造服务业融合共生、互利共赢。作为中国在制造服务业方面首次颁布的政策文件，该意见为全面推动制造服务业发展、加速"两业融合"与制造业转型升级提供了重要依据。2022 年，党的二十大报告再次强调，要构建优质高效的服务业新体系，推动现代服务业同先进制造业深度融合。2023 年 5 月，国家发改委负责同志在全国"两业融合"工作现场交流会上指出，要围绕重点领域和关键环节，培育融合发展主体，发展融合新业态和新模式，促进先进制造业和现代服务业高质量发展。

第三节　本章小结

本章主要对现有相关研究和政策发展脉络进行梳理，以对本书研究内容的相关学术基础和政策背景形成初步认知。具体来说，其一，本章从交通基础设施与制造业转型升级、交通基础设施与生产性服务业发展及集聚、生产性服务业发展及集聚与制造业转型升级三个方面对现有研究进行了梳理和回顾，发现以下不足之处：基于多维度指标的高铁开通对制造业转型升级影响的综合性研究不足；高铁开通对制造业转型升级的机制分析不充分，高铁开通对绿色发展维度制造业转型升级的影响机制分析不足，缺乏对"两业融合"视角下间接机制的探讨；高铁开通对生产性服务业集聚的影响研究有待深化；高铁开通对生产性服务业与制造业协同集聚的研究不足，现有研究尚未达成一致结论。其二，本章立足"高铁""制造业转型升级""两业融合"三个核心概念，从"高速铁路发展与交通强国战略""新型工业化与制造业转型升级""制造业与生产性服务业融合发展"三个维度出发，对相关政策发展脉络进行梳理，以明确国家政策方向，更好地开展后续理论及对策研究。

第三章　内涵界定、指标测度与现状分析

第一节　高铁开通的定义、测度与现状

一　高铁开通的定义与测度

（一）高铁开通的定义

高铁是指具有高等级的设计标准，可供列车以高速运行的铁路系统。关于高铁的定义，不同国家和地区在不同时期的标准存在差异。1962 年，国际铁路联盟将高铁定义为旧线改造时速在 200 千米及以上、新建时速在 250—300 千米及以上的铁路。1964 年，设计时速为 200 千米的日本东海道新干线建成通车，在加强日本核心都市圈之间的联系、促进日本经济快速增长方面发挥了重要作用。此后，在 20 世纪 70 年代初期，日本政府将可供列车在重点线路以 200 千米及以上时速运行的干线铁路界定为高铁，并将其写入《全国新干线铁道整备法》。1985 年，联合国欧洲经济委员会进一步对新建高铁的类别进行区分，将客货运高铁定义为时速在 250 千米以上的铁路干线，将客运专用高铁定义为时速在 350 千米以上的铁路干线。[①] 在此背景下，中国对高铁的定义也在逐渐发生变化。2008 年，中国第一条公认的、最高运营时速为 350 千米的高铁——京津城际铁路开通运营。2009 年，《高速铁路设计规范（试用）》开始试行，该规范将高铁定义为新建铁路旅客列车设计最高时速达到 250 千米的铁路。2014 年年底，中国首部高铁规范《高速铁路设计规范》正式发布。该规范虽未明确给出高铁的定义，但将规范的适用范围界定为"新建设计时速为 250—350 千米（按设计时速分为 250 千米、300 千米和 350

---

① 参见《国际铁路干线协议》。

千米三个级别）、运行动车组列车并具有标准轨距的客运专线"。目前，国家铁路局将中国高铁界定为设计时速达到 250 千米（含预留）、初期运营时速达到 200 千米的客运专线。[①] 国家发改委则将时速达到 250 千米标准的新线、既有线铁路，以及部分时速为 200 千米的轨道线路定义为中国高铁。[②] 综上，从广义出发，本书将所研究的高铁界定为设计时速不低于 250 千米的客运专线和部分纳入中国高铁网的设计时速不低于 200 千米的轨道线路。

（二）高铁开通的测度

目前，主流的高铁经济效应研究多采用 0—1 虚拟变量度量高铁的开通状况，并采用双重差分模型对其影响效应进行实证研究（李欣泽等，2017；张梦婷等，2018；黄凯南、孙广召，2019；谭建华等，2019）。也有部分学者采用可达性和高铁列车频次等方式对高铁开通状况进行度量（杜兴强、彭妙薇，2017；朱文涛、顾乃华，2020）。近年来，部分研究开始采用社会网络分析法，选取中心性相关指标度量城市在高铁网络中的地位（Cao et al.，2019；周思思、逯苗苗，2023；许丽萍等，2023）。考虑到高铁开通并不是一个完全随机的自然实验，而是与当地的地理位置、经济水平、财政收入、人口规模、历史文化等诸多因素有关，为了控制实证模型中可能存在的内生性，本书以高铁开通与否的虚拟变量作为核心解释变量。考虑到部分城市的高铁站点数不止一个，本书将其最早开通站点的年份[③]视为该城市高铁开通的年份。若某城市在某年开通了高铁，则该变量取 1，否则取 0。其次，本书用手动统计的各个城市开通的高铁站数量度量高铁的开通状况，用来对现有结果进行稳健性检验。此外，为了度量高铁开通的时间累积效应，进一步构建了高铁的累计开通时间指标。数据的收集、整理以及指标的构建过程为：首先，基于国家铁路局网站、《中国铁路年鉴》以及部分公开信息收集各条高铁线路的开通时间信息和途经城市信息；其次，进一步统计每条高铁线路途经城市的高铁站数量和各个高铁站的启用时间，并以最早启用的高铁站的启用时间作为其所在城市高铁的开通时间；最后，根据以上信息构建各个

---

① 参见《高速铁路设计规范》。
② 参见《中长期铁路网规划》。
③ 那些在下半年甚至是年末开通的高铁，其经济效应在当年可能无法显现，对这类高铁沿线城市的高铁开通年份进行滞后一年处理。

城市在样本期各年的高铁开通虚拟变量、高铁站数量变量和高铁累计开通时间变量。

二　中国高铁开通的现状

为了直观地展示中国高铁开通的总体状况，本章统计了样本期各年高铁线路的开通情况，如表 3-1 所示。可以看到，2003—2007 年，中国仅有秦沈客运专线一条高铁。随着 2007 年中国铁路第六次大规模提速正式实施，时速 200 千米及以上动车组开始投入使用，中国高铁建设速度逐渐加快。2008 年，中国自主建设的时速 350 千米的京津城际铁路正式开通，中国正式进入高铁时代。2009—2018 年，中国高铁线路开通数量快速增加，由东部地区逐渐向中西部地区扩展，尤其是 2013 年之后，高铁线路数增速进一步加快，至 2018 年，已逐渐形成全面覆盖中西部地区的"八纵八横"高铁网络。从地区差异来看，东部地区尤其是东南沿海地区的高铁线路最为密集，中部地区次之，西部地区最为稀疏。

表 3-1　　　　　　　　　　样本期各年中国开通的高铁线路

	线路数量	线路名称
2003 年	1	秦沈客运专线
2008 年	3	合宁客运专线；京津城际铁路；胶济客运专线
2009 年	7	合武快速铁路；石太客运专线；达成铁路复线成遂段；温福铁路；甬台温铁路；武广客运专线；郑西客运专线
2010 年	7	福厦铁路；成灌城际铁路；沪宁城际高速铁路；昌九城际铁；沪昆高铁沪杭段；海南东环铁路；长吉城际铁路
2011 年	2	京沪高铁；广深港高铁广深段
2012 年	9	汉宜铁路；龙厦铁路；石武高铁郑武段；合蚌客运专线；哈大客运专线；京石客运专线；石武高铁石郑段；遂渝铁路二线；广珠城际铁路
2013 年	15	宁杭客运专线；杭甬客运专线；盘营客运专线；昌福铁路（原向莆铁路）；津秦客运专线；衡柳铁路；西宝高铁；茂湛快速铁路；武咸城际铁路；渝利铁路；厦深铁路；广西沿海城际铁路钦北段；广西沿海城际铁路钦防段；广西沿海城际铁路南钦段；柳南城际铁路
2014 年	11	武石城际铁路；武冈城际铁路；大西客运专线太原南到西安北段；宜万铁路宜昌至利川段；沪昆高铁杭长段；沪昆高铁长沙至新晃段；成绵乐城际铁路成都至乐山段；成绵乐城际铁路成都至江油段；南广高铁；贵广高铁；兰新高铁（兰新铁路第二双线）

续表

	线路数量	线路名称
2015 年	20	兰渝铁路重庆北至渭沱段；沪昆高铁新晃西至贵阳北段；郑焦城际铁路；合福高铁；哈齐高铁；沈丹高铁；京津城际铁路延伸线；吉图珲高铁；贵广高铁贵阳东至龙里北段；宁安城际铁路；牡绥铁路牡丹江至穆棱段；南昆高铁南宁至百色段；丹东至大连快速铁路；新金丽温铁路；赣龙铁路复线；兰渝铁路广元至重庆段；成渝高铁；牡绥铁路穆棱至绥芬河段；津保铁路；海南西环铁路
2016 年	12	娄底至邵阳铁路扩能改造；广佛肇城际铁路；莞惠城际铁路常平东至小金口段；宁启铁路南京至南通段；郑徐高铁；青荣城际铁路；渝万城际铁路；武老城际铁路；长株潭城际铁路；沪昆高铁昆明南至贵阳北段；南昆高铁昆明至百色段；昆玉城际铁路
2017 年	9	宝兰高铁；张呼高铁乌兰察布至呼和浩特东段；武九高铁；西成高铁；长株潭城际铁路西线；石济高铁；莞惠城际铁路；淮萧客车联络线；九景衢铁路开通运营
2018 年	15	渝贵铁路；深湛高铁江门至湛江段；昆楚大铁路；广深港高铁香港段；大西客运专线太原南至原平西段；哈佳铁路；杭黄高铁；哈牡高铁；铜玉铁路；怀衡铁路；青盐铁路；济青高铁；京沈高铁承德至沈阳段；新通客专；南龙铁路

图 3-1 和图 3-2 为样本期各年中国累计开通高铁城市数量变动情况和累计开通高铁站数量变动情况。可以看出，2008—2018 年，中国累计开通高铁城市数量和累计开通高铁站数量均持续增加。从增速来看，中国累计开通高铁城市数的增速在 2008—2010 年不断提升，在 2011 年有小幅回落，在 2012 年再次提升，于 2014 年达到顶峰，在 2015—2017 年逐渐放缓，2018 年又有所回升。而中国累计开通高铁站数的增速在 2008—2010 年不断提升，2011—2012 年有所回落，2013 年再次提升，2014—2015 年达到顶峰，2016—2017 年逐渐放缓，2018 年又有所回升。可以看到，2011 年中国高铁发展速度有所放缓，2013 年则开始进入新的快速发展期，这与中国高铁发展史中的两个重大事件密不可分。2011 年 7 月 23 日，"7·23 甬温线特别重大铁路交通事故"发生，使中国铁路项目受到极大影响，不仅导致新建项目大面积停工，已开通线路也大幅减速。直到 2013 年，国务院要求中国铁路总公司加快高铁建设，尤其是中西部地区，并逐步解决了资金问题，中国高铁才开始复苏。2015 年，国务院批复了一大批 350 千米时速的高铁项目，很大一部分都在中西部地区，新型动车组列车的研发也不断加快。2016 年，复兴号列车试验成功。截至

2018 年年底，中国高铁运行里程达到 2.9 万千米，远远高出 2004 年规划的 2020 年年底达到 1.9 万千米的运营里程，占世界总里程的 2/3，日均开行动车组 5000 多对。

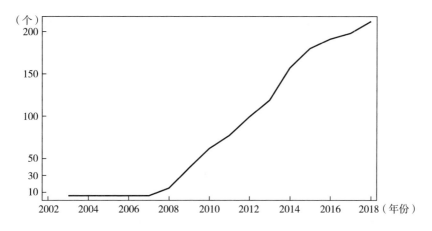

图 3-1　中国累计开通高铁城市数量变动

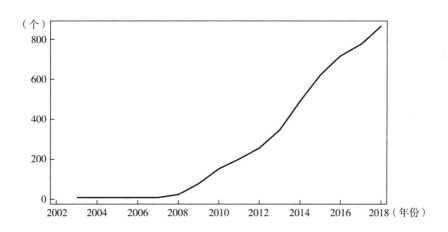

图 3-2　中国累计开通高铁站数量变动

最后，统计了各个省份在样本期末年（2018 年）累计开通高铁城市数量和累计开通高铁站数量，以进一步剖析中国不同地区和省份高铁开通状况的差异，如表 3-2 所示。可以看到，各个地区的累计开通高铁城市数量和累计开通高铁站数量存在明显差异。无论是累计开通高铁城市数量还是累计开通高铁站数量，东部地区都远高于中部地区和西部地区，占据绝对优势，中部地区虽低于东部地区但高于西部地区。不同地区间高铁开通状况的差异较大，尤其是中西部地区的累计开通高铁站数量远低于东部地区。此外，各个省份的累计开通高铁城市数量和累计开通高铁站数量存在明显差异。其中，广东省开通高铁的城市数量最多，为19个，安徽、河南、辽宁和四川位居前列，有13个及以上；同时，广东省开通的高铁站数量也居于全国第一，为94个，远高于其他省份，四川、辽宁、湖南和湖北居于前列，有50个以上。值得注意的是，除了直辖市，海南、宁夏、青海、新疆和西藏开通高铁的城市数量不足3个。其中，截至2018年年底，宁夏和西藏仍没有城市开通高铁。

表 3-2　2018 年各省份累计开通高铁城市数量和累计开通高铁站数量

	累计开通高铁城市数	累计开通高铁站数
Panel1：东部地区		
北京市	1	2
福建省	9	46
广东省	19	94
海南省	2	7
河北省	10	31
江苏省	11	46
辽宁省	13	56
山东省	12	43
上海市	1	7
天津市	1	9
浙江省	10	49
总数	**89**	**390**
Panel2：中部地区		
安徽省	14	37
河南省	13	31
黑龙江省	6	28
湖北省	8	51
湖南省	10	56

续表

	累计开通高铁城市数	累计开通高铁站数
吉林省	4	11
江西省	10	33
山西省	5	17
总数	70	264
Panel3：西部地区		
甘肃省	7	28
广西壮族自治区	11	38
贵州省	5	18
内蒙古自治区	3	6
宁夏回族自治区	0	0
青海省	2	5
陕西省	5	15
四川省	13	65
西藏自治区	0	0
新疆维吾尔自治区	1	2
云南省	3	8
重庆市	1	23
总数	51	208

第二节　制造业转型升级的定义、测度与现状

一　制造业转型升级的定义与测度

（一）制造业转型升级的定义

关于制造业转型升级的内涵，国内外学者从不同视角展开了研究。大多数学者认为，从价值链视角出发，制造业转型升级是指制造业生产活动从低附加值、低技术向高附加值、高技术的变动，从而显著提升了地区制造业的产业结构、国际分工地位与盈利能力（Gereffi，2005）。盛丰指出，制造业的高端化发展可以分为增加制造环节的附加值和实现制

造环节沿"微笑曲线"向产业链的两端延伸两个层面（盛丰，2014）。关于制造业转型升级的方式，詹浩勇提出可以通过改善投入要素结构来实现，在劳动力、土地、资本等基本投入要素的基础上逐渐增加知识、技术、信息等高端要素投入，增大高端要素在产业微观要素配置结构中的比重；另外，还可以通过在制造业发展中突出节能环保和绿色低碳理念来实现制造业转型升级，在生产过程中降低能耗以从源头上控制和减少污染物排放，通过发展循环经济提高资源利用效率，从而获得经济效益和环境效益的双赢（詹浩勇，2013）。此外，随着全球进入服务经济主导阶段，服务化已成为世界各国制造业转型升级和竞争力获取的重要手段，制造业的价值创造开始由制造环节向服务环节转变（胡昭玲等，2017）。在此背景下，《中国制造2025》明确提出要积极发展服务型制造和生产性服务业，推动生产型制造向服务型制造转变。与发达国家强调制造业要从提供产品向提供服务转变的"制造业服务化"表述不同，中国政府采用的"服务型制造"这一表述更为突出制造业这一国民经济的主体，强调制造业要逐步增加更多服务性质的内容，发展服务型制造是中国制造业转型升级的重要方向，对企业和国家均具有重大意义（李晓华，2017）。林航、谢志忠从体验经济视角出发，提出了制造业转型升级的两种路径：一种是基于客户需求对标准化产品进行个性化定制，实现从产品经济向服务经济的转变；另一种是基于产品营造和设计顾客体验，实现从产品经济向体验经济的转变（林航、谢志忠，2015）。综上，本书将制造业转型升级定义为，制造业从低端、低附加值、低技术、资源浪费、环境污染、服务要素投入和产出占比低，向高端、高附加值、高技术、资源集约、环境友好、服务要素投入和产出占比高的转变。

（二）制造业转型升级的测度

国际贸易领域的研究通常以中间品贸易来度量制造业参与价值链的分工地位（Wang et al.，2013），但考虑到城市层面的投入产出数据不易获得，制造业在价值链中的分工地位和技术水平很难通过中间品贸易来度量。通过对历史文献中制造业转型升级度量方式的梳理，笔者发现已有研究大多通过技术水平相关指标，包括技术复杂度、高技术人员占比和高技术产业占比等（李晓刚，2016；周茂等，2018；李磊等，2019），以及产出能力相关指标，包括生产效率和盈利能力等（盛丰，2014；苏杭等，2017；刘奕等，2017；李永友、严岑，2018）来度量制造业的转型升级。由于本书采用城市层面数据进行分析，而制造业技术水平的测度较为困难，故采用产出能力指标对制造业转型升级进行度量。在产出能力的测度指标中，全要素生产率因综合性较强在制造业转型升级相关研究中的应用最为广泛（杨汝岱，2015）。也有部分学者认为，相比全要素生产率，全员劳动生产率作为政府衡量制造业转型升级的重要指标，其可比性更佳，更适宜作为制造业转型升级的度量指标（李永友、严岑，2018）。另外，制造业转型升级还表现为其在价值链环节中附加值的增加。美国学者德鲁克提出了"贡献价值"的概念，以此来描述企业的产出水平和盈利能力，并认为这一指标与传统的增加值和效率指标相比，可以更好地度量制造业转型升级。他创新性地从市场化层面出发，将企业的"贡献价值"定义为全部生产经营所得扣除全部采购成本之后的差额（Drucker，2005）。此外，根据前文的理论分析，制造业转型升级不仅包含经济效益的提升，还包含环境效益的提升。环境友好是中国制造业转型升级的重要目标，也是《中国制造2025》的核心要求，当前，制造业绿色化发展更是成为中国制造业高质量发展的重要方向。综上，基于前期学者的研究，本书综合考虑数据的可得性和指标的适用性后，从制造业的经济效益、环境效益和综合效率三个维度出发构建制造业转型升级指标并进行实证分析。

在经济效益层面，本书基于刘奕等的研究（刘奕等，2017），从生产效率和盈利能力两个维度度量制造业转型升级。具体来说，在生产效率方面，采用全员劳动生产率指标进行测度，即人均工业总产值，用工业企业总产值与制造业从业人数之比来表示；在盈利能力方面，考虑到德鲁克提出的"贡献价值"与中国统计指标中"利税额"的含义基本一致，采用工业企业利税额指标测度，用工业企业利润总额与营业税金及附加之和来表示。

在环境效益层面，本书从污染物排放水平和污染物排放强度两个维度度量制造业转型升级。具体来说，参考张明志等的研究（张明志等，2019），选取工业废水、工业二氧化硫、工业烟（粉）尘三种最具代表性的工业污染物，代表制造业的污染物排放情况。在污染物排放水平方面，采用熵权法对工业废水、二氧化硫、工业烟（粉）尘三种污染物的排放量指标进行合成。类似的，在污染物排放强度方面，采用熵权法对各种污染物的排放强度指标进行合成。各种污染物的排放强度分别用污染物的排放量与工业增加值之比来表示。

在综合效率层面，本书采用工业绿色全要素生产率度量各地级城市制造业的综合效率水平。参考戴魁早、骆莙函的研究（戴魁早、骆莙函，2022），运用非径向非角度的 SBM 方向距离函数测算地级城市的工业绿色全要素生产率增长率，以反映制造业综合效率的变动情况。考虑到传统的数据包络分析模型（如 CCR 模型和 BCC 模型）忽略了生产过程中产生的环境负外部性，也无法消除投入产出松弛问题所导致的非效率成分，从而容易引发效率评估偏误问题，本书运用包含非期望产出的 SBM 模型，把松弛变量和非期望产出引入传统数据包络分析模型，同时根据现有研究（陈超凡，2016；原毅军、谢荣辉，2016），采用基于方向性距离函数的 ML 指数测算城市工业绿色全要素生产率的增长率。参考戴魁早和骆莙函等的研究（戴魁早、骆莙函，2022；高洪玮、吴滨，2022）选取投入产出指标，具体如表 3-3 所示。在投入部分，资本投入用固定资产投资存量表示，采用永续盘存法基于各地级城市的固定资产投资总额计算得到；劳动投入为各地级城市的工业从业人数；资源投入包括水资源消耗和电力消耗，分别用工业用水量和工业用电量表示，各地级城市的工业用水量指标基于各省份单位工业增加值的工业用水量推算得到。在产出部分，包括期望产出和非期望产出，期望产出为各城市的工业总产值，非期望产出分别为各城市的工业废水、工业二氧化硫、工业烟（粉）尘的排放量。

表 3-3 投入产出指标

一级指标	二级指标	指标含义
资源消耗	资本投入	固定资产投资存量
	劳动投入	工业从业人数
	水资源消耗	工业用水量
	电力消耗	工业用电量
非期望产出	废水排放量	工业废水排放量
	二氧化硫排放量	工业二氧化硫排放量
	烟（粉）尘排放量	工业烟（粉）尘排放量
期望产出	总产值	工业总产值

二 中国制造业转型升级的现状

本章从经济效益、环境效益和综合效率出发，描绘了样本期内中国制造业转型升级的变动趋势，如图3-3至图3-9所示。从经济效益层面看，样本期内，中国工业企业的劳动生产率显著提高，工业企业利税额虽有一定波动，总体也呈现明显的上升趋势。在环境效益层面，2014年以前，中国工业企业的环境污染物排放量总体稳定，在波动中小幅下降，2014年以后则呈明显快速下降趋势。这与中国工业减排力度的加大和制造业绿色发展的推进密不可分。分类别来看，工业废水排放量和工业二氧化硫排放量在2014年前均实现小幅下降，而工业烟（粉）尘却波动上升，2014年后，三者均呈下降趋势，其中，工业二氧化硫的下降幅度最大。样本期内，中国工业企业的环境污染物排放强度总体呈波动下降趋势，在2004—2010年快速下降，2011—2014年有所回升，2014—2016年再次快速下降，此后又快速回升。分类别来看，工业二氧化硫排放强度的下降幅度最大，从期初的500吨/亿元下降至期末的50吨/亿元，工业废水和工业烟（粉）尘的排放强度也呈明显的下降趋势。从综合效率来看，样本期内中国工业绿色全要素生产率增长率在波动中总体呈上升趋势，2014年后各年增长率均高于1，表明制造业综合效率逐年改善。综上，中国制造业转型升级在样本期内加快实现，经济效益、环境效益和综合效率均明显改善。

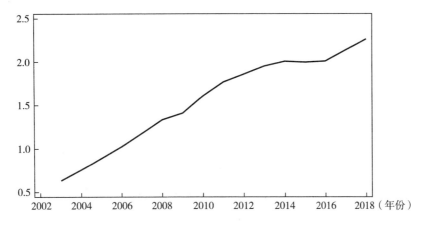

图3-3 中国制造业生产效率变动

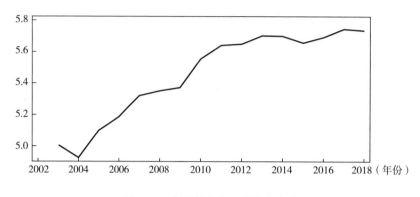

图 3-4　中国制造业盈利能力变动

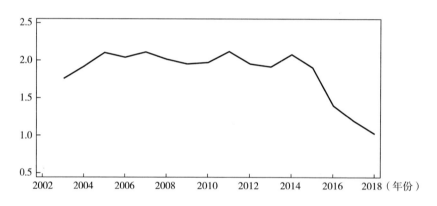

图 3-5　中国制造业污染物排放水平变动

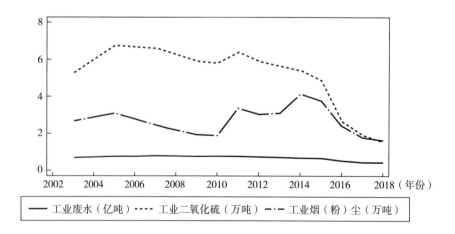

图 3-6　中国不同类别制造业污染物排放量变动

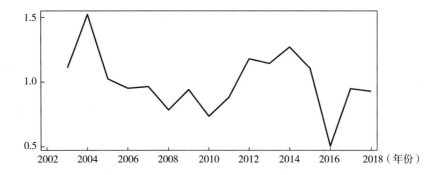

图 3-7 中国制造业污染物排放强度变动

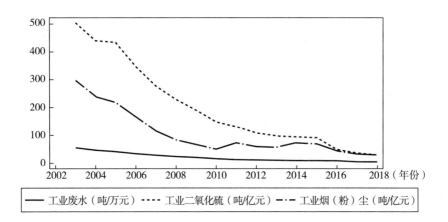

图 3-8 中国不同类别制造业污染物排放强度变动

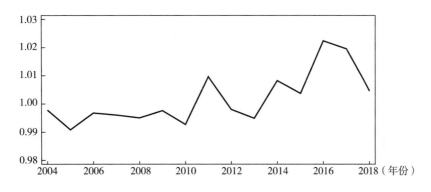

图 3-9 中国制造业综合效率水平变动

此外，本书进一步统计了样本期末年（2018年）各省份不同维度的制造业转型升级水平，以进一步剖析中国不同地区和省份制造业转型升级情况的差异，如表3-4所示。在经济效益层面，无论是经济效率还是盈利能力，东部地区都显著高于中西部地区，中西部地区水平相差较小，中部地区略高于西部地区。这可能是由于与中西部地区相比，东部地区的经济基础条件和基础设施水平更高，对要素流入的吸引力较强，制造业企业可获得的劳动力、知识和信息等要素更充足，从而有利于自身的转型升级。分省份来看，天津工业企业的劳动生产率最高，江苏、上海以及西部地区的新疆也位居前列，海南、云南和黑龙江的劳动生产率则较低；上海工业企业的利税额最高，北京和天津的工业利税额也处于较高水平，青海、海南和甘肃则居于末位。在环境效益层面，中部地区工业企业的环境污染物排放水平最低，其次是东部和西部地区，但由于东部地区的工业增加值较高，所以工业污染物排放强度最低，西部地区工业污染物排放强度最高。分省份来看，海南工业企业的污染物排放水平明显低于其他省份，这可能与其产业结构中工业的占比较低有关，河南、吉林和广西的工业污染物排放水平也较低，而重庆的工业污染物排放水平最高，且远超其他省份，主要因为重庆是传统的工业强市，以重工业为主，工业污染问题较为严重，青海、天津和上海的工业污染物排放水平也相对较高；从工业企业的环境污染物排放强度来看，北京为全国最低，仅为0.1645，显著低于其他省份，天津、河南、江苏、上海、湖南工业污染物排放强度也较低，尽管上海和天津的工业污染物排放水平较高，但由于其工业增加值较高，所以污染物的排放强度较低，反观青海，其较高的工业污染物排放水平与较低的工业增加值使其工业污染物排放强度为全国最高，达到4.2146，与其他省份存在较大差距，甘肃、宁夏、黑龙江、云南和山西等省份的工业污染物排放强度也处于较高水平。在综合效率层面，2018年，三大地区工业企业的绿色全要素生产率均较2017年实现增长，其中，西部地区增长幅度最大，这可能是由于其绿色发展的基础较差，其次是东部和中部地区。分省份来看，大部分省份的工业绿色全要素生产率增长率大于1，即生产率较前一年实现增长，其中，北京的增长率最高，为1.0357，宁夏、海南和天津也位居前列，而上海的工业绿色全要素生产率增长率最低，生产率较前一年有所下降，广东、山东和浙江也相对较低。

表 3-4   2018 年各省份制造业转型升级水平

	工业劳动生产率	工业利税额	工业污染物排放水平	工业污染物排放强度	综合效率水平
Panel1：东部地区					
北京市	2.7840	7.6102	0.9011	0.1645	1.0357
福建省	2.7346	6.2577	1.4197	0.8310	1.0079
广东省	2.5967	5.9925	0.8773	0.7310	0.9827
海南省	1.1301	4.9206	0.0261	1.0940	1.0294
河北省	2.0775	5.7538	1.6251	0.7314	1.0070
江苏省	3.2870	6.5764	1.6238	0.4251	1.0126
辽宁省	1.6794	5.4186	1.1273	0.8195	1.0093
山东省	2.9873	6.0624	1.6705	0.8045	0.9860
上海市	3.1824	8.4188	2.5664	0.4677	0.9789
天津市	3.4928	7.3898	2.8171	0.3542	1.0243
浙江省	2.7730	6.1020	1.2280	0.6918	0.9860
平均值	**2.6113**	**6.4093**	**1.4439**	**0.6468**	**1.0054**
Panel2：中部地区					
安徽省	2.2948	5.6748	0.7225	0.6767	1.0070
河南省	2.4233	5.9110	0.4866	0.3607	1.0090
黑龙江省	1.3444	5.0646	0.6025	2.3149	1.0047
湖北省	2.5005	5.9222	0.6422	0.6603	0.9948
湖南省	1.9997	5.6962	0.5770	0.4700	1.0035
吉林省	2.6004	5.2030	0.5599	0.7107	0.9933
江西省	2.4812	5.7463	0.9757	0.8652	1.0129
山西省	1.6479	5.5929	1.6043	1.4527	1.0043
平均值	**2.1615**	**5.6014**	**0.7713**	**0.9787**	**1.0037**
Panel3：西部地区					
甘肃省	1.6622	4.9872	0.5701	2.3567	1.0073
广西壮族自治区	1.9388	5.3104	0.5569	1.0076	1.0100
贵州省	1.8555	5.6900	1.7178	1.2695	1.0159
内蒙古自治区	2.5432	5.4761	1.4972	1.2325	1.0034
宁夏回族自治区	1.9522	5.2075	1.3382	2.3371	1.0330
青海省	2.4050	4.5503	2.9833	4.2146	1.0000

续表

	工业劳动生产率	工业利税额	工业污染物排放水平	工业污染物排放强度	综合效率水平
陕西省	2.1507	5.9377	0.7986	0.6122	0.9916
四川省	2.0181	5.5469	0.6262	0.5553	1.0082
新疆维吾尔自治区	3.0142	5.9137	0.7569	0.5751	1.0210
云南省	1.2448	5.4886	1.1670	1.5715	1.0033
重庆市	2.4247	7.4420	6.7681	0.6453	0.9946
平均值	**2.1099**	**5.5955**	**1.7073**	**1.4889**	**1.0080**

第三节 "两业融合"和生产性服务业的定义、测度与现状

一 "两业融合"与生产性服务业的定义与测度

(一)"两业融合"与生产性服务业的定义

"两业融合"即先进制造业和现代服务业融合,是在技术进步、市场开放、制度创新的驱动下,通过技术牵引、产业联动、链条延伸等途径,推动产业交叉渗透,培育形成新业态、新模式,促进制造业和服务业协同耦合,是顺应新一轮科技革命和产业变革、增强制造业核心竞争力、培育现代产业体系、实现高质量发展的重要途径。[①] 本书基于"两业融合"视角,探究高铁开通对制造业转型升级的间接机制,主要以生产性服务业的发展及集聚为核心机制变量。生产性服务业是服务业的一个子类,F. Machlup 最早提出了生产性服务业的概念,并将生产性服务业定义为输出各种专业知识的产业(Machlup,1962)。此后,国内外学者又从不同视角对这一概念进行了阐释,指出生产性服务业是以促进工业连续性生产、技术进步、产业结构升级(Browning,Singelmann,1975)以及产品价值提升(Marshall et al.,1987)为目的,为政府管理、企业生产

---

① 参见《国家发展改革委:从四方面 推进"两业融合"高质量发展》,《中国改革报》2023 年 5 月 31 日第 1 版。

以及商务活动（Greenfield，1966；钟韵、闫小培，2005）提供专业性、科学性和技术性（Machlup，1962；Beyers，Lindahl，1996）中间投入（Stanback，1981；Grubel，Walker，1989；Coffey，Bailly，1991；Coffey，2000；顾乃华等，2006；高传胜、李善同，2007；臧霄鹏、林秀梅，2011；高觉民、李晓慧，2011；李佳洺等，2014）的产业，是产业分工专业化和服务市场化的产物（李佳洺等，2014），包括物质商品服务、信息处理服务、个体支持服务三大类（Marshall et al.，1987）。虽然，目前国内外学者对于生产性服务业内涵的界定还不完全一致，但我们可以据此总结出生产性服务业的两大主要特征：其一，生产性服务业区别于其他服务业的决定性因素在于，它是为制造业提供中间投入的一种中间需求性产业，虽然它的产品和服务通过市场被出售给了其他生产者，但并未到达最后消费者，其产出更多地表现为"产业结构的软化"；其二，它通常具有较高的知识、技术和资金密集度，是现代产业发展中竞争力的重要来源。关于生产性服务业的范围界定，不同学者的说法不一。基于现有研究，生产性服务业不仅包括金融、保险、法律工商服务业、经纪等在内的狭义生产性服务业（Browning，Singelmann，1975），还包括商业、运输、通信、仓储等在内的大部分分配性服务业（薛立敏等，1993）。陈建军等将生产性服务业界定为交通运输、仓储和邮政业，信息传输、计算机服务和软件业，金融业，科学研究、技术服务和地质勘查业，居民服务和其他服务业以及教育等（陈建军等，2009）。高觉民、李晓慧指出，生产性服务业主要包括金融业、保险业、房地产业和商务服务业、信息服务业等行业与部门（高觉民、李晓慧，2011）。2015 年，根据国务院要求，国家统计局对生产性服务业范围进行了统一界定。基于国家统计局行业界定和《国民经济行业分类》标准，本书将所研究的生产性服务业的范围界定为"交通运输、仓储和邮政业""信息传输、计算机服务和软件业""租赁和商务服务业""金融业""科学研究、技术服务和地质勘查业"五大行业。

（二）生产性服务业发展的不同维度及其测度

1. 生产性服务业发展水平测度

关于生产性服务业发展水平的测度，现有研究一般采用生产总值、固定资产投资额、从业人数和增加值等指标（冯泰文，2009；肖雁飞等，2013；唐晓华等，2018）。考虑到地级市数据的可得性，本书采用 5 类行业从业人数指标对生产性服务业发展水平进行测度。

2. 生产性服务业集聚的定义及测度

根据波特的观点,产业集聚是指在产业发展的过程中,处于同一行业的某一类具有相似性或互补性的企业或机构在地理上集中,共同形成紧密联系、相互支持的产业集群的现象。产业聚集是产业竞争力的集中体现,是否具有较强的国际竞争力是判断一国产业聚集成功与否的重要标志。集群中的产业基本从属于同一条产业链,它们之间兼具竞争与合作关系,呈现专业化分工格局。聚集在该地区的企业不仅可以通过更为细化的劳动分工获得更加完善和专业化的投入,还能通过溢出效应充分共享资源要素,集聚所产生的规模经济效应有利于提高整个产业集群的竞争力。基于此,生产性服务业集聚是指这些生产性服务行业在特定地区集中发展,形成紧密联系、相互支持的产业集群的现象。

关于生产性服务业集聚,本书从专业化集聚和多样化集聚两个维度进行测度。目前主流的产业集聚测度方法包括赫芬达尔指数、基尼系数、区位熵与标准化区位熵等(盛丰,2014)。为了进一步细化研究,本书从专业化和多样化两个维度出发,对生产性服务业的集聚程度进行度量。结合数据可得性,本书参考 R. Ezcurra 等构建生产性服务业的专业化集聚指标(Ezcurra et al.,2006),具体计算方法如式(3-1)所示:

$$P\_AGG_{c,t} = \sum_s \left| \frac{E_{c,s,t}}{E_{c,t}} - \frac{E'_{c,s,t}}{E'_{c,t}} \right| \tag{3-1}$$

其中,s 表示生产性服务业的种类,共有 S 种;$E_{c,s,t}$ 表示 t 年城市 c 的生产性服务业 s 的就业人数;$E_{c,t}$ 表示 t 年城市 c 的就业人数;$E'_{c,s,t}$ 表示 t 年除城市 c 外的生产性服务业 s 的就业人数;$E'_{c,t}$ 表示 t 年除城市 c 外的全国就业人数。

在生产性服务业的多样化集聚方面,大部分学者采用赫芬达尔指数进行测算。由于普通的赫芬达尔指数没有考虑到经济结构中不同产业的重要性和在国家层面中的多样性差异,本书的生产性服务业多样化集聚程度的测度参考韩峰等的研究方法(韩峰等,2014),采用改进的霍斯曼-赫芬达尔指数构建指标,具体计算方法如式(3-2)所示:

$$D\_AGG_{c,t} = \sum_s \frac{E_{c,s,t}}{E_{c,t}} \left[\frac{1/\sum_{s'\neq s}^n (E_{c,s',t}/(E_{c,t}-E_{c,s,t}))}{1/\sum_{s'\neq s}^n (E_{s',t}/(E_t-E_{s,t}))} \right] \tag{3-2}$$

其中，s 表示生产性服务业的种类，共有 S 种；$E_{c,s,t}$ 表示 t 年城市 c 的生产性服务业 s 的就业人数；$E_{c,t}$ 表示 t 年城市 c 的就业人数；$E_{c,s',t}$ 表示 t 年城市 c 除生产性服务业 s 外的某一生产性服务业子行业 s' 的就业人数；$E_{s',t}$ 表示 t 年所有城市除生产性服务业 s 外的某一生产性服务业子行业 s' 的就业人数；E_t 表示 t 年所有城市生产性服务业的就业人数；$E_{s,t}$ 表示 t 年所有城市生产性服务业 s 的就业人数。

3. 生产性服务业与制造业协同集聚的定义及测度

产业集聚不仅表现为单一产业在地理上的集中，更伴随着多种关联产业在特定地理区域内的协同集聚。G. Ellison 和 E. L. Gleaser 最早关注了不同产业间的空间集聚现象，提出了产业协同集聚的概念，即具有内在关联的不同产业在空间上彼此邻近的趋势（Ellison，Gleaser，1997）。协同集聚的产业间通常具有投入产出联系、技术联系等特定关联，集聚产生的空间外部性能极大地提升集群中产业的竞争力。生产性服务业与制造业具有密切的投入产出关联，二者的协同集聚指生产性服务业与制造业在特定地理区域内的集中布局，是产业协同集聚研究关注的重点。尽管随着新技术的发展，生产性服务业与制造业的协同集聚很可能突破城市范围拓展至城市群模式，但鉴于本书研究的样本为地级城市，仍将二者的协同集聚界定为两个产业在一个城市内部的集中分布现象。

关于生产性服务业与制造业协同集聚的测度，现有研究主要采用了投入产出模型（顾乃华等，2006；江曼琦、席强敏，2014；Javorcik et al.，2016）、产业协同集聚指数（Ellison，Glaeser，1997；Devereux et al.，2004；陈国亮、陈建军，2012）、灰色 GM（1，N）模型（唐晓华等，2018；孙正等，2021）以及耦合协调度模型（李宁、韩同银，2018）等方法。本书参考现有研究（陈国亮、陈建军，2012；许丽萍等，2023），基于制造业与生产性服务业的区位熵构建产业协同集聚指数。该指数能够综合体现生产性服务业与制造业协同集聚的水平、质量和深度，数值越大表明协同集聚的水平越高、质量越好、深度越广，反之亦然。具体计算方法如式（3-3）和式（3-4）所示，其中 $Magg_{c,t}$ 和 $PSagg_{c,t}$ 分别表示城市 c 第 t 年基于就业人数构建的制造业和生产性服务业的区位熵，$me_{c,t}$ 和 $pse_{c,t}$ 分别表示城市 c 第 t 年制造业和生产性服务业的就业人数，me_t 和 pse_t 分别表示第 t 年所有城市制造业和生产性服务业的就业人数，$e_{c,t}$ 表示城市 c 第 t 年所有产业的就业人数，e_t 表示第 t 年所有城市所有产业的就业人数。

$$Magg_{c,t} = \frac{me_{c,t}/e_{c,t}}{me_t/e_t}, \quad PSagg_{c,t} = \frac{pse_{c,t}/e_{c,t}}{pse_t/e_t} \quad (3\text{-}3)$$

$$Ps\_coagg_{c,t} = \left(1 - \frac{|Magg_{c,t} - PSagg_{c,t}|}{Magg_{c,t} + PSagg_{c,t}}\right) + (Magg_{c,t} + PSagg_{c,t}) \quad (3\text{-}4)$$

二 中国生产性服务业的发展现状

(一) 生产性服务业发展水平现状

样本期内中国生产性服务业发展水平的变动情况如图 3-10 所示。总体来看，中国生产性服务业从业人数呈增加趋势，生产性服务业发展水平不断提高。从增速来看，2003—2012 年的增长较为平稳，仅 2006 年小幅下降，2013 年，国家出台多项政策支持服务业发展，服务业增加值占国内生产总值的比重首次超过第二产业，中国生产性服务业也实现了快速发展，相关从业人数大幅增加，此后增长也较为平稳。图 3-11 和图 3-12 进一步从细分行业出发，对中国生产性服务业的发展情况进行了描述。可以看到，中国生产性服务业以知识密集型行业为主，其从业人员远多于功能型生产性服务业。同时，样本期内中国知识密集型生产性服务业从业人数实现了快速增长，且增速不断提高，而功能型生产性服务业的从业人数较为稳定，仅有小幅提升。2018 年，中国知识密集型生产性服务业从业人数约为 2000 万人，而功能型行业的从业人数仅约为 700 万人。从行业分类来看，四个行业的从业人员数均小于交通运输、仓储和邮政业从业人数，但它们在样本期内均显著增加，且增速快于交通运输、仓储和邮政业。其中，金融业增速最快；租赁和商务服务业与科学研究、技术服务和地质勘查业在 2013 年以前水平相当，2013 年后，前者增速加快，而后者增速则逐渐减缓，致使样本期末二者的差距逐渐拉开；信息传输、计算机服务和软件业人员规模在期初居于末位，且和其他行业存在明显差距，但由于其增速较快，在样本期末已超过科学研究、技术服务和地质勘查业人员规模。综上，到样本期末，中国知识密集型生产性服务业以金融业、租赁和商务服务业为主，科学研究、技术服务和地质勘查业以及信息传输、计算机服务和软件业的发展水平则相对较低。

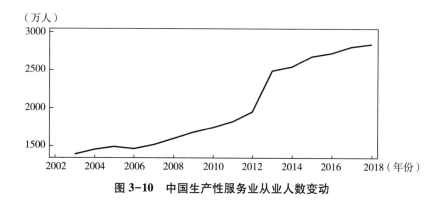

图 3-10 中国生产性服务业从业人数变动

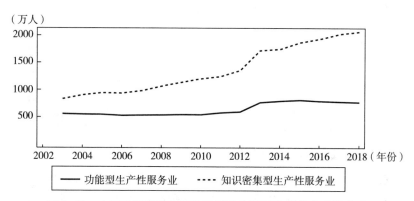

图 3-11 中国功能型和知识密集型生产性服务业从业人数变动

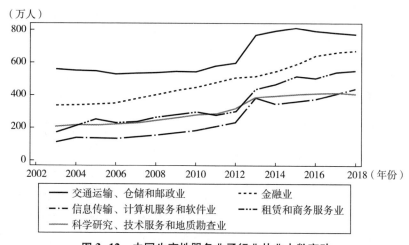

图 3-12 中国生产性服务业子行业从业人数变动

表 3-5 进一步统计了样本期末年（2018 年）中国各个省份生产性服务业的发展水平。可以看到，东部地区生产性服务业的发展水平最高，从业人员数达到 698.45 万人，西部地区次之，中部地区最低，仅为 46.39 万人。分省份来看，北京和上海居前两名，分别为 351.9 万人和 204.28 万人，两地的功能型生产性服务业的发展水平相当，知识密集型行业的发展水平则存在显著差距。2018 年，北京的知识密集型生产性服务业从业人员数约为上海的两倍。其中，北京的信息传输、计算机服务和软件业最为发达，其次为租赁和商务服务业以及科学研究、技术服务和地质勘查业，而上海的最大优势在租赁和商务服务业，科学研究、技术服务和地质勘查业相对不发达。重庆和天津居第三、第四位，从业人员数分别为 64.08 万人和 60.72 万人。其中，天津的知识密集型行业相对重庆更为发达，金融业位居五大行业之首，而重庆的功能型行业（交通运输、仓储和邮政业）从业规模明显高于四个知识密集型行业，租赁和商务服务业以及金融业居第二、第三位。此外，广东、江苏、浙江、新疆和四川的生产性服务业发展水平也相对较高；宁夏的生产性服务业从业人数最少，甘肃、广西、内蒙古、江西和吉林也较少。

表 3-5　　　　　　　2018 年各省份生产性服务业从业人数　　　（单位：万人）

	总体	功能型	知识密集型	信息	金融	租赁	科学
Panel1：东部地区							
北京市	351.9	60.20	291.70	84.03	54.69	81.30	71.71
福建省	8.66	2.12	6.54	1.36	2.24	2.09	0.86
广东省	15.48	4.11	11.37	2.89	2.92	3.75	1.80
海南省	7.82	3.11	4.71	0.83	2.31	0.84	0.74
河北省	8.7	2.23	6.47	0.76	3.29	0.98	1.45
江苏省	13.3	3.55	9.75	2.46	3.03	2.57	1.68
辽宁省	6.56	2.02	4.54	0.91	2.03	0.85	0.74
山东省	8.07	2.26	5.81	1.06	2.73	1.04	0.98
上海市	204.28	50.58	153.70	35.58	33.39	57.87	26.89
天津市	60.72	13.23	47.49	6.42	17.05	13.22	10.80
浙江省	12.96	2.74	10.22	1.98	4.09	2.64	1.51
总额	**698.45**	**146.15**	**552.30**	**138.28**	**127.77**	**167.15**	**119.16**

续表

	总体	功能型	知识密集型	信息	金融	租赁	科学
Panel2：中部地区							
安徽省	6.27	2.53	3.74	0.67	1.58	0.83	0.67
河南省	5.97	1.72	4.25	0.76	1.67	1.00	0.82
黑龙江省	5.78	1.68	4.10	0.66	1.79	0.89	0.75
湖北省	8.35	2.57	5.78	1.30	1.45	1.62	1.41
湖南省	5.23	1.11	4.12	0.50	2.04	0.73	0.84
吉林省	4.8	1.08	3.72	0.67	1.39	0.80	0.86
江西省	4.07	1.19	2.88	0.49	1.31	0.53	0.56
山西省	5.92	2.13	3.79	0.44	1.89	0.78	0.67
总额	**46.39**	**14.01**	**32.38**	**5.49**	**13.12**	**7.18**	**7.25**
Panel3：西部地区							
甘肃省	3.00	1.29	1.71	0.23	0.62	0.30	0.56
广西壮族自治区	3.73	0.93	2.80	0.35	1.11	0.84	0.50
贵州省	6.71	2.44	4.27	0.63	1.22	1.37	1.04
内蒙古自治区	4.12	1.23	2.89	0.48	1.39	0.47	0.55
宁夏回族自治区	2.34	0.49	1.85	0.17	0.94	0.43	0.31
青海省	8.38	4.03	4.35	0.81	1.47	0.49	1.59
陕西省	8.43	2.49	5.94	1.27	2.12	0.84	1.71
四川省	11.35	3.50	7.85	2.21	1.75	2.37	1.52
新疆维吾尔自治区	12.11	6.33	5.78	0.71	1.28	2.18	1.61
云南省	5.23	1.81	3.42	0.44	0.86	1.17	0.94
重庆市	64.08	22.55	41.53	4.88	14.08	14.35	8.21
总额	**129.48**	**47.09**	**82.39**	**12.18**	**26.84**	**24.81**	**18.54**

（二）生产性服务业集聚现状

为了直观地展示中国生产性服务业的集聚水平及变化趋势，本章绘制了样本期内生产性服务业专业化集聚水平变动图、多样化集聚水平变动图，以及不同类型生产性服务业专业化集聚水平变动图和生产性服务业各子行业专业化集聚水平变动图。如图 3-13 和图 3-14 所示，中国生产性服务业的专业化集聚水平和多样化集聚水平在样本期内的变动趋势相似，均呈整体上升态势。分阶段来看，前期平稳上升，中期小幅波动，

2014 年后继续逐年上升，且增速较之前更快。图 3-15 和图 3-16 展示了不同类型生产性服务业专业化集聚水平变动和各子行业专业化集聚水平变动的趋势。可以看到，样本期内中国知识密集型生产性服务业的专业化集聚水平和增速均显著高于功能型生产性服务业。具体来说，功能型生产性服务业的专业化集聚水平在样本期内波动较小，呈稳中微降态势，在 2007—2013 年缓慢下降，2013 年后有所回升；而知识密集型生产性服务业的专业化集聚水平虽然在 2011 年和 2014 年有小幅下降，但整体呈明显的快速上升趋势，尤其是 2014 年之后。进一步从知识密集型行业内部来看，四个子行业的专业化集聚水平在样本期内均有所上升。其中，租赁和商务服务业，金融业，以及信息传输、计算机服务和软件业的专业化集聚水平上升较为明显，尤其是 2014 年之后，科学研究、技术服务和地质勘查业的专业化集聚水平总体波动较小，期末较期初变化不大。样本期内，生产性服务业各子行业的专业化集聚水平间的差异在逐渐缩小。具体来说，除了功能型生产性服务业，租赁和商务服务业的专业化集聚水平总体较高，金融业以及信息传输、计算机服务和软件业的专业化集聚水平在样本期内较快上升，并分别在 2015 年和 2017 年超过科学研究、技术服务和地质勘查业的专业化集聚水平，与功能型生产性服务业以及租赁和商务服务业集聚水平的差距逐渐缩小，而在期初位于知识密集型行业之首的科学研究、技术服务和地质勘查业的专业化集聚水平在样本期内变动较小，致使其在期末居于末位。可以看到，虽然知识密集型生产性服务业各子行业的集聚水平较功能型生产性服务业的集聚水平更低，但其增长速度更快，二者之间的差距在逐渐缩小；同时，知识密集型生产性服务业各子行业之间集聚水平的差距也在逐渐缩小。

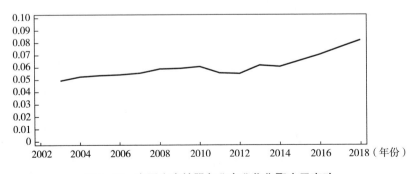

图 3-13　中国生产性服务业专业化集聚水平变动

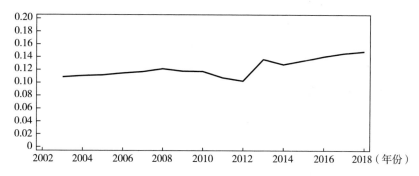

图 3-14　中国生产性服务业多样化集聚水平变动

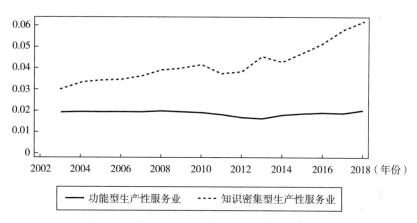

图 3-15　中国功能型和知识密集型生产性服务业专业化集聚水平变动

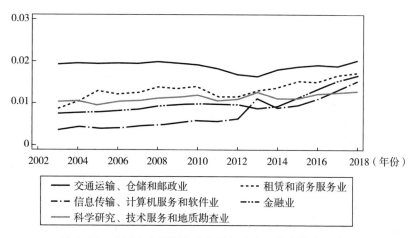

图 3-16　中国生产性服务业各子行业专业化集聚水平变动

此外，本章还制作了样本期末年（2018 年）各省份的生产性服务业集聚水平表，以进一步剖析当前中国不同地区和省份生产性服务业集聚水平的差异（见表 3-6 和表 3-7）。可以看到，其一，不同地区的生产性服务业集聚水平存在显著差异。具体来说，东部地区生产性服务业的专业化集聚水平显著高于西部地区和中部地区，而其多样化集聚水平却显著低于中部地区和西部地区，西部地区的多样化集聚水平最高；从不同类型行业来看，东部地区功能型生产性服务业的专业化集聚水平低于西部地区，高于中部地区，而其知识密集型生产性服务业的专业化集聚水平却显著高于中西部地区。从知识密集型生产性服务业的子行业来看，东部地区的各个子行业的专业化集聚水平均高于中西部地区。综上，东部地区生产性服务业的专业化集聚水平（尤其是知识密集型行业的专业化集聚水平）较中西部地区更高，而西部地区在生产性服务业多样化集聚水平和功能型生产性服务业专业化集聚水平方面较东中部地区具有突出优势。究其原因，生产性服务业的多样化集聚主要体现为各子行业间发展水平的均衡性，尽管与东部地区相比，西部地区多样化集聚水平更高，但其均衡不是高水平的均衡，而更多地表现为低水平的均衡，即各个子行业的发展均不够充分；此外，由于东部地区的经济基础和配套设施水平更高，对高端要素的吸引力更强，有利于生产性服务业（尤其是知识密集型子行业）的集聚，而西部地区由于经济基础、设施条件及市场环境相对较差，生产性服务业集聚主要体现为知识和技术密集度较低的功能型行业的集聚。

其二，不同省份的生产性服务业集聚水平存在显著差异。具体来说，北京、新疆、上海和青海的生产性服务业专业化集聚水平位居全国前列，其中，新疆和青海的生产性服务业专业化集聚主要表现为功能型生产性服务业的集聚，而北京和上海的生产性服务业的专业化集聚则主要表现为知识密集型生产性服务业的集聚。北京在信息传输、计算机服务和软件业，金融业，租赁和商务服务业，以及科学研究、技术服务和地质勘查业四个知识密集型子行业的专业化集聚中均具有明显优势，上海在信息传输、计算机服务和软件业以及租赁和商务服务业的专业化集聚中优势突出。重庆、宁夏、吉林和广西的生产性服务业的专业化集聚水平较低。此外，新疆、云南、河南和湖北的生产性服务业的多样化集聚水平位居全国前列，而北京、海南、上海和河北的生产性服务业的多样化集聚水平相对较低。

表 3-6　　　　　2018 年各省份生产性服务业集聚水平

	专业化	多样化	功能型专业化	知识密集型专业化
Panel1：东部地区				
北京市	0.2758	0.0533	0.0295	0.2463
福建省	0.0772	0.1563	0.0180	0.0592
广东省	0.0823	0.1613	0.0212	0.0612
海南省	0.0978	0.0599	0.0332	0.0646
河北省	0.0886	0.0730	0.0154	0.0732
江苏省	0.0764	0.1999	0.0170	0.0594
辽宁省	0.0802	0.1004	0.0246	0.0556
山东省	0.0906	0.1711	0.0201	0.0705
上海市	0.1579	0.0713	0.0349	0.1230
天津市	0.0700	0.0795	0.0056	0.0644
浙江省	0.0921	0.1106	0.0246	0.0675
平均值	**0.1081**	**0.1124**	**0.0222**	**0.0859**
Panel2：中部地区				
安徽省	0.0761	0.1195	0.0159	0.0602
河南省	0.0809	0.2149	0.0171	0.0638
黑龙江省	0.1022	0.1276	0.0190	0.0832
湖北省	0.0781	0.2027	0.0167	0.0613
湖南省	0.0799	0.1169	0.0179	0.0620
吉林省	0.0637	0.1223	0.0150	0.0488
江西省	0.0733	0.1491	0.0159	0.0573
山西省	0.0815	0.1095	0.0247	0.0568
平均值	**0.0795**	**0.1453**	**0.0178**	**0.0617**
Panel3：西部地区				
甘肃省	0.0916	0.1680	0.0309	0.0607
广西壮族自治区	0.0650	0.1575	0.0186	0.0464
贵州省	0.0746	0.1775	0.0257	0.0489
内蒙古自治区	0.0656	0.1089	0.0133	0.0524
宁夏回族自治区	0.0539	0.1100	0.0130	0.0409

续表

	专业化	多样化	功能型专业化	知识密集型专业化
青海省	0.1198	0.1056	0.0731	0.0467
陕西省	0.0819	0.1489	0.0183	0.0636
四川省	0.0774	0.1495	0.0185	0.0589
新疆维吾尔自治区	0.1732	0.2847	0.0768	0.0965
云南省	0.0916	0.2483	0.0265	0.0651
重庆市	0.0372	0.1295	0.0125	0.0247
平均值	**0.0847**	**0.1626**	**0.0297**	**0.0550**

表3-7 2018年各省份知识密集型生产性服务业子行业专业化集聚水平

	信息	金融	租赁	科学
Panel1：东部地区				
北京市	0.0806	0.0287	0.0703	0.0668
福建省	0.0136	0.0210	0.0101	0.0145
广东省	0.0159	0.0114	0.0190	0.0149
海南省	0.0104	0.0381	0.0089	0.0073
河北省	0.0139	0.0292	0.0160	0.0141
江苏省	0.0190	0.0164	0.0123	0.0117
辽宁省	0.0142	0.0203	0.0117	0.0094
山东省	0.0184	0.0172	0.0221	0.0128
上海市	0.0308	0.0131	0.0603	0.0188
天津市	0.0012	0.0265	0.0188	0.0179
浙江省	0.0178	0.0232	0.0141	0.0124
平均值	**0.0214**	**0.0223**	**0.0240**	**0.0182**
Panel2：中部地区				
安徽省	0.0142	0.0175	0.0171	0.0114
河南省	0.0153	0.0159	0.0182	0.0144
黑龙江省	0.0127	0.0272	0.0257	0.0176
湖北省	0.0154	0.0175	0.0160	0.0124
湖南省	0.0137	0.0198	0.0160	0.0125
吉林省	0.0098	0.0082	0.0230	0.0078
江西省	0.0158	0.0083	0.0217	0.0117

续表

	信息	金融	租赁	科学
山西省	0.0160	0.0135	0.0125	0.0148
平均值	**0.0141**	**0.0160**	**0.0188**	**0.0128**
Panel3：西部地区				
甘肃省	0.0155	0.0119	0.0225	0.0108
广西壮族自治区	0.0146	0.0097	0.0114	0.0107
贵州省	0.0158	0.0127	0.0104	0.0100
内蒙古自治区	0.0100	0.0195	0.0136	0.0092
宁夏回族自治区	0.0145	0.0143	0.0053	0.0067
青海省	0.0022	0.0036	0.0180	0.0229
陕西省	0.0176	0.0152	0.0184	0.0124
四川省	0.0138	0.0133	0.0162	0.0155
新疆维吾尔自治区	0.0131	0.0143	0.0612	0.0078
云南省	0.0170	0.0200	0.0157	0.0124
重庆市	0.0137	0.0036	0.0045	0.0030
平均值	**0.0134**	**0.0126**	**0.0179**	**0.0110**

（三）生产性服务业与制造业协同集聚现状

首先，本章剖析了样本期内中国生产性服务业与制造业协同集聚的整体水平变化，如图 3-17 所示。从总体上看，样本期内中国生产性服务业与制造业的协同集聚水平呈下降趋势，2003—2010 年的下降速度较快，2010—2015 年稳中略有回升，2016 年后继续下降。接着，进一步从生产性服务业子行业出发，分析其与制造业的协同集聚趋势。如图 3-18 和图 3-19 所示，样本期内，中国功能型生产性服务业与制造业的协同集聚水平，以及知识密集型生产性服务业与制造业的协同集聚水平均呈下降趋势，二者下降速度基本相同。2013 年前，知识密集型生产性服务业与制造业的协同集聚水平高于功能型生产性服务业与制造业的协同集聚水平；2013 年后，后者不降反升，开始超过前者，此后二者又以基本相同的速度共同下降。从生产性服务业子行业来看，金融业与制造业的协同集聚水平最高，且显著高于其他子行业。2012 年以前，五大行业与制造业的协同集聚水平均呈总体下降趋势；2012 年以后，金融业，交通运输、仓储和邮政业以及租赁和商务服务业与制造业的协同集聚水平较为稳定，而科学研究、技术服务和地质勘查业，信息传输、计算机服务和软件业与制造业的协同集聚水平呈显著下滑趋势，尤其是信息传输、计算机服务和软件业，从期初的第二位下滑至期末的末位。在样本期末，交通运输、仓储和邮政业，科学研究、技术服务和地质勘查业，租赁和商务服务业，以及信息传输、计算机服务和软件业与制造业的协同集聚程度均远低于金融业与制造业的协同集聚程度，并依次递减。

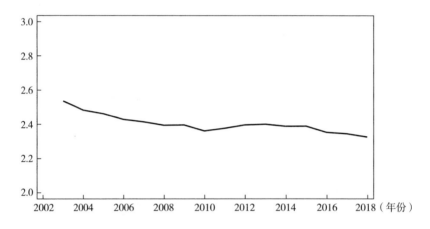

图 3-17　中国生产性服务业与制造业协同集聚水平变动

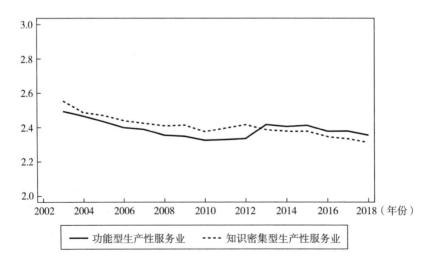

图 3-18　中国功能型和知识密集型生产性服务业与制造业
协同集聚水平变动

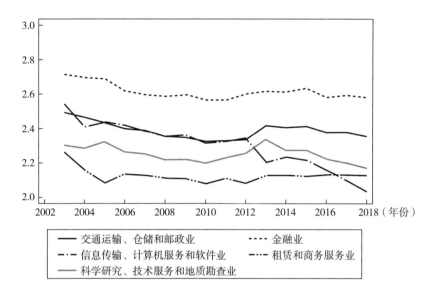

图3-19　中国生产性服务业子行业与制造业协同集聚水平变动

此外，本章还制作了样本期末（2018 年）各省份生产性服务业与制造业协同集聚水平表，以更清晰地观察地区间产业协同集聚水平的差异（见表3-8）。从地区差异来看，东部地区生产性服务业与制造业的协同集聚水平最高，中西部地区水平接近，中部地区略高于西部地区。其中，中部地区的知识密集型行业与制造业的协同集聚程度高于西部地区，但其功能型行业与制造业的协同集聚程度低于西部地区；在知识密集型行业内部，中部地区的信息传输、计算机服务和软件业以及金融业与制造业的协同集聚程度高于西部地区，而租赁和商务服务业以及科学研究、技术服务和地质勘查业与制造业的协同集聚程度低于西部地区。从省份差异来看，上海的生产性服务业与制造业的协同集聚程度最高，为3.5988；天津和北京次之，分别为3.3096 和3.1767。其中，上海和天津的功能型和知识密集型生产性服务业与制造业的协同集聚水平相差不大，而北京的知识密集型行业与制造业的协同集聚程度明显高于功能型行业与制造业的协同集聚程度，其在信息传输、计算机服务和软件业以及科学研究、技术服务和地质勘查业与制造业的协同集聚方面均领先于上海和天津，而天津和上海分别在金融业与制造业的协同集聚、租赁和商务服务业与制造业的协同集聚方面位于全国首位。黑龙江生产性服务业与制造业的协同集聚水平最低，仅为1.5956，海南、云南和甘肃也处于较低水平。值得注意的是，青海的功能型生产性服务业与制造业的协同集聚水平全国最高，科学研究、技术服务和地质勘查业与制造业的协同集聚程度也处于全国领先水平，而新疆在租赁和商务服务业与制造业的协同集聚方面位居全国第三。

表3-8 　　　　　　2018年各省份生产性服务业与制造业协同集聚水平

	总体	功能型	知识密集型	信息	金融	租赁	科学
Panel1：东部地区							
北京市	3.1767	2.3425	3.5057	4.4880	2.4022	3.6374	4.1944
福建省	2.5666	2.4422	2.5812	2.2227	2.8071	2.5923	2.0619
广东省	2.7942	2.7177	2.8220	2.7210	3.0287	2.7865	2.4409
海南省	1.7414	2.1121	1.6185	1.3473	2.3561	1.3085	1.3443
河北省	2.4244	2.3451	2.4325	1.9409	2.9516	1.9545	2.4079
江苏省	2.6066	2.6195	2.5954	2.3442	2.7410	2.6461	2.4475
辽宁省	2.5470	2.6474	2.5150	2.2373	2.9197	2.2156	2.2962
山东省	2.6157	2.7373	2.5344	2.1548	2.9295	2.2291	2.2703
上海市	3.5988	3.4714	3.6476	3.7834	3.1848	4.3219	3.4819
天津市	3.3096	3.1421	3.3782	2.9578	3.4894	3.4262	3.5425
浙江省	2.6601	2.4910	2.7103	2.1781	3.2275	2.5918	2.2637
平均值	**2.7310**	**2.6426**	**2.7583**	**2.5796**	**2.9125**	**2.7009**	**2.6138**
Panel2：中部地区							
安徽省	2.5217	2.6699	2.4614	2.0620	2.8897	2.0175	2.1390
河南省	2.3034	2.4183	2.2508	2.0427	2.4307	2.1285	2.0907
黑龙江省	1.5956	1.6679	1.5873	1.4525	2.0151	1.3227	1.6336
湖北省	2.4355	2.5955	2.3707	2.1877	2.4009	2.3065	2.3784
湖南省	2.1814	2.0177	2.2168	1.8382	2.5624	1.9092	2.0576
吉林省	2.1817	2.0896	2.2150	2.1111	2.3891	1.8972	2.2648
江西省	2.3988	2.4847	2.3574	2.0182	2.7918	1.8856	2.2352
山西省	2.0150	2.0945	1.9969	1.6412	2.2950	1.8258	1.7741
平均值	**2.2041**	**2.2548**	**2.1820**	**1.9192**	**2.4718**	**1.9116**	**2.0717**

续表

	总体	功能型	知识密集型	信息	金融	租赁	科学
Panel3：西部地区							
甘肃省	1.8843	1.9767	1.8618	1.7030	2.0436	1.6055	2.0021
广西壮族自治区	2.0586	2.0490	2.0666	1.7538	2.1958	2.0692	1.9687
贵州省	2.0323	2.0702	2.0261	1.6486	2.0911	2.1014	2.0548
内蒙古自治区	2.0730	2.1152	2.0706	1.8522	2.5022	1.7246	1.9733
宁夏回族自治区	2.1744	2.0011	2.2226	1.6742	2.4937	2.3121	1.9458
青海省	2.6475	3.5754	2.3728	2.3018	2.3954	1.8947	3.0190
陕西省	2.2227	2.2233	2.1956	1.9126	2.4228	1.7531	2.3268
四川省	2.2052	2.2228	2.1631	2.0081	2.3445	1.9995	2.0091
新疆维吾尔自治区	2.4048	2.9611	2.2534	1.6355	1.8766	3.5098	2.2966
云南省	1.8417	1.8542	1.8310	1.5013	1.8693	1.8523	2.0193
重庆市	2.6955	2.8585	2.6457	2.0386	2.6629	2.7775	2.6475
平均值	**2.2036**	**2.3552**	**2.1554**	**1.8209**	**2.2634**	**2.1454**	**2.2057**

第四节　本章小结

本章分别对中国样本期内的高铁开通、制造业转型升级、生产性服务业发展和集聚的现状进行了描述性分析。首先明确相关概念的定义，然后介绍核心变量的度量方式，最后基于样本数据进行变量测算和图表绘制，并对其发展现状进行深入剖析。

在第一节，其一，将本书所研究的高铁限定为设计时速不低于 250 千米的客运专线和部分纳入中国高铁网的设计时速不低于 200 千米的轨道线路。其二，介绍了高铁开通的度量方式，采用某城市是否开通高铁、高铁站数量两种方式度量各个城市的高铁开通状况。基于高铁的定义和度量方式，制作了样本期各年中国开通的高铁线路表，统计了中国在样本期内各年开通高铁的城市数量与高铁站数量，并对样本期末不同地区和省份开通高铁的城市数量和高铁站数量进行测算和对比。通过图表的直观展示，有如下发现：第一，样本期内中国累计开通高铁线路数量逐年增加，由东部地区逐渐向中西部地区扩展，尤其是 2013 年之后，中国高铁线路迅速增加；第二，样本期内中国累计开通高铁的城市数量持续增加，累计开通高铁站数量持续增加，且增速在 2014 年前后达到顶峰；第三，不同地区的累计开通高铁城市数和累计开通高铁站数存在明显差异，东部地区占据绝对优势，中部地区次之，西部地区最低，并且区域间的差异较大；第四，各个省份的累计开通高铁城市数和累计开通高铁站数也存在明显差异，其中，广东具有绝对优势。

在第二节，其一，指出本书所研究的制造业转型升级是指制造业从低端、低附加值、低技术、低产出、资源浪费、环境污染、服务要素投入和产出占比低向高端、高附加值、高技术、高产出、资源集约、环境友好、服务要素投入和产出占比高的转变。其二，从经济效益、环境效益和综合效率三个维度出发，运用工业企业的劳动生产率、利税额、污染物排放量、污染物排放强度、绿色全要素生产率增长率等指标对制造业转型升级水平进行测度。基于制造业转型升级的定义和度量方式，对中国样本期各年制造业转型升级的状况进行测算和统计，并对样本期末不同地区和省份的制造业转型升级状况进行对比分析。研究发现以下现象。第一，在经济效益层面，样本期内中国工业企业的劳动生产率和利税额均呈上升趋势。从期末的地区差异来看，东部地区显著高于中西部地区，中部地区略高于西部地区。分省份来看，天津、江苏、上海以及新疆的劳动生产率位居前列，上海的利税额最高，北京和天津的工业利税额也处于较高水平。第二，在环境效益层面，中国工业企业的环境污染物排放水平在 2014 年以后呈明显的快速下降趋势，而工业企业的环境污染物排放强度则在整个样本期内呈明显下降趋势。分类别来看，工业 SO_2 排放强度的下降幅度最大。从地区差异来看，中部地区的工业污染物排放量最低，其次是东部和西部地区，但东部地区的污染物排放强度最低，西部地区最高。分省份来看，海南工业污染物排放水平最低，重庆工业污染物排放水平最高，北京工业污染物排放强度最低，青海工业污染物排放强度最高。第三，在综合效率层面，样本期内中国工业企业的绿色全要素生产率增长率在波动中总体上升。从地区差异来看，三大地区工业企业的绿色全要素生产率均较前一年实现增长，其中，西部地区的增长幅度最大，其次是东部和中部地区。分省份来看，北京的工业绿色全要素生产率增长率最高，上海则最低。

在第三节，首先给出"两业融合"及生产性服务业的定义。其次，基于国家统计局的行业界定和《国民经济行业分类》标准，将"交通运输、仓储和邮政业""信息传输、计算机服务和软件业""租赁和商务服务业""金融业""科学研究、技术服务和地质勘查业"5类行业定义为生产性服务业。最后，给出生产性服务业发展、生产性服务业集聚以及生产性服务业与制造业协同集聚指标的度量方式。基于生产性服务业的定义和度量方式，进一步测算和统计了中国在样本期内各年生产性服务业的发展水平、专业化和多样化集聚水平，以及与制造业的协同集聚水平，并对样本期末不同地区和省份的差异进行比较。描述性分析结果有三。第一，总体来看，样本期内中国生产性服务业的发展水平不断提高。分行业来看，中国生产性服务业以知识密集型行业为主，知识密集型生产性服务业在样本期内的增速大于功能型行业，内部四个子行业的发展水平均显著增加。其中，金融业增速最快，水平最高。从期末的地区差异来看，东部地区生产性服务业的发展水平最高，西部地区次之，中部地区最低；分省份来看，北京和上海位居前两名，宁夏、甘肃和广西居于末位。第二，样本期内中国生产性服务业的专业化集聚水平和多样化集聚水平均呈整体上升态势。其中，知识密集型生产性服务业的专业化集聚水平及增长速度均显著高于功能型生产性服务业，各子行业集聚水平间的差距在逐渐缩小。从地区差异来看，东部地区的专业化集聚水平较高，主要表现为知识密集型行业的集聚，而其多样化集聚水平较低；分省份来看，北京、新疆、上海和青海的专业化集聚水平较高，新疆、云南、河南和湖北等省份的多样化集聚水平较高。第三，样本期内中国生产性服务业与制造业的协同集聚水平总体呈下降趋势。分行业来看，功能型生产性服务业和知识密集型生产性服务业与制造业的协同集聚水平均呈下降趋势，其中，金融业与制造业的协同集聚水平最高，且显著高于其他子行业。从地区差异来看，东部地区的协同集聚水平最高，中部地区略高于西部地区；分省份来看，上海的协同集聚程度最高，天津和北京次之，黑龙江、海南、云南等省份的协同集聚程度则较低。

第四章　理论基础与影响机制分析

第一节　理论基础

一　产业升级理论

产业结构的转型和升级一直是产业经济学研究重点关注的问题之一，而制造业的转型和升级在三次产业的演进与升级中始终居于重要地位，因而关于产业结构升级规律的认识在很大程度上来源于对制造业升级过程中经验的总结。产业升级理论最初关注了产业间的升级问题，其中，内生经济理论最早认识到技术和知识在促进经济增长与产业发展中的重要作用；随着经济全球化的发展，学者们的关注重点开始转移到产业内的升级问题，并认为高资本技术密集度和高增加值是产业升级的重要体现；在知识经济的背景下，新型工业化理论提出，高端化、智能化、绿色化和服务化是中国制造业转型升级的重要方向。后文将对与产业结构的转型和升级相关的理论进行梳理与总结。

（一）经典产业结构升级理论

早期的产业升级理论侧重从宏观方面研究产业结构的升级，既包括配第—克拉克定理和库兹涅茨的相对国民收入理论对产业间结构升级的剖析，也包括"雁行模式"理论对工业部门转型升级的研究。这些理论深入研究了一国的经济和外贸增长是如何影响产业结构变动的。

1. 配第—克拉克定理

英国古典经济学家威廉·配第最早发现产业结构差异是各国经济发展差异形成的重要原因，且产业结构差异会随经济发展程度的加深而不断扩大，并在《政治算术》一书中提出该定理，使其成为产业结构理论的开端。该定理被科林·克拉克归纳整理到了《经济进步的条件》一书中，最早指出了经济发展与产业结构变动之间的关系，并得出了一般性的结论。具体来说，当一国的经济发展水平不断提高时，该国的劳动力会逐步从第一产业转移到第二产业，当这种转移达到一定程度后，其劳动力会进一步从第二产业转移到第三产业，从而实现产业结构的升级。

2. 库兹涅茨的相对国民收入理论

在配第一克拉克定理的基础上，著名经济学家西蒙·库兹涅茨在《国民收入及其构成》一书中进一步将国民收入变量引入研究框架，并据此分析了三次产业的国民收入占比与劳动力占比的变动趋势。具体来说，随着一国经济发展水平的提升，第一产业（农业部门）的收入占总收入的比重与其劳动力占总劳动力的比重同时下降；第二产业（工业部门）的收入占比上升，但其劳动力占比变化不明显；第三产业（服务业部门）的收入占比通常下降，而劳动力占比呈上升态势。

3. "雁行模式"理论

20 世纪 30 年代，日本经济学家赤松要基于对日本棉纺工业发展的深入考察，阐释了日本通过外贸和替代性生产实现产业转型升级的进程。他发现，日本棉纺工业实现了从进口到国内生产，再到出口的发展历程，提出后发国家应充分引进利用先进国家的技术和产品，按照"进口→国内生产及开拓出口→出口"的"雁行模式"，实现本国产业的相继更替发展，以缩短工业化，乃至重工业化、高加工度化等产业结构的升级过程。在一国范围内，这一循环一般最早出现在低附加值的消费品产业中，然后逐步拓展至生产资料产业以及整个制造业。该理论表明：第一，后发国家可以通过吸收先进国家的优质要素和经贸发展经验，实现本国产业结构升级；第二，国家间的产业转移和传递是实现区域经济"雁行模式"发展形态的重要方式；第三，世界经济发展的周期性规律为"雁行模式"发展形态创造了有利条件。此后，日本学者山泽逸平进一步将赤松要的"雁形模式"理论扩展为"引进→进口替代→出口成长→成熟→逆进口"的五阶段模型。

（二）经典产业结构升级理论的拓展

还有部分学者聚焦特定的主体或视角，对不同类型国家或经济体的产业结构升级路径、主导产业在经济发展和产业升级中的作用以及长期经济增长的动力来源等问题进行了深入剖析，并提出了若干新兴理论，从不同维度丰富和深化了产业结构升级的理论体系。

1. 二元结构转变理论

刘易斯在其著作《劳动无限供给条件下的经济发展》中指出，在发展中国家，分布在农村的、以传统生产方式为主的农业部门和分布在城市的、以制造业为主的现代化部门是同时存在着的，并进一步探讨了发展中国家农业和工业并存的二元结构转变为一元经济的路径。他认为，由于边际生产率为零的剩余劳动力在发展中国家的农业部门中广泛存在，因此二元结构的弱化需要依赖农业部门剩余劳动力向非农部门的转移。

2. 主导产业部门理论

美国经济学家华尔特·惠特曼·罗斯托最早创立了主导产业部门理论。该理论的两个重要组成部分是经济成长阶段理论和主导产业扩散理论。其一，经济成长阶段理论指出，人类社会的发展可以按照经济发展程度分为六个阶段：传统社会阶段、预备起飞阶段、起飞阶段、成熟阶段、高水平大众消费阶段以及注重生活质量阶段。其中，起飞阶段标志着工业化的起步，在六个阶段中最为重要。在这一阶段，生产方式通常面临着剧烈的变革。其二，主导产业扩散理论认为，主导产业的持续发展与壮大在一国的经济增长中具有关键性作用，近代以来各国经济增长水平的变动实质上均表现为主导产业部门的变动。主导产业的持续发展和扩张不仅能够增大自身对生产要素的需求，还能有效带动产业链上下游产业以及经济社会其他领域的发展，从而有利于提高产业链的整体发展水平。因此，发挥主导产业的扩散作用对于一个国家或是一个经济体的经济持续增长至关重要。主导产业部门一方面要保持自身在国民经济中的较高比重，另一方面还要能够在促进国民经济其他产业的发展壮大方面发挥作用。

3. 主导产业选择基准理论

主导产业选择基准理论是主导产业部门理论的细化和延伸，该理论重点关注了一国或一个经济体选择主导产业的标准和依据。其中，德国发展经济学家阿尔伯特·赫希曼和日本经济学家筱原三代平为该理论作出了重要贡献。赫希曼在《经济发展战略》中将产业关联视为一国或一个经济体选择主导产业的重要标准之一。他指出，一个产业只有与其他产业具有较大关联，且其发展可以在一定程度上促进其他产业发展，才可被选为该国或该经济体的主导产业。此外，筱原三代平也提出了一国或一个经济体选择主导产业的两个重要标准，分别为收入弹性高和生产率提升快，即在众多产业中，收入弹性更高的产业或生产率提升更快的产业，更应被选为一国或一个经济体的主导产业。可以看到，主导产业选择基准理论在一定程度上展示了产业结构升级的方向，即旧产业逐步被与其他产业具有更高关联度、收入弹性更大和生产率更高的新产业替代。

4. 边际产业转移理论

第二次世界大战后，日本经济学家小岛清在深入分析日本和美国企业对外直接投资特征的基础上，借鉴美国等发达国家的对外直接投资理论，提出了符合日本国情的"边际产业转移理论"，进一步发展了"雁行模式"理论。他认为，一国应根据国内生产要素的情况有选择地进行产业升级，对外直接投资应从本国已处于或将处于比较劣势的产业（即"边际产业"）开始依次进行，提出了有选择的多样化产业升级路径、以FDI为支撑的出口导向政策以及经协商的专业化分工等理论（Kojima，2000）。此外，小岛清还认为"头雁"政府在"雁行模式"中扮演着重要角色，应由日本主导建立一个区域化的经济合作组织，以更好地协调区域产业发展。"雁行模式"理论成功解释了日本与东亚各国间的劳动分工，以及产业结构相对优势的地区间传导机制。20世纪70—80年代，在这一模式下，日本通过资金和技术供应、市场吸收和传统产业转移带动了东亚地区经济的快速发展，"亚洲四小龙"等国家和地区利用自由贸易的国际环境，大力发展外向型经济，大量吸收日本的资金和技术、承接产业转移，资金和技术密集型产业迅速崛起；同时将竞争优势逐步减弱的劳动密集型产业转移至东盟等国家，充分发挥了后发优势，实现了产业结构升级和经济的奇迹般腾飞。

5. 内生经济增长理论

与新古典增长理论将技术进步视为外生不同，内生经济增长理论在资本边际收益不变的基础上将技术进步设定为内生变量，认为创新和技术进步是经济长期持续增长最为根本的因素，为产业结构转型升级提供了新的思路。经济学家保罗·罗默和罗伯特·卢卡斯是内生经济增长理论的代表性人物。保罗·罗默在《收益递增经济增长模型》中详细论述了其内生增长模型，并剖析了技术和知识在促进经济增长中的重要作用。具体来说，在资本和劳动两种基本生产要素的基础上，罗默进一步在模型中引入了技术和人力资本，并认为社会生产由研究、中间品生产和最终产品生产三个环节组成，从而突出了研究对经济发展的作用。但是，模型中人力资本总量固定的假设，以及模型对原始人力资本状况的忽视，也使其具有一定的局限性。罗伯特·卢卡斯在《论经济发展机制》中进一步提出了引入人力资本的内生增长模型，并将人力资本积累视为经济持续增长的关键性因素。在该模型的框架下，一国或一个经济体共拥有两类生产部门：一类是消费品生产部门，另一类是人力资本生产部门。他的研究发现，人力资本增加可以显著促进一国或一个经济体产出的增加及技术的进步。

（三）全球化背景下的产业升级理论

20世纪中后期以来，受经济全球化的快速发展以及跨国公司对外投资规模不断增加的影响，世界范围内的产业转移更加频繁，产业内、产品内的分工愈加细化。国际分工的细化催生了生产过程的垂直专业化，更为细致的分工使全球价值链被进一步分解，原来由一个生产主体完成的生产环节被拆分为多道不同的生产工序，分别由具有比较优势的不同生产主体完成，每一生产主体仅需关注全球价值链上某一生产工序的价值增加。在这样的背景下，传统比较优势的内涵进一步深化，产业结构的转型升级也有了更加多样的表现形式。除了传统意义上的产业间更替所造成的升级，全球化背景下的产业升级理论还关注了产业内的不同行业，以及产品内的不同生产流程从全球价值链低端环节向高端环节的攀升，实现了对既有产业升级理论的补充和完善。基于产业组织与竞争战略理论，以迈克尔·波特为代表的部分学者开始研究国家竞争优势保持的影响因素和产业结构持续升级的有效路径。波特在《国家竞争优势》中驳斥了传统贸易理论中，一国的竞争优势仅由要素禀赋差异所带来的比较优势决定的观点，指出国家的竞争优势在很大程度上取决于国家的产业升级和创新能力。随后，G. Gereffi 把产业升级划分为四个层次：产业间升级、经济活动升级、产业内升级以及产品升级（Gereffi，1999）。他认为，产业升级不仅能使一国在国际分工中的地位提高，还能使一国在生产方式从劳动密集型向知识技术密集型转变中实现盈利能力的提升。J. Humphrey 和 H. Schmitz 基于全球化发展环境将产业升级的途径归纳为以下四种：产品升级、功能升级、工艺流程升级及链条升级（Humphrey，Schmitz，2002）。在全球价值链的背景下，不论哪一种方式的产业升级，都遵循从劳动密集走向资本技术密集、从低附加值走向高附加值的一般规律。

（四）新型工业化理论

新型工业化的概念来自发展经济学，是指在知识经济背景下，以知识经营为发展方式的一种工业化，具有鲜明的中国特色、中国场景和中国语境。[①] 新型工业化理论认为，在知识经济时代，那些没有经历过传统工业化的发展中国家，可以不必再重复西方国家高污染、高能耗的外延型发展的老路，而是可以直接借助知识经济尽快实现产业的转型升级，通过新型工业化缩小和发达国家的差距。鉴于中国制造业粗放的发展模式和低附加值的发展现状，党中央从世界工业经济发展的一般规律出发，在深刻总结国内外发展实践经验和教训、科学研判国内外发展环境，以及技术和产业变化趋势的基础上提出了新型工业化理论。2002 年，党的十六大首次对新型工业化的概念进行了中国化的提炼和总结，即坚持以信息化带动工业化，以工业化促进信息化，走出一条科技含量高、经济效益好、资源消耗低、环境污染少、人力资源优势得到充分发挥的新型工业化道路，并指出当前中国制造业位于全球价值链低端的现状，与一直以来的外延型经济增长方式、传统工业化道路以及各种制度安排等因素密不可分。因此中国产业的转型和升级一定要伴随着经济增长方式和工业化道路的转变，争取早日实现内涵型经济增长，走上新型工业化道路。新型工业化理论是中国总结国内外工业化正反两方面经验基础上的理论创新，既不同于中国历史上的经济发展模式，也不同于发达国家走过的经济发展模式，具有一系列的新特征和新内涵（中国社会科学院工业经济研究所课题组，2023）。新型工业化理论以数字技术为新的效率源泉，以数据为新的生产要素，以平台为新的组织形态，以绿色低碳为新的约束条件，强调工业化与信息化、数字化、网络化、智能化相互融合，注重提升创新能力和效率，要求信息化与工业化、农业现代化、城镇化协同发展，具有高质量发展、以人为本、绿色低碳、自主创新、开放循环等系列中国特色。值得一提的是，新型工业化理论不仅可以用来指导中国的工业化发展，也可为其他国家（尤其是发展中国家）的产业结构转型和升级提供参考和借鉴。

---

① 参见《坚持走中国特色新型工业化道路》，2023 年 10 月 12 日，人民网，http：//theory. people. com. cn/n1/2023/1012/c40531-40093544. html。

二 产业集聚理论

从古典经济学开始，经济学家就开始关注区位问题。亚当·斯密在《国富论》中提出的绝对优势理论最早关注了集聚问题。此后，学者们进一步对经济活动的空间布局进行研究，他们系统论述了产业集聚的动因，对运输成本与产业空间布局之间的关系进行了深入探讨和剖析。这些理论认为，地租最大化、专业化生产和外部规模经济、运费最小化、利润最大化等是产业集聚的重要原因。其中，交通区位和运输成本对产业空间布局具有重要的影响，运输成本的下降可以促进生产要素的流动并扩大企业的市场范围，从而促进产业集聚。后文将对与产业集聚相关的理论进行系统梳理和总结。

（一）传统贸易理论

产业集聚理论最初来源于古典经济学家对区位问题的关注。1776 年，亚当·斯密在《国富论》中提出的绝对优势理论最早关注了集聚问题。他认为，分工是提高劳动生产率、增加财富的一种重要方式；生产成本的绝对差异是分工的重要基础，也是国际贸易以及经济发展的重要原因；分工的形式主要包括两种：一种是发展水平不同的国家在不同行业间的分工，另一种是不同行业内部的分工。此外，分工不是没有地域边界的，它一般局限在一定的市场范围内，其边界不可避免地会受到交通运输成本的影响。斯密的绝对优势贸易理论在经济学意义上最早认识到了，专业化生产在空间地理上的分布现象。此后，阿伦·杨格进一步深化了斯密的绝对优势理论，提出分工本身具有自我强化的功能和机制，并将这一机制命名为经济进步。具体来说，分工与专业化生产使生产部门获得了规模效益，提高了生产率，降低了单位生产成本，从而提升了家庭部门的购买能力和产品需求，需求的增加又进一步通过倒逼机制扩大了市场规模，继续带来新一轮分工的细化。这一过程往复循环，从而促进了经济进步。可以看到，斯密和杨格均认为，产业空间集聚产生于基于生产成本差异的分工，分工的发展引发了生产环节的分割，从而促进了专业化生产的发展和上下游企业间产业链的形成，实现了产业的集聚，而运输成本会影响分工的边界，使集聚仅发生在一定的地理空间内。

（二）传统区位理论

1. 农业区位理论

基于李嘉图创立的农业地理理论没有考虑运输成本这一不足，约翰·冯·杜能在《孤立国同农业和国民经济的关系》中将运输成本纳入分析框架，建立了农业区位理论。该理论排除了全部自然因素的干扰，仅在一个完美空间中研究市场距离对农业生产组织形式的影响。他给出了一般地租收入的公式并定义了地租曲线。通过计算，杜能得出了不同农业生产方式下地租曲线的形态。由于农场主的生产活动以地租收入最大化为原则，故他会选择所有农作物中能够带来更多地租收入的一种进行种植，从而使农业土地利用呈现同心圆结构（杜能环结构），即市场距离的差异导致不同地区所种植的农作物存在差异。这一理论认为，即使自然条件没有差异，农业土地利用也会存在空间差异，这种空间差异主要取决于生产区位和消费区位之间的距离。由于不同农作物的运费率存在差异，农场主会在安排农业生产时将运输成本纳入考虑，从而使不同的农业生产方式在空间分布上表现为一种"同心圆结构"，距离市场越近的地区越应该选择单位面积收益高的农业生产方式。

2. 产业区理论

马歇尔最早注意到了产业集聚现象，并在《经济学原理》中最早提出了"产业区"的概念，即集中了大量的、彼此间具有专业化分工联系的、相似的小规模企业的特定地理空间，并尝试分析了其形成的原因。从古典经济学理论出发，基于完全竞争以及规模报酬不变的假设，马歇尔认为同一产业中的大量企业在特定地理空间集聚的原因在于实现外部规模经济。他提出了三个导致具有专业化分工联系的企业在"产业区"集聚的原因：首先，大量同属一个产业的企业的聚集为共享的劳动力市场的形成创造了条件，有利于为企业提供更大规模的劳动力供给；其次，大量企业的聚集可以降低面对面交流的成本，加快人力资本的积累，促进知识、技术和信息在产业区内的溢出，提升企业的技术创新能力；最后，大量具有专业化分工联系的企业的集聚，还可以通过上下游的协同合作为彼此提供更多高质量、低成本的中间投入产品，从而实现中间投入产品的专业化发展。然而，马歇尔的理论并不是完美的，他仅从静态层面出发，基于静态均衡的分析方法探讨了产业集聚带来的优势，并没有从动态层面阐述产业集聚的过程，对地区内企业的空间布局变化和所属成长阶段等因素的考虑不足。

3. 工业区位理论

在工业时代初期，生产成本的高低是工业生产选址的重要因素，而生产成本的一个重要组成部分就是运费。德国经济学家阿尔弗雷德·韦伯在《工业区位论》中最早提出了以运费最小化为目标的工业区位理论。该理论的核心在于区位因子决定工业选址，企业要根据区位因子选择生产费用最低的地区进行布局。韦伯将所有区位因子分为一般和特殊两大类，一般区位因子可用于全部工业部门，而特殊区位因子只可用于部分工业部门。经过系统的分析，韦伯最终将运费、劳动力费用和集聚因素确定为一般区位因子。他认为，运费是影响工业区位的根本因素，但由运费决定的工业区位会在劳动力费用与集聚因素的影响下发生一定程度的变动，如果劳动力费用和集聚因素带来的总的成本节约可以抵偿运输成本的增加，则原有区位无须变动，反之则应当把工业部门迁移至劳动力成本更低或集聚程度更高的区域进行布局。虽然韦伯的工业区位论为现代工业区位理论打下了坚实基础，但其仅从静态层面进行分析，仍存在很大的局限性。

4. 中心地理论

中心地理论由克里斯泰勒提出。该理论认为，运输成本是影响经济活动空间布局的重要因素，运输成本的下降可以扩大市场范围，促进中心地的形成。基于城市的主要功能在于为邻近地区供给产品和服务，以及消费者会尽可能在附近地区购买商品和服务的假设。克里斯泰勒认为，相比于人口数量，交通位置才是影响中心地形成最为重要的因素。只有在交通网络中处于重要的位置，才能在更广的范围内为消费者提供商品和服务。考虑到企业空间布局的原则是利润最大化，企业的集聚区间必然会保持一定的距离。他进一步通过概念界定和模型构建对经济活动的空间分布特征进行研究，并提出了正六边形城市结构。廖什从利润最大化原则出发研究了市场需求和市场规模对企业空间布局的影响，得到了与中心地理论类似的结论。中心地理论认为，利润最大化是企业空间布局的重要因素，对运输成本、城市等级以及市场网络间的关系进行了深入剖析，探究了企业获取最大利润以及区域获得最佳经济效益的方式。

5. 运输区位理论

美国学者胡佛·伊萨德在《经济活动的区位》中提出经济活动的布局变动会受到交通运输条件的影响，包括运输距离、方向和数量等，并提出了运输费用结构理论。他将运输费用划分为不受营运里程影响的装卸费用和受营运里程影响的线路营运费用两个部分，并提出了运费率递减规律，从而对韦伯的工业区位理论中运费与距离成正比的观点进行了改进。由于不同运输方式具有不同的技术特征，它们的运费率递减特征存在一定的差异。另外，胡佛还给出了运价率的定义，并对不同运输情形下的运价率变动进行研究，证实了企业区位选择中的中转点现象，为工业企业在港口和交通枢纽布局提供了理论依据。此外，他还对产业集聚中两种不同的外部性进行了区分：第一是被称为地方化经济的由同一产业内部的不同企业集中在一起开展生产活动形成的外部性；第二是被称为城市化经济的产业多样化形成的外部性。胡佛的运输区位理论对产业布局产生了深远影响。该理论提出后，各国纷纷基于该理论对本国的产业进行布局，不仅实现了成本的降低，还产生了良好的社会影响。但是，由于其思路在很大程度上依然延续了马歇尔的理论，将专业化与外部经济视为产业集聚的根本原因，因而具有一定的局限性。

（三）空间结构理论

20世纪50年代之后，各国的经济学者逐步改变过去从静态层面出发研究微观主体产业空间布局的思路，开始尝试采用动态方法研究产业集聚问题，并注重将其运用于产业结构演进与地区经济增长等宏观领域。其中，非平衡增长理论是这一时期最具代表性的理论，具体来说，它包括增长极理论、循环积累因果理论以及不平衡增长理论。非平衡增长理论从极化与扩散的视角对产业集聚进行分析，指明了地区和产业分化是一国或一地区经济和产业发展过程中的必经之路，并将一国或一地区经济和产业发展的历程总结为四个阶段：增长极产生、发展失衡、增长极外溢以及均衡发展。该理论进一步丰富和拓展了产业集聚理论，对传统的平衡增长理论形成了巨大的挑战。此后，波兰学者萨伦巴和马利士提出的点轴理论进一步拓展了非平衡增长理论。该理论在关注"点"（增长极）的同时，还进一步强调了点与点之间的"轴"（交通线）的重要作用。一般来说，人员、知识、资本和信息等要素通常在"点"集聚，并通过"轴"交换，"轴"为服务"点"而产生，产生后又会对要素和产业产生强大的集聚力，从而促进新"点"的产生。根据点轴理论，经济活动是沿交通线路由"点"及"轴"进行空间分布的，生产要素和产业会在交通线两侧集聚，从而形成规模经济。在点轴理论的基础上又进一步衍生出了网络发展理论。该理论认为，当地区经济发展到一定程度的时候，增长极和增长轴的范围会不断扩大，从而促进各种生产要素在更大范围内进行配置，进一步加强区域间的联系和一体化程度。

（四）新经济地理理论

20世纪90年代以来，为了适应经济全球化与区域一体化发展的需要，西方经济学家在主流经济学的分析框架中加入了空间因素，在整合现有经济学学科的基础上构建了新经济地理学（空间经济学）。克鲁格曼是新经济地理学的代表人物，他在《收益递增与经济地理》中提出的中心—外围模型（Core-Periphery Model，CP模型）是新经济地理学最基础和重要的模型。该模型基于新古典经济学的研究框架，以迪克西特·斯蒂格利茨的垄断竞争模型为基础，将垄断竞争、规模报酬递增和运输成本有机结合起来，用严格的主流经济学方法系统地描绘了在规模报酬递增、要素自由流动和运输成本交互影响的过程中，产业集聚是如何产生及衍化的，从而克服了传统区位理论的缺陷。克鲁格曼认为，运输成本的大小是决定区域空间布局变化的重要影响因素，地理距离所带来的交易成本会显著影响经济主体的决策，进而改变经济活动的空间布局。"中心—外围"模型假设存在分别位于两个地区的两个市场，并提出了影响产业空间布局的三种效应。假设两个地区间的要素不可流动，并且其中一个地区的市场规模要大于另外一个地区的，规模报酬递增规律存在。由于规模报酬递增，地区里的企业倾向于在市场规模较大的地区集聚，以获得更高的利润，这就是本地市场效应。在另一种情况下，如果市场规模较大的地区已经聚集了大部分的企业，企业则倾向于在市场规模较小因而竞争较小的地区集聚，从而获得更大的收益，这被称为市场挤出效应。进一步假设地区中的部分要素可以流动，则这部分要素会更倾向于流入市场规模较大、生活成本较低①的地区，这种效应是生活成本效应。在这三种效应中，本地市场效应和生活成本效应被称为集聚力，而市场挤出效应被称为分散力。集聚力和分散力决定着企业的空间分布，当集聚力超过分散力时，经济活动倾向于空间集聚；而当分散力超过集聚力时，经济活动更倾向于空间分散。受集聚力影响，企业倾向于在市场规模较大的地区进行生产。消费品的本地生产会降低该地区的生活成本并导致更多的劳动力在此集聚，从而进一步扩大市场需求，吸引企业在该地区布局。反之，另一个地区的企业则由于劳动力流出而逐步迁出，

---

① 本地生产消费品，不存在运输成本加价。

这种循环累积因果效应最终促使"中心—外围"的产业空间布局形成。克鲁格曼的理论认为，产业集聚现象的产生离不开以下三种因素的影响。首先是产业地方化。在累积循环机制作用下，单一产业的发展会自我强化，从而出现产业地方化现象，推动产业集聚。其次是外部经济效应。共享的劳动力市场以及自由流动的知识、技术和信息所带来的外部经济效应，可以促进产业集聚。最后是市场需求。由于规模报酬递增，市场需求越大的地方越容易吸引企业布局，从而促进产业集聚。

三　产业融合理论

（一）传统产业融合理论

产业融合的概念最早出现于美国学者罗森伯格发表的《机床产业的技术变革（1840—1910）》中。最初的产业融合理论强调技术对产业融合的重要作用，对产业融合的阐释多从技术融合层面出发。罗森伯格通过分析美国机械设备业的衍化过程，发现当通用技术在不同产业间扩散和应用时，机械设备业开始独立为一个新的产业，这一过程就是技术融合。早期学者对产业融合的探讨主要源于数字技术的出现而导致的产业交叉。1978 年，麻省理工学院媒体实验室的创始人尼古路庞特基于对前沿技术的研判，用三个相互重叠的圆圈来表示电子计算、印刷和广播三大产业的技术边界，并认为三个产业重合的领域在未来将实现最快的成长和最多的创新。基于数字融合视角，S. Greensteina 和 T. Khanna 将产业融合定义为，为了适应产业发展而出现的产业边界收缩或消失现象（Greensteina，Khanna，1997）。1994 年，美国哈佛大学商学院举行了"冲突的世界：计算机、电信以及消费电子学研讨会"，这是世界范围内第一次以产业融合为主题的学术论坛。1997 年，美国加州大学伯克利分校召开了"在数字技术与管制范式之间搭桥"会议。这两次会议的召开意味着"产业融合"这一概念已经在全球范围内得到了广泛认可。马健认为，技术融合能改变产品性能，从而影响市场的消费需求，最终影响产业间的竞合关系，是产业融合的重要基础（马健，2002）。J. Lind 基于对产业生命周期理论的分析，提出技术革命能够推动产业边界的消融和生成，技术的扩散和融合是产业融合的根源（Lind，2005）。除了技术融合，产业融合还表现在其他层面。众多学者从过程论出发，将产业融合看成从知识融合、技术融合到产品和业务融合，再到市场融合，最后到产业融合的一个过程（胡汉辉、邢华，2003；Curran，Leker，2011），是一项循序渐进的多维度系统工程。其重构了组织机构和价值链条，改变了产业间原有的竞合关系，融合后的新产业往往具有多产业属性，产业边界逐步模糊甚至消失。

马健在系统梳理西方理论的基础上，对产业融合进行了科学界定，即由于技术进步和放松管制等因素驱动，发生在产业边界和交叉处的技术融合，通过改变原有产业中产品的性能影响市场需求，从而改变产业内部企业间的竞争合作关系，使产业界限逐步模糊化甚至重新划定（马健，2002）。从界限和范围来看，产业融合往往发生在产业的边界和交叉处。与前三次技术革命只在产业内部发生作用不同，20世纪70年代后期的信息技术革命大大改变了产业间的交互关系，使原来互相独立的产业相互渗透，产业边界逐渐模糊，融合趋势日益明显。从驱动因素来看，技术融合是产业融合最为关键的内在原因，而政府管制放松则为产业融合创造了良好的外部条件。技术的出现和政府管制的放松，极大地降低了产业壁垒，推动了产业间的渗透、交叉和融合。此外消费者不断升级的需求也会倒逼供给端做出调整，同样是引导产业融合的关键驱动力。从影响效应来看，产业融合具有的效应是多维度的。其不仅改变了企业的组织形式，使流程重组、战略联盟和虚拟企业等形式逐渐成为主流，促进了跨产业外部知识的内部化，降低了企业技术创新成本，还有利于传统产业的技术改造和转型升级，同时为新兴产业的诞生创造了条件。此外，产业融合在资源配置、经济增长效应、就业拉动等方面也具有一定的积极作用。从具体形式来看，产业融合包含产业渗透、产业交叉和产业重组三种形式。产业渗透通常发生在高技术产业和传统产业的边界处，由于高新技术具有较强的渗透性和倍增性，所以可以无摩擦地渗透到传统产业中，能够极大地提升传统产业的效率。产业交叉是通过产业间的功能互补和延伸实现融合的，其往往发生在高科技产业的产业链自然延伸部分，典型案例是电信、广播电视和出版等产业的融合。产业重组则往往发生在某一大类产业内部的子产业中，它们具有紧密的联系，通过重组融合成新的产业形态，以更好地适应市场需求，同时提高产业效率。

（二）产业共生理论

共生一词最早源自希腊语，是生物学领域的基本概念。根据德国生物学家德贝里的定义（Bary，1879），共生指共同生活的两种不同生物之间所具有的相互联系。其本质是两主体相互依存、互利共赢，从而实现协同演进。20世纪60年代，共生理论及其研究方法逐步拓展至经济学、管理学、社会学以及哲学等诸多领域，相关研究开始进入繁荣时期。在经济学领域，袁纯清提出了以共生要素、共生条件、共生能量函数以及共生原理为主要内容的共生理论基本分析框架（袁纯清，1998）。其中，共生要素由共生单元、共生模式和共生环境组成。共生单元是共生体或共生关系形成的基本物质和能量单位，共生模式是共生单元相互作用的具体方式，共生环境是除共生单元之外所有影响共生体或共生关系因素的总和，包括政策、制度、市场等，三者共同决定了共生的本质。根据涉及的主体差异，经济学领域的共生现象又可以被分为企业共生、产业共生以及区域共生等。其中，产业共生作为三者中的中观维度，不仅与企业共生和区域共生具有高度的一致性，还是连接企业共生与区域共生的重要桥梁和纽带。一方面，产业本身是由众多从事领域相似的微观企业构成的，产业共生现象本身就包含企业共生现象；另一方面，每个区域都包含不同的产业类型，推动以主导产业为核心的产业共生发展，积极打造产业集群，对区域经济发展具有重大意义。

1947年，G. T. Renner最早在相互联系的产业系统中发现了"产业共生"现象（Renner，1947）。2000年，M. R. Chertow明确提出了产业共生的概念，即地理上邻近的分离企业或组织通过原材料、能源、水等物质交换开展合作，实现废弃物交换，以及信息、设施和服务共享，以获取竞争优势（Chertow，2000）。早期的产业共生研究从属于产业生态学领域，重点关注工业、社会和生态系统中副产品、废弃物的流动与共享。当前，随着研究的不断深入，产业共生的内涵已由原来的副产品交换拓展到一种全面的合作。胡晓鹏分别从广义和狭义两种视角对其内涵进行了科学界定（胡晓鹏，2008）。基于广义视角，产业共生是指在分工逐渐细化的背景下，不同类产业间具有经济联系的业务单元或同类产业间的不同业务单元之间产生的融合、互动以及协调关系。从狭义视角出发，产业共生是指同类或同质产业间的业务单元在市场竞争或政策安排等机制作用下所形成的融合、互动以及协调的发展状态。胡晓鹏认为，产业共生具有融合性、互动性和协调性三个核心特征。从融合性来看，与传统产业融合不同，产业共生中的融合性以价值共创为基本前提，与价值活动不相关的产业边界融合并非产业共生的研究范畴（胡晓鹏，

2008）。互动性是产业共生的具体体现和物质关系稳步推进的物质基础，一般情况下，共生条件下的互动关系应对各方都有利，但各方的利益分配可能具有非对称性；同时，互动关系具有多重性质，会随发展阶段的变化而变化。产业共生的协调性以达成均衡时的协调度为判断依据，包括重视产业间数量关系的数量协调和强调产业发展能力的质量协调两个层次。鲍丽洁则进一步丰富了产业共生的特征和模式，认为产业共生具有群落性、融合性、循环性、关联性、增值性等基本特征（鲍丽洁，2011）。

（三）产业关联理论

产业关联理论，又称产业联系理论或投入产出理论，强调用精确的量化方法对产业间的"质""量"关系进行测度和描述。这种关联在本质上表现为不同产业在经济活动中以投入产出形式体现的广泛、复杂且紧密的技术经济联系，主要的方法为里昂惕夫的投入产出法。早在 20 世纪 30 年代，美国经济学家里昂惕夫就开始研究投入产出法，并据此分析了美国的经济结构。1958 年，赫曼希最早提出了产业关联这一概念。他认为，国民经济各产业部门之间存在着密切的联系，某一产业的发展必然会影响其他产业的发展，前向关联与后向关联是推动不同产业联动的重要方式。在此基础上，他提出较强的产业关联度是一国主导产业选择的重要基准，在产业链条中必然会存在一个与其前向产业、后向产业在投入产出关系上关联度最高的产业，其发展对前向和后向产业发展均具有十分重要的影响，该产业可作为主导产业优先发展。作为随社会分工而产生的一种客观经济现象，任何产业在社会化分工不断细化的背景下，都需要将其他产业的产出作为生产的投入品，同时将自己的产出品作为中间要素提供给其他产业，无法脱离其他产业而孤立存续和发展。从本质上看，产业关联是不同产业供需关系的体现。企业间的投入产出联系是产业间关联形成的重要基础。从微观层面来看，市场中的任何企业都需要其他企业提供的生产要素和中间投入品，同时也会利用这些生产要素和中间投入品进行产品生产，再提供给其他企业使用。而市场为产业间投入产出关系的产生创造了空间。社会化分工的不断发展和细化增大了不同产业在市场中对生产要素和中间投入品的交易频率，推动形成了错综复杂的供需关系。这种多样、复杂且密切的供需关系推动了各产业的持续发展和新兴业态的不断产生。按照产业间的供需关系，产业联系可分为前向关联、后向关联和环向关联。其中，前向关联指某产业通过有效供给与其他产业部门产生的关联，即该产业的产品会成为其他产业的中间投入；后向关联则指某产业通过有效需求与其他产业部门产生的关联，即该产业在生产过程中需要其他产业的中间投入品；环向关联指某产业同时通过有效需求和供给与其他产业部门产生的关联，即该产业既为其他产业提供中间投入，又需要其他产业的中间投入。

第二节　高铁开通对制造业转型升级的直接影响机制

一　高铁开通对区域可达性的影响机制

新经济地理理论将运输成本纳入研究框架，指出运输成本是影响企业区位选择和地区经济增长的重要因素。作为一种新型客运交通运输工具，高铁的开通可以大幅降低客运运输成本，产生时空收敛效应。它所带来的可达性变化是研究其对经济活动影响的逻辑基础，是高铁发挥促进区域经济社会发展作用的根本机制（林晓言，2015）。因此，本书首先分析高铁开通对区域可达性的影响机制，并据此进行后续的直接和间接影响机制分析。

基于现有研究，可达性是一种在可以依靠交通工具的情况下，在适当时间到达指定地点的便利程度，其强弱取决于人的移动能力和到达目的地的移动机会，与交通运输方式、交通基础设施质量、交通网络完善程度等因素密切相关（Geertman，Ritsema，1995）。其中，交通基础设施作为一种先行社会资本，是一个国家和地区经济活动的重要支撑，能够通过降低运输成本改变区域间的可达性，从而影响区域经济发展（Rietveld，Bruinsma，2012）。作为 20 世纪后半叶最重要的客运技术突破，高铁的技术特征决定了其在提升区域可达性方面较其他交通运输方式更为突出（Levinson，2012）。一方面，高铁开通可以通过时空收敛效应促进沿线地区加快连接。作为一种受天气影响小、快速准时的交通运输方式，高铁的开通极大地降低了沿线居民出行的时间成本，尤其为居民长途出行提供了便利，有效缩短了城市间的时空距离，使沿线城市能够在更短的时间内实现连接，提升了区域间的可达性。另一方面，高铁开通可以通过空间叠加效应打破地区间的阻隔，进一步强化城市间的联系。随着高铁建设的不断加快，高铁网络格局逐渐完善。高铁网络化的布局不仅进一步提高了各区域之间的连通性，使中国各地区之间的阻隔逐渐被突破，在很大程度上改善了距离较远或交通不便捷城市间的分割局面，还降低了运输成本和时间成本，使各个城市的辐射范围出现了叠加，进一步加强了高铁网络覆盖城市间的联系，提高了区域间的可达性。

二 高铁开通对制造业转型升级的直接影响机制

关于高铁开通对制造业转型升级的直接影响机制，本书主要从要素流动、市场一体化、绿色物流和旅游经济四个层面进行剖析。其中要素流动和市场一体化是基本作用机制，既是经济效益层面高铁开通促进制造业转型升级的直接作用机制，也是环境效益层面的直接机制，而绿色物流和旅游经济仅是环境效益层面高铁开通对制造业转型升级的直接影响机制。考虑到综合效率同时包含经济效益和环境效益因素，以上四个机制也均是综合效率层面的直接机制，后文对四种影响机制进行具体分析，并提出研究假设。

（一）要素流动机制

作为一种客运交通运输方式，高铁开通带来的可达性提升可以大大缩短人员在各地区间的流动和转移时间，实现劳动力流动过程中的时间节约和空间扩展。而人流又是知识流和信息流的重要载体，因此，高铁开通也能够促进知识和信息在地区间的快速转移和扩散。现有研究表明，高铁开通加快了劳动力、知识以及信息等生产要素的空间流动速度，形成了"劳动力蓄水池"效应和"知识场"效应（Levinson，2012；Shaw et al.，2014），能够通过提升资源要素配置效率以及促进面对面交流、加速知识溢出等途径促进制造业转型升级。

一方面，要素流动速度的加快有利于提升资源要素配置效率，降低制造业企业的交易成本，促进其实现转型升级。基于新经济地理理论，地理距离带来的交易成本会显著影响经济主体的决策，因而地理距离约束的缓解可以大幅降低制造业企业的交易成本，进而影响其转型升级。高铁开通带来的可达性提升能够有效减弱地理距离的约束，加快人口和资源的空间流动，促进生产要素的重新配置（李祥妹等，2014），从而有利于降低沿线制造业企业对于劳动力、知识和信息等生产要素的搜寻成本，使企业能够以更低的成本获得更高质量的生产要素。从劳动力来看，高铁开通能够提升劳动力市场的一体化程度，不仅有利于促进企业和劳动力的匹配（董艳梅、朱英明，2016），还能够推动人力资本迁移（王春杨等，2020）；从资本来看，高铁开通促进了跨区域资本流动，增大了企业异地投资规模（马光荣等，2020）。基于内生经济增长理论，人力和资本等要素的投入有利于经济增长与技术进步。生产要素（尤其是高端生产要素）可得性的增加，可以提高制造业企业的生产效率和盈利能力，促进企业开展技术创新，从而推动制造业转型升级。

另一方面，要素流动速度的加快有利于促进面对面交流，加速知识（尤其是隐性知识）的空间溢出，促进制造业转型升级。隐性知识是指难以整理和明确表示，却对创新具有重要作用的知识。人力资本是区域间知识溢出（特别是隐性知识溢出）的重要载体，但隐性知识所特有的黏性使其获取不仅依赖于人力资本，还会在一定程度上受限于地理距离。因此，隐性知识的传播通常需要通过"面对面交流"的方式来实现（Storper，Scott，1995），但"面对面交流"极大地提升了企业的交易成本。杨晓智、陈柳钦指出，隐性知识可以通过促进产业集聚发展，诱发技术创新（杨晓智、陈柳钦，2007）。高铁的开通为沿线地区人员带来了更为便捷的交流途径，降低了制造业企业与下游客户、上游供应商以及同行企业之间"面对面交流"的成本，促进了隐性知识的传播（Trip，2005；Chen，Hall，2011），有利于推动信息共享、知识外溢以及技术学习，提高制造业企业的技术创新能力，推动其转型升级。由于绿色技术的复杂性和交叉性较强，单个企业依靠自身力量进行研发的成本较高，特定知识和技术的获取具有较强的外部依赖性，知识和技术溢出也是制造业企业绿色转型的重要基础。

（二）市场一体化机制

高铁开通带来的可达性提升还可以提高沿线地区的市场一体化程度（Christaller，1933；Zheng，Kahn，2013），通过扩大市场需求和强化市场竞争等机制促进制造业转型升级。高铁开通极大地提升了沿线地区的可达性，不仅促使沿线地区在更短的时间内实现了更高效的连接，同时也打破了偏远地区或交通不便利的城市之间的分割局面，有利于提升市场一体化程度，推动统一高效的大市场及经济圈的形成。当区域可达性较低时，制造业企业面临的市场范围较小，本地市场中可能存在着垄断企业。随着高铁的开通，沿线地区的可达性不断提升，各个城市之间的运输成本和交易成本急速下降，市场一体化程度不断提升，大量企业的进入使本地市场中企业的垄断程度不断下降，产品和价格趋于多样化，此时，垄断的市场结构逐渐转变为垄断竞争。具体来说，一方面，市场一体化程度的提高使过去更多依赖本地市场容量的制造业企业向依赖本地及其周边市场容量转变，扩大了制造业企业的市场范围，在一定程度上增加了企业的产品需求和收益，有利于提升企业的生产效率和盈利能力，促进技术的更新和迭代，推动制造业转型升级。由于绿色技术创新具有技术与环境的双重外部性（Rennings，2000），企业开展的动力不足，绿色技术研发对市场需求的依赖度较高，具有双重动力机制（刘勇，2011），故高铁开通带来的市场一体化程度提升有利于促进绿色技术的研发和迭代，推动制造业企业绿色转型。另一方面，随着市场一体化程度的提升，原本市场中的参与者结构发生变化，垄断竞争的市场结构可能导致沿线地区制造业企业面临的市场竞争程度增加。为了保持市场份额，企业会不断提升自身的生产效率和盈利能力，增强创新意识，注重增加研发投入，引进高质量人才、技术和资本，提高产品竞争力，加快实现生产方式绿色转型，从而推动制造业企业转型升级。

（三）绿色物流机制

高铁开通带来的可达性提升可以通过提高铁路货运能力促进绿色物流发展，助力沿线地区制造业绿色转型。目前，中国的货物运输结构仍以公路为主，但公路运输所依赖的重型运输卡车的能耗和污染物排放量较大，不符合制造业绿色转型的要求。而铁路运输在各种交通运输方式中最为低碳节能，无论从能耗还是排放来说，铁路在长距离运输方面都较公路有更大的优势，"公转铁"可以促进绿色物流发展。高铁的开通不仅能够释放出既有铁路的货运能力，也能够催生高铁货运服务，有利于扩大铁路货运规模，加快绿色物流发展。一方面，高铁网络化的形成可以加快释放既有线路的货运能力。高铁的开通意味着大量客流被高铁分担，加之高铁的运速较快，在同等数量列车条件下，高铁在单位时间内可以分担更多客流，从而能够减轻铁路的客运负担，大大释放既有线路的货运能力，有效缓解原有线路普客与货运之间的运力矛盾。现有证据表明，京沪高铁和武广高铁的开通都提升了原有铁路的货运能力，收到了良好的扩能效果。另一方面，高铁的不断延伸和完善有利于催生高铁货运服务。2014 年，高铁快运正式开通运营，现已遍布全国 500 多个城市。与传统铁路货运服务相比，高铁货运的运输期限更加多样化，具有时效快、品质优、标准高、全天候等显著优势。目前，顺丰、京东等多家物流企业都与铁路总公司开展了合作，积极推出多元化的高铁快运业务，一批稳定的，对运输时限、环境安全、温度条件有需求的客户群正在逐渐形成（庞彪，2019），高铁货运的发展速度不断加快。综上，高铁的开通有利于优化运输结构，促进货物运输"公转铁"，推进绿色物流发展，而绿色物流的发展能够有效降低制造业企业货物运输的能耗和污染物排放，促进其绿色转型。

（四）旅游经济机制

高铁开通带来的可达性提升有利于促进旅游经济的发展壮大，提升地区对环境质量的要求，从而促进沿线地区制造业企业的绿色转型。其一，高铁开通有利于促进旅游经济的发展。高铁开通不仅可以加快人员的流动，便利游客的出行，在旅游时间预算有限的情况下大幅缩短游客出行时间，提升沿线城市旅游竞争力，为旅游经济发展提供强大的市场基础，还能促进劳动力和资本的跨区域流动与重新配置，有效改善旅游经济的配套设施和服务，扩大旅游经济的发展规模。现有研究表明，高铁开通能够促进沿线地区旅游经济的高质量发展（田坤等，2022）。其二，旅游经济的发展有利于增大地区对环境质量的需求。良好的生态环境是旅游业持续发展的重要基础，二者存在着复杂的辩证关系。关于旅游业与生态环境的关系，大部分学者认识到旅游业的发展对生态环境存在一定程度的破坏（Hill，Pickering，2006）。其中，S. Wearing 指出，旅游业对旅游目的地生态环境同时存在着积极作用与消极作用（Wearing，2001）。一方面，旅游业的发展会使地方政府和公众更重视生态环境保护。随着更多经济收益转向旅游业，公众和政府开始增加对生态环境的关注度，提升自身环保意识和理念。现有研究表明，在旅游业中，生态旅游对本地居民的环保意识和环境需求的促进作用最为突出（付向阳、黄涛珍，2016）。同时，地方政府为了更好地通过旅游业发展拉动经济增长，也会加大对生态环境的重视和保护力度，以推动旅游业可持续发展。另一方面，旅游业的快速集聚和发展可能会放大其对生态环境的破坏效应，增加生态环境保护和治理的迫切性和必要性。对经济效益的过度追求会使游客数量和产业规模无度扩张，造成景区发展规模超过资源环境承载力，带来景观受损和环境破坏等问题，增大地方政府生态环境保护和治理的压力。因此，旅游经济的发展有利于增加公众和政府的环境质量需求，加大政府对生态环境的保护和治理力度。不仅可以从应用侧为制造业企业提供绿色转型的方向和重点领域，激发企业绿色技术研发的积极性，同时也可以通过强化环境规制政策等手段增大制造业企业的外部压力，倒逼其绿色转型升级，不断降低环境污染程度。

第三节 "两业融合"视角下高铁开通对制造业转型升级的间接影响机制

随着经济全球化的深入发展和生产组织方式的变革，服务在提升一国制造业竞争力中的作用愈加突出。制造业服务化成为全球产业发展的重要趋势，原来从制造业价值链中分离出来的生产性服务业开始基于制造业需求，重新融入价值链各个环节，通过动态匹配实现价值链的重塑。生产性服务业企业不仅可以通过扩大产量和增加产品种类等方式实现自身内部的规模经济扩大，有效降低自身成本以及下游制造业企业的中间投入成本，还可以通过集聚形式充分发挥企业间专业化分工、要素共享、知识交流等外部性作用，从而实现更大范围的规模效应，促进产业链形成，推动制造业企业降低成本和转型升级。近年来，生产性服务业与制造业的协同集聚逐渐成为产业集聚的新趋势，有利于更好地发挥生产性服务业集聚对制造业转型升级的积极作用。因此，在"两业融合"视角下，本书主要聚焦生产性服务业发展、集聚及其与制造业协同集聚三个维度，探讨高铁开通通过生产性服务业影响制造业转型升级的间接机制。这三个维度相互关联、层层递进，其中，生产性服务业发展是基础条件，生产性服务业集聚是核心机制，生产性服务业与制造业协同集聚是强化路径。

一 高铁开通、生产性服务业发展与制造业转型升级

（一）生产性服务业的产生与分类

迈克尔·波特在《竞争优势》中首次提出价值链的概念，即一系列生产经营活动所构成的价值创造的动态过程，并将这些活动分为两类：一类是包括生产、后勤、营销、运输和售后等在内的基本性活动；

另一类是包括采购、研发、人力和财务在内的支持性活动。制造业企业的基本性活动和支持性活动相互联系，共同实现价值的创造和价值链的形成。在工业化的早期阶段，生产性服务包含在制造业企业内部，为制造业企业的生产活动提供支持。随着生产力的发展，分工逐步细化，消费需求日益多样化，西方国家的大规模生产方式在工业化中期逐渐被柔性专业化生产方式替代。在这样的背景下，全球价值链中的不同环节和工序开始发生垂直分离，生产性服务业就是在这一过程中逐步从制造业中分离出来，发展成为独立部门的。生产性服务业可分为功能型生产性服务业和知识密集型生产性服务业两类。基于全球化背景下的价值链理论，在价值链垂直分离的过程中，制造业企业中与服务相关联的部分基本性活动的价值链环节会首先被分离出去。这样既可以提升企业专业化生产的能力，也可以实现生产成本和交易费用的降低。这部分基本性活动的分离产生了一批独立的生产性服务行业。这类为制造业企业基本性活动提供服务和支持的生产性服务业被称为功能型生产性服务业（刘奕、夏杰长，2010）。此后，随着生产力的发展和科学技术的进步，制造业企业在知识学习和技术研发上投入的时间逐渐增加，而专业化分工不仅可以节约学习时间，还可以发挥"干中学"的积极作用。在国际分工日益细化的背景下，制造业企业的支持性活动逐渐从价值链中有效地分离出来。由于这类生产性服务业的投入和产出主要为知识，因此多被称为知识密集型生产性服务业。

（二）高铁开通对生产性服务业发展的影响机制

高铁开通对生产性服务业发展的影响具有一定的现实基础，这不仅取决于高铁相对于一般交通基础设施所具有的技术特性，还取决于生产性服务业相对于其他产业所具有的产业特性。一方面，相比于其他交通运输方式，高铁主要服务于客运，是人流和信息流的重要载体，可以大大缩短劳动力、知识和信息等生产要素的运输时间。而生产性服务业（尤其是知识密集型生产性服务业）相对于其他产业具有更为明显的服务知识性，知识和技术是其生产产品的主要投入，加之生产性服务业的主要服务对象是制造业，制造业企业的技术进步和创新发展也使生产性服务业具有持续的技术创新倾向，因而其知识密集度较高，对人力资本、知识和信息等高端生产要素的需求较大。高铁的开通加速了人力资本、知识和信息等生产要素在地区间的流动，特别是加速了需要面对面交流才能获取的隐性知识的有效传递，有利于更好地满足生产性服务业产品生产及创新发展对高端要素投入的需求，促进沿线城市生产性服务业发展。另一方面，由于生产性服务业的产出多为无形的服务，具有不可储存性和不可运输性，生产与消费在时空上难以分割，因此，时间距离和空间距离对生产性服务业的服务范围有十分突出的影响。而高铁作为一种受天气影响小、快速准时的交通运输方式，具有较强的时空压缩效应，能够大大缩短城市之间的时空距离，提升区域可达性，推动统一大市场的形成和发展，从而减弱生产性服务业产出在生产与消费上的时空同一性，扩大生产性服务业企业的服务半径，有利于更好地推动生产性服务业发展。

（三）生产性服务业发展对制造业转型升级的影响机制

生产性服务业对制造业转型升级的影响主要是通过促进专业化分工实现的。基于奥地利学派的生产迂回学说，生产过程的重组和迂回不仅需要使用更为专业的劳动力与更多的资本，还会增加中间投入数量，有利于提高生产力水平。H. G. Grubel 和 M. A. Walker 等基于前期研究，深刻阐释了生产性服务业在迂回生产中所扮演的角色（Grubel，Walker，1989；薛立敏等，1993）。他们指出，生产性服务业的本质是将人力资本、知识和技术等高端要素传送到制造业企业的生产过程中，以增加生产的迂回度，使生产更加专业化、资本更为深化，从而提高生产要素的生产力，增加制造业产出的增加值。顾乃华等认为，随着分工与专业化的逐渐加深，经济效率将越来越取决于不同生产活动之间所建立起来的联系的属性（顾乃华等，2006）。

具体来说，生产性服务业的产生和发展会提高专业化分工程度，进一步深化劳动分工。不仅能够降低制造业企业的生产制造成本，还可以降低它们的交易成本，有利于促进制造业转型升级。一方面，制造业企业将内部从事基础性活动和支持性活动的部门分离出去，转而采用外部专业部门提供的生产性服务。由于这些部门专门从事相关服务，生产效率较制造业内部部门更高，加之外部激烈的市场竞争，其收取的费用相对较低，有利于降低制造业企业的生产制造成本，提高生产效率。J. R. Markusen 指出，生产性服务业能够通过分工细化提供专业化服务，有效降低制造业成本，提高其生产效率（Markusen，1989）。江静等研究发现，生产性服务业发展通过提高自身效率降低了制造业的单位生产成本，提升了制造业生产效率（江静等，2007）。另一方面，随着社会化分工的逐渐扩大和深化，企业间的交易规模和所涉及的商品类别不断增加，导致交易成本快速攀升，在一定程度上抵消了部分分工带来的效率提升，而生产性服务业作为专业化的中间产品和服务提供部门，以及制造业配套部门，可以通过专业化分工、范围经济和制度创新等途径降低制造业企业的交易成本（尤其是信息成本），从而促进制造业生产效率提升（冯泰文，2009）。生产和交易成本的下降不仅有利于提高制造业企业的生产效率，改善其经济效益，还能使企业以更低的成本获得更多优质的高端生产要素，为企业绿色技术研发提供要素支撑，有助于促进制造业绿色转型发展①。

综上，高铁开通带来的可达性提升有利于促进生产性服务业发展，而生产性服务业的发展又能通过促进专业化分工有效降低制造业成本，从而推动其实现转型升级。

二 高铁开通、生产性服务业集聚与制造业转型升级

（一）高铁开通对生产性服务业集聚的影响机制

寻求集聚剩余是生产性服务业在空间上集聚的主要原因（陈雪梅，2003）。假设企业有两种空间布局方式可供选择：一种是在开通高铁城市的生产性服务业集聚区进行布局，另一种是在未开通高铁城市的生产性服务业集聚区进行布局。企业的理性决策方式是对两种布局方式下所获得的利润进行比较，并选择具有更高利润的空间布局方式。这个利润差就是集聚剩余，包括成本剩余和收益剩余。本书认为，生产性服务业在开通高铁城市的生产性服务业集聚区布局的动力要么是降低要素搜寻、信息沟通等交易成本，增加集聚成本剩余；要么是扩大市场份额或提高产出差异化水平，增加集聚收益剩余。

其一，高铁开通带来的可达性提升可以通过加快要素（特别是高端要素）流动，降低集聚区内生产性服务业企业的交易成本，增加集聚的成本剩余。第一，高铁开通能够降低集聚区内生产性服务业企业对生产要素的搜寻成本。克鲁格曼认为，产业集聚现象的产生离不开外部经济

---

① 生产性服务业集聚以及生产性服务业与制造业协同集聚对不同维度制造业转型升级的影响机制，与生产性服务业对不同层面制造业转型升级的影响机制类似，仅实现了一定程度的强化，故后文不再具体阐述生产性服务业集聚及协同集聚对不同维度制造业转型升级的具体影响机制，仅作一般性分析。

效应,共享的劳动力市场以及自由流动的知识、技术和信息所带来的外部经济效应有利于促进产业集聚发展。高铁开通带来的可达性提升可以缩短生产要素的运输时间,加快人力资本、知识以及信息等高端要素在城市间的空间流动,产生"劳动力蓄水池"效应和"知识场"效应(Levinson,2012;Shaw et al.,2014),从而降低集聚区内生产性服务业企业对生产要素(特别是高端生产要素)的搜寻成本,使企业能够以更低的成本、更高的效率获得更优质的生产要素。第二,高铁开通可以促进"面对面交流",降低集聚区内生产性服务业企业的信息沟通成本。根据产业链理论,生产性服务业等高附加值产业对隐性知识的获取有极高的要求。隐性知识所特有的黏性使其传播在很大程度上受限于地理距离,加之为了避免信息不对称和信息泄露等问题的产生,"面对面交流"成为生产性服务业至关重要的知识和信息传递方式(张志彬,2017),而"面对面交流"也极大地提升了生产性服务业的信息沟通成本。高铁开通可以大大降低集聚区内生产性服务业企业与下游客户、上游供应商以及同行企业间"面对面交流"的成本,促进隐性知识传递;同时减轻信息不对称程度,降低信息泄露风险,有助于生产性服务业企业与上下游及同行企业间的信息共享、知识外溢以及技术学习。此外,信息沟通成本的降低还可以提升集聚区内生产性服务业的服务效率,从而节省企业在其他要素上的投入,进一步降低企业成本。综上,高铁开通带来的可达性提升有利于增加集聚区内企业的成本剩余,促进生产性服务业集聚。

其二,高铁开通带来的可达性提升可以通过提高沿线城市的制造业市场一体化水平,扩大集聚区内生产性服务业企业产出的市场需求和差异化水平,增加集聚的收益剩余。W. Christaller 认为,运输成本的下降可以扩大企业的市场范围(Christaller,1933);S. Zheng 和 M. E. Kahn 的研究进一步表明,高铁开通带来的可达性提升可以扩大生产性服务业的市场范围,促进沿线地区的市场一体化(Zheng,Kahn,2013)。由于生产性服务业的主要服务对象为制造业,因此制造业市场的一体化程度对其影响更为突出。第一,高铁开通带来的市场一体化水平提升能够增大集聚区内生产性服务企业产品和服务的市场需求。克鲁格曼认为,市场需求是产业集聚的重要因素,由于规模报酬递增,市场需求越大的地方越容易吸引企业布局,从而促进产业集聚。生产性服务业的服务对象不仅包括本地制造业企业,还包括附近地区的制造业企业。市场一体化程度的提升可以在一定程度上减弱生产性服务业产出的不可储存性和不可运输性，使原来主要依赖本地制造业市场需求的生产性服务业企业逐步将市场范围扩大至周边地区，扩展了集聚区内企业的服务半径，有利于增大产品和服务的需求。第二，高铁开通带来的市场一体化水平提升会加强集聚区内生产性服务业企业的市场竞争程度。随着市场一体化程度的增加，原本市场中的参与者结构发生变化，垄断的市场结构逐渐转变为垄断竞争，市场竞争更为激烈，生产性服务企业在享受区位优势的同时也面临着更大的竞争压力。而生产性服务业的产业特性决定了其产品的差异较大，任何微小的差异都可能会使消费者改变消费决策。因此，为了保持市场份额，集聚区内的生产性服务企业会不断提升创新能力，增强其差异化生产能力和议价能力，提高产品质量和生产效率。综上，高铁开通带来的可达性提升有利于提升集聚区内企业的收益剩余，促进生产性服务业集聚。

（二）生产性服务业集聚对制造业转型升级的影响机制

1. 专业化外部性与多样化外部性

产业的空间集聚可以带来外部性毋庸置疑，但关于外部性的来源，学者们有两种不同的观点：一部分学者认为外部性来自某一特定产业在某一特定地理空间内的集聚，这种外部性被称为专业化外部性或专业化集聚；另一部分学者认为外部性来自不同产业在某一特定地理空间内的集聚，这种外部性被称为多样化外部性或多样化集聚。马歇尔的外部经济理论最早涉及了专业化外部性这一概念。他从专业化外部性视角出发，将产业区定义为集中了大量的、彼此间具有专业化分工联系的、相似的小规模企业的特定地理空间，将产业集聚定义为诸多相同的产业部门在特定地理范围内的聚集。他认为集聚的动因是追求外部规模经济，具体来说，包括三种外部性产生的原因：共享的劳动力市场、知识溢出和大量质高价低的中间投入品。此后，P. M. Romer 等又对马歇尔的理论进行了拓展，而多样化外部性的概念则由雅各布斯最早提出。1969 年，雅各布斯发现，随着劳动力分工逐渐细化，不同产业开始在地理空间上逐渐聚集。J. V. Henderson 认为，多样的生产者偏好和消费者偏好是不同产业在地理空间上聚集的两种外部性原因（Henderson，1974）。与专业化外部性的概念不同，学者们对于多样化外部性概念的理解在不同时期具有一定的差异。J. B. Parr 认为，多样化集聚水平与该地区的产业种类有关。

产业种类越多,不同产业的分布就越均衡,多样化集聚水平也就越高(Parr,1965)。J. E. Wagner 则提出多样化集聚水平不仅取决于地区内产业的分布和规模,还与不同产业之间的关联程度有关(Wagner,2000)。K. Frenken 等将多样化集聚分为相关多样性(即产业内的多样性)以及不相关多样性(即产业间的多样性)两类(Frenken et al.,2007)。本书关注的生产性服务业多样化集聚是指生产性服务业内部的多样性。后文将基于相关理论,从专业化集聚和多样化集聚两个视角,分别研究功能型生产性服务业和知识密集型生产性服务业的集聚发展及其对制造业转型升级的影响机制。

2. 功能型生产性服务业的集聚及其对制造业转型升级的影响机制

生产性服务业自身的特殊性决定了它具有规模报酬递增的特征,从而趋向于集聚发展。其一,制造业企业的多样性需求导致生产性服务业规模报酬递增。由于生产性服务业的主要服务对象为制造业,与个人消费者相比,制造业企业对产品和服务的需求偏好呈现出质量更高、功能更全、种类更为多样等特征,因此,生产性服务业对产出的任何一个微小改进和创新,就能在很大程度上改变自身在市场上占据的份额。多样性需求引致的规模报酬递增使生产性服务业具有空间集聚的趋势。其二,制造业企业的反向拉动进一步导致生产性服务业产生规模报酬递增。生产性服务业空间集聚会通过企业间的竞争、合作、互补等复杂的相互作用产生一定的外部性,有利于生产性服务业企业在为制造业企业提供中间产品和服务时改善制造业的价值链条和发展水平。制造业进一步提升发展水平和实现转型升级的现实需要会反向强化生产性服务业的空间集聚趋势,产生进一步的规模报酬递增。

功能型生产性服务业集聚对制造业转型升级的影响机制包括以下四种效应。

第一是规模经济效应。基于马歇尔的外部经济理论,同一产业中的大量企业在特定地理空间集聚的原因在于实现外部规模经济。功能型生产性服务业的专业化集聚可以促进劳动力、设备和信息等资源与要素的大量聚集,形成共享的生产要素和中间投入品市场。由于集聚区内的各个企业同属一个行业,它们对资源和要素的需求大致相似,因而可以实现生产要素和中间投入品的共享。这种共享一方面可以减少生产性服务业企业的生产和经营成本,降低其为制造业企业提供的中间投入品的价格，从而降低制造业企业的生产成本；另一方面，由于生产性服务业主要服务于制造业，生产性服务业企业通常布局在制造业企业附近，从而其集聚还可以直接降低制造业企业的交易成本，包括劳动力的搜寻和培训成本、信息的搜寻成本和协商成本，从而促进制造业转型升级。与专业化集聚相比，功能型生产性服务业的多样化集聚也会形成共享的生产要素和中间投入品市场，但由于多样化集聚区中往往有多个行业，集聚的前期投入成本更高，规模经济的效应也相对更小。

第二是竞争效应。功能型生产性服务业的专业化集聚不仅促进了各种资源和要素的汇集，还加剧了企业对于资源、要素以及市场份额的竞争。微观经济理论表明，企业为了在更加激烈的竞争中求得生存，会不断提升自身的创新能力，努力降低服务成本、提高服务质量、改进服务方式，增加服务产品的差异性，提升企业竞争能力。生产性服务业自身竞争力的提升，又会通过质量更高和价格更低的中间投入品使制造业企业从中受益，从而促进制造业转型升级。此外，基于功能型生产性服务业的产业特性，它为制造业提供的服务主要是为其拓宽交易途径、提供商业便利等，因此，集聚区内企业的竞争压力及各种生产、销售和供应信息会通过产业链向上游传递至制造业企业，反向促进制造业企业提高自身竞争力，降低产品成本，提高产品质量，增强创新能力，实现转型升级。

第三是专业化效应。马歇尔的产业区理论指出，大量相同或相似的功能型生产性服务业企业在同一地区的集聚使企业更加追求专业化，同时在专业化能力提升方面也更加便利。功能型生产性服务业的专业化集聚有利于企业不断缩小业务范围，专注于最有竞争力的某一细分领域，逐步实现由多样化业务模式向单一业务模式的转变。通过与集聚区内其他企业在知识、技术和信息等方面的交流与合作，生产性服务业企业可以不断提升自身的专业化生产能力，增强服务产品的竞争力。而功能型生产性服务业企业的专业化发展又可以通过，为制造业企业提供更加专业化、高质量和细致化的中间产品与服务，降低制造业的生产与经营成本，提升制造业企业在价值链某一环节的附加值，有利于制造业转型升级。

第四是合作效应。为制造业厂商承担基本性活动的不同功能型生产性服务业之间存在密切联系，它们所承担的功能都在于降低本地制造业企业的贸易成本、交易风险和交易费用，从而推动区域经济发展。因此，在同一地区集聚的多种功能型生产性服务业态具有协同合作的基础。基于全球价值链理论，一方面，功能型生产性服务业的多样化集聚便于密切制造业企业与上下游企业之间的联系，为本地区的制造业企业提供更为多样的服务，从而更好地满足制造业企业价值链各个环节的服务需求，降低企业交易成本，促进企业升级；另一方面，功能型生产性服务业的多样化集聚有利于其内部不同细分行业实现有机整合，不仅可以降低制造业企业的交易成本，还可以通过与制造业价值链某些环节的匹配形成新的价值链条，改善制造业企业的运营模式，提高运营效率，促进其转型升级。

3. 知识密集型生产性服务业的集聚及其对制造业转型升级的影响机制

由于具有知识密集的特征，知识密集型生产性服务业比功能型生产性服务业具有更为突出的规模报酬递增特征，更加趋向于集聚发展。究其原因，随着知识密集型生产性服务业企业的不断发展，能否持续获取新知识、实现技术的进步和创新能力的提升逐渐成为决定其能否进一步发展的核心要素，而集聚可以为知识密集型生产性服务业企业提供创新发展的良好环境。通过进入集聚区，企业可以通过竞争、合作和知识溢出等方式与集聚区内的其他企业建立联系，通过外部效应获取行业内最新的知识、技术和信息，不断提高自身的技术水平和创新能力，从而提升收入和利润水平。集聚所带来的积极效应会反过来吸引更多的企业进入集聚区，在循环累积因果效应的作用下，集聚效应会被进一步强化。

知识密集型生产性服务业集聚对制造业转型升级的影响机制包括以下五种效应。

第一是规模经济效应。知识密集型生产性服务业的专业化集聚不仅可以减少生产性服务业企业的生产和经营成本（通过降低中间投入品的价格减少制造业企业的生产成本），还可以直接降低制造业企业的交易成本，促进其转型升级。由于知识密集型生产性服务业普遍在技术、信息、知识等方面要求较高，在运行初期需要投入大量资金，集聚的前期投入成本会高于功能型生产性服务业，但其具有非常明显的边际成本递减效应，当核心技术攻关成功后，产品后续的生产与使用成本微乎其微，因而随着某一行业的集聚规模不断扩大，共享的生产要素和中间投入品市场带来的企业平均成本下降效应会不断增加。因此，与功能型生产性服务业相比，知识密集型生产性服务业集聚带来的规模经济效应更大。此外，知识密集型生产性服务业的多样化集聚也会形成共享的生产要素和中间投入品市场，但由于多样化集聚区中往往有多个行业，其集聚的前期投入成本要高于专业化集聚。

第二是竞争效应。与功能型生产性服务业相比，知识密集型生产性服务业对知识和技术的需求更高，技术创新与差异化生产是知识密集型生产性服务业企业在激烈竞争中取胜的法宝。因此，随着竞争压力的不断增加，知识密集型生产性服务业企业会更加积极地获取新知识、学习新技术，努力提高自身的创新能力，优化企业管理模式，提升服务产品的差异化水平，实现自身竞争力的持续增强。而知识密集型生产性服务业企业差异化生产能力的提高，可以为制造业企业提供更加多样化的、技术含量更高的中间产品和服务，从而能够更好地满足制造业企业的研发、生产和销售需要，助力制造业企业转型升级。

第三是专业化效应。与功能型生产性服务业的专业化集聚相似，知识密集型生产性服务业的专业化集聚也有利于企业专注于某一细分领域，逐步实现由多样化业务模式向单一业务模式的转变，并不断增强自身创新能力，提高产品和服务的专业化水平和竞争力。一方面，知识密集型生产性服务业企业专业化生产能力的提升，有利于为制造业企业提供更加专业化、高质量和细致化的中间产品和服务，从而降低制造业的生产与经营成本，促进制造业企业升级。另一方面，知识密集型生产性服务业的专业化发展有利于提高企业在某一细分领域的技术水平和创新能力，而技术水平和创新能力的提升又可以通过企业间的交流与合作外溢至制造业企业，从而提高制造业企业的研发能力，推动其实现转型升级。

第四是合作效应。为制造业厂商承担支持性活动的不同知识密集型生产性服务业之间同样存在着有机联系，它们所承担的功能都在于将知识和技术注入本地的制造业价值链条，提升制造业企业的知识、技术和人力资本水平，促进制造业升级和区域经济发展。因此，在同一区域集聚的多种知识密集型生产性服务业态也具有协同合作的基础。一方面，知识密集型生产性服务业的多样化集聚有利于加强制造业企业与上下游企业之间的联系，为本地区的制造业企业提供更为多样的服务，从而更好地满足价值链各个环节的需求，促进企业的知识积累、技术提升和人力资本形成，助力企业转型升级。另一方面，知识密集型生产性服务业的多样化集聚有利于其内部不同细分行业的有机整合。这不仅能够降低制造业企业的研发成本，还可以通过与制造业价值链某些环节的匹配形成新的价值链条，改善制造业企业当前的技术创新模式，提高技术创新效率，从而加快实现转型升级。

第五是知识溢出效应。知识密集型生产性服务业的专业化集聚具有明显的外部性特征，生产性服务业在一定地理空间上的专业化集聚不仅能够促进集聚区内生产性服务业企业之间产生知识溢出，还能够促进集聚区内生产性服务业企业与本地区制造业企业之间产生知识溢出。企业间知识溢出的方式主要有三种：面对面交流、人力资本流动和信息网络传播。马歇尔提出，大量企业的聚集可以降低面对面交流成本，加快人力资本积累，促进知识、技术和信息在产业区内溢出，提升企业技术创新能力。一方面，生产性服务业企业之间的知识溢出可以提升自身的研发和创新能力，提高制造业企业获取的中间产品和服务的知识和技术含量，促进制造业转型升级。另一方面，生产性服务业企业与制造业企业之间的知识溢出，可以实现知识、技术与信息从生产性服务业企业向制造业企业的传递，有助于提高制造业企业的技术水平和创新能力，加快制造业转型升级。此外，知识溢出不仅发生在知识密集型生产性服务业的专业化集聚区，也同样发生在其多样化集聚区。而且，雅各布斯认为，多样化集聚区中企业间的知识溢出程度会更强。一方面，不同生产性服务业行业间的知识溢出可以扩大企业获取的知识、技术与信息范围，使企业获得与本行业互补的、来自其他行业的高端要素，从而拓展企业创新的思路和能力，提升它们为制造业提供的中间产品和服务的知识和技术含量，促进制造业转型升级。另一方面，不同生产性服务业行业与制造业企业之间的知识溢出可以实现更为多样化的高端要素从生产性服务业企业向制造业企业的传递，有助于增强制造业企业的技术创新能力，推动其实现转型升级。

4. 生产性服务业集聚对制造业转型升级的非线性效应

根据胡佛的运输区位理论（Hoover，1948），产业集聚规模存在一个最优值，当现有规模低于这个最优值时，继续扩大集聚规模，集聚区内企业的经济效益会得到提升；而当现有规模达到这个最优值时，若仍继续扩大集聚规模，集聚区内企业的经济效益就会开始下降。因此，随着产业集聚规模的不断扩大，产业集聚所带来的正向影响应先上升后下降，呈倒"U"形曲线。适度的产业集聚可以降低企业的生产和交易成本，提高企业的技术水平与创新能力，促进企业发展转型，但产业集聚规模过大则会引发恶性竞争和地方产业同构，从而阻碍企业的发展与转型。根据产业集聚生命周期理论，生产性服务业集聚一般会经历起步期、成熟期和衰退期三个阶段。在集聚区形成后，随着集聚规模的不断扩大，集聚区内企业之间的联系会愈加密切，从而产生各种生产要素，包括人力资本、知识、技术和信息的流动和交换。在专业化和多样化外部性的作用下，生产性服务业集聚可以通过规模经济效应、竞争效应、专业化效应、合作效应，以及知识溢出效应为制造业转型升级奠定良好基础。但是，生产性服务业集聚规模持续扩大，过度集聚引发的极化效应就会逐渐显现，并带来过度竞争、成本上升等系列问题，从而逐渐削弱集聚经济带来的外部性，对制造业转型升级起到阻碍作用（原毅军、郭然，2018）。卢飞、刘明辉等的实证研究均证明了中国生产性服务业集聚对制造业转型升级的影响存在非线性特征，呈倒"U"形曲线（卢飞、刘明辉，2016）。

综上，生产性服务业集聚可以通过规模经济效应、竞争效应、专业化效应、合作效应以及知识溢出效应促进制造业转型升级，但这种影响可能存在非线性效应，加之前文分析发现，高铁开通可以促进沿线地区生产性服务业集聚，因而高铁开通可以通过促进生产性服务业集聚间接促进制造业转型升级，但这一机制能否发挥应受到集聚规模的影响。

三　高铁开通、生产性服务业与制造业协同集聚与制造业转型升级

（一）高铁开通对生产性服务业与制造业协同集聚的影响机制

随着经济全球化的发展和专业化分工的逐渐加深，生产性服务业与制造业的协同集聚不仅成为发达国家产业发展的重要趋势，也成为中国制造业转型升级的重要抓手。生产性服务业与制造业之间的投入产出联系使它们的协同集聚具有坚实基础，一方面，为了接近"客户"，以节省交易成本并提高服务质量，生产性服务业倾向于在制造业周围进行布局；另一方面，为了提高产品利润率、加快转型升级，制造业对知识密集的生产性服务依赖较高，倾向于与生产性服务业协同定位。陈建军、陈菁菁认为，尽管制造业和生产性服务业存在协同定位，但生产性服务业受制造业区位影响的程度小于其对制造业分布影响的程度，主要原因在于，出于增大产品差异和附加值的目的，制造业对生产性服务业中间投入的

依赖较高，而生产性服务业与制造业互为中间投入，其虽然依赖制造业，但并不完全受它牵制（陈建军、陈菁菁，2011）。关于高铁开通对生产性服务业与制造业协同集聚的影响，目前相关研究还不充分，大量研究聚焦单一产业集聚，对二者协同集聚的剖析不足，已有研究也尚未达成一致意见（许丽萍等，2023；周思思、逯苗苗，2023）。基于现有研究，本书认为，高铁开通对生产性服务业与制造业协同集聚的影响可能同时存在"促进效应"和"抑制效应"。

一方面，高铁开通对生产性服务业与制造业协同集聚的影响存在"促进效应"。由于高铁主要服务于客运，相比于制造业，高铁开通对生产性服务业空间布局的影响更为突出。因此，高铁开通很可能首先促进生产性服务业在沿线地区布局，由于二者之间存在着密切的投入产出联系，生产性服务业的集聚又会进一步吸引制造业在其周边布局，从而推动二者协同集聚。高铁开通对生产性服务业集聚的促进机制在前文已进行论述，而生产性服务业的集聚能够进一步通过规模经济效应、竞争效应、专业化效应、合作效应、知识溢出效应降低制造业的中间投入成本，提高中间投入质量，从而吸引制造业企业在生产性服务业集聚区附近布局。除了生产性服务业集聚带来的低成本、高质量中间投入的吸引，高铁开通还能大幅降低制造业企业对生产要素的交易成本，扩大其市场范围，有利于制造业在沿线布局。高铁开通加快了生产要素流动，其所产生的"劳动力蓄水池"和"知识场"效应大大降低了制造业企业对劳动力和资本等生产要素的搜寻成本，增大了高质量要素供给，同时促进了知识、技术和信息的传递和交流，加之高铁开通破除了地区阻隔，加速了统一大市场的形成，有效扩大了制造业企业市场范围，这些因素都有利于制造业转型升级以及制造业空间布局。陈建军、陈菁菁研究发现，运输成本的下降会推动制造业在生产性服务业发达地区布局。综上，高铁开通有利于促进二者协同集聚（陈建军、陈菁菁，2011）。

另一方面，高铁开通对生产性服务业与制造业协同集聚的影响存在"抑制效应"。由于生产性服务业与制造业之间存在着密切的投入产出关联，二者协同集聚能够带来外部经济效应以及交易成本下降等显著优势，有利于两大产业各自的发展。现有研究表明，生产性服务业的贸易成本是影响生产性服务业与制造业之间空间关系的重要因素。当生产性服务业的贸易成本较高时，二者更倾向于协同集聚；但当贸易成本较低时，二者更倾向于分离集聚（Markusen，Strand，2007；谭洪波，2015）。高铁的开通在一定程度上减弱了生产性服务业与制造业协同集聚的优势，对其产生了抑制效应。基于新经济地理理论，运输成本是影响产业空间布局的重要因素。高铁作为一种客运交通基础设施，能够极大地降低客运运输成本，提升区域间的可达性。不仅能够降低企业对于生产要素的搜寻成本、信息沟通成本及"面对面交流"成本，还可以通过减轻铁路客运负担，大大释放既有线路的货运能力，提高铁路货运效率（李超等，2021）。从而降低了生产性服务业企业与制造业企业的交易成本，在一定程度上减少了生产性服务业与制造业协同集聚的优势，使主体各自的生产成本在协同定位中的重要性得到提升。根据新经济地理学理论，交通基础设施对产业空间布局的影响存在两种作用：一是"虹吸效应"，即由于中心城市基础设施和经济发展条件较好，高铁开通可能会促进更多生产要素向中心城市流入（Givoni，2006；张学良，2012；张克中、陶东杰，2016；Qin，2017），引起产业更多地向中心地区集聚；二是"扩散效应"，即非中心城市的交易成本在交通基础设施完善中得到了更大幅度的降低，高铁开通可能会促使生产要素由中心城市向非中心城市扩散（Garmendia et al.，2008；Hall，2009），从而引起产业的空间扩散。对于生产性服务业来说，由于知识技术密集度较高，对人力资本、知识和技术等高端要素的需求较大，所以更倾向于在经济发达、人力资本聚集的中心城市布局。因此，高铁开通带来的交易成本降低应更多地促进中心城市生产性服务业的集聚；而对于制造业来说，由于需要较大的土地空间进行生产活动，所以更倾向于在土地成本较低的欠发达城市布局（谭洪波、夏杰长，2022）。因此，高铁开通应在更大程度上促进非中心城市制造业的集聚。高铁开通降低了协同集聚优势，可能会促进二者产生分离式集聚。

（二）生产性服务业与制造业协同集聚对制造业转型升级的影响机制

由于生产性服务业与制造业协同集聚是对生产性服务业集聚机制的强化，二者协同集聚除了能通过生产性服务业集聚外部性的显著优势，促进制造业成本降低和效率提升，还能通过制造业集聚的外部效应以及二者的协同互动效应，促进制造业转型升级。其一，制造业集聚也能通过规模经济效应、专业化效应、竞争效应、合作效应，以及知识溢出效应等机制降低企业成本，提高生产效率，促进知识和信息交流，推动产业转型升级。其二，生产性服务业与制造业的协同互动会进一步促进制造业转型升级。一方面，协同集聚不仅通过基础设施、生产要素以及中间投入的共享，降低了企业的生产和经营成本，还进一步降低了生产性服务业企业与制造业企业间的交易成本，有利于改善制造业企业的经济效益，促进其转型升级；另一方面，协同集聚强化了产业间知识溢出。根据 J. Jacobs 的外部性理论（Jacobs，1969），知识外溢效应主要发生在不同产业之间，生产性服务业与制造业的协同集聚促进了不同产业间的知识技术交流与合作，有利于制造业企业获取更多高端要素，提升技术创新能力，加快实现转型升级。但与生产性服务业集聚的影响具有非线性特征类似，生产性服务业与制造业协同集聚对制造业转型升级的影响同样应具有非线性特征。刘强等指出，过度的产业协同集聚会带来拥挤效应和沉没成本等系列负向效应，不仅会导致地价飞涨、交通堵塞、设施和资源供应不足等，还可能导致在竞争中被淘汰的企业无法顺利退出市场，从而破坏市场竞争，恶化资源配置，降低企业生产率（刘强等，2023）。因此，生产性服务业与制造业协同集聚可能在一定规模内对制造业转型升级具有正向影响。

综上，高铁开通对生产性服务业与制造业协同集聚的影响同时存在"促进效应"和"抑制效应"，综合影响不确定；二者的协同集聚进一步强化了生产性服务业集聚机制，有利于促进制造业转型升级，但产业协同集聚对制造业转型升级的影响可能存在非线性效应。因此，高铁开通可能通过促进生产性服务业与制造业协同集聚推动制造业转型升级，但这一机制存在不确定性，且受产业协同集聚规模的制约。

第四节　数理模型分析

基于前文的理论分析，本章进一步借鉴 A. Ciccone 和 R. E. Hall 的思想（Ciccone，Hall，1996），以 G. Duranton 和 D. Puga 等的中间产品模型（Duranton，Puga，2005；Abdel-Rahman，Fujita，1990）为依据，聚焦生产性服务业集聚这一核心间接机制，引入生产要素空间流动这一基本直接机制，基于经济效益层面的生产效率指标，验证高铁开通对制造业转型升级的影响及传导机制。

假定城市经济包含制造业和生产性服务业两个部门，生产性服务业为制造业提供中间产品和服务。与上述模型不同，本书假设厂商生产有差异的产品，因此，制造业和生产性服务业的生产模式均为垄断竞争模式。制造业厂商可以在两个城市 i 和 j 之间选择定位。城市 i 能够参与生产的总人口为 N_i，每人在城市中占据一单位面积的土地，并提供一单位时间的劳动力。同时，采用克鲁格曼的"线性"城市结构。城市边界与城市中心的距离 $d_i = 0.5N_i$，劳动力单位距离的通勤消耗 2θ 单位的时间，均衡工资率为 w_i。高铁的开通会降低客运交通运输成本，减少劳动力的通勤时间。城市总的通勤成本是整个城市中所有劳动力的通勤时间与工资的乘积，为 $2w_i\int_0^{0.5N_i}2\theta bdb = 0.5\theta N_i^2 w_i$。因此，扣掉通勤时间后，城市的总有效劳动力如式（4-1）所示：

$$L_i = N_i - 0.5\theta N_i^2 w_i \tag{4-1}$$

考虑到劳动力的最长通勤时间必然小于或等于其所拥有的时间禀赋，在城市边界位置的劳动力的通勤时间必须小于 1，故有约束条件 $\theta N_i < 1$，因此，城市的边际有效劳动 $(\mathrm{d}L/\mathrm{d}N)$ 在均衡条件下必然大于 0。

两个城市的消费者具有一致的 CES 效用函数。用 E_i 和 E_j 分别表示城市 i 和城市 j 中的消费者对制造业的总需求。$G_{y,i}$ 表示城市 i 中制造业产品的市场价格指数，如式（4-2）所示：

$$G_{y,i} = \left\{\int_0^{m_i}\left[P_{y,i}(k)\right]^{-\sigma_y}dk\right\}^{-1/\sigma_y} \tag{4-2}$$

其中，m_i 表示城市 i 中制造业厂商的数目；$P_{y,i}(k)$ 表示制造业厂商 k 所生产产品的出厂价；σ_y（$\sigma_y > 1$）表示制造业产品间的不变替代弹性。借鉴 G. Duranton 和 D. Puga 的中间产品模型，城市 i 中制造业厂商面对的需求函数如式（4-3）所示：

$$y_i(k) = (E_i + E_j)G_{y,i}^{\sigma_y}P_{y,i}(k)^{-\sigma_y} \tag{4-3}$$

制造业厂商在生产过程中需要劳动力[①]、中间投入和其他要素。假定制造业厂商的固定和可变投入分别为 c_y 和 f_y；劳动力的工资和其他要素的价格分别为 w_i 和 g_i；中间投入和其他要素在成本中的份额分别为 μ 和 γ。因此，城市 i 中制造业厂商 k 的成本函数如式（4-4）所示：

---

① 这里为了简化分析，仅以劳动力流动为代表研究生产要素的流动。

$$C_{y,i}(k) = w_i^{1-\mu-\gamma} g_i^{\gamma} G_{x,i}^{\mu} [c_y y_i(k) + f_y] \qquad (4\text{-}4)$$

由于本章主要基于制造业与生产性服务业之间的投入产出关系进行研究，因而将其他要素在投入中所占的比例 γ 视为恒定，在这样的情况下，制造业厂商成本结构的变化就完全取决于劳动力和中间投入所占比例的变化。值得注意的是，这里的 μ 反映了生产性服务业与制造业之间的关联程度，取决于厂商的外生技术特征。从总体上看，附加值越高的生产部门对知识技术密集度较高的生产性服务业的需求越大。

假定 h 表示中间厂商（生产性服务业企业），n_i 表示城市 i 中中间厂商的数目，σ_x（$\sigma_x > 1$）表示中间产品的替代弹性，则城市 i 中间产品的价格指数如式（4-5）所示：

$$G_{x,i} = \left\{ \int_0^{n_i} [P_{x,i}(h)]^{-\sigma_x} dh \right\}^{-1/\sigma_x} \qquad (4\text{-}5)$$

由于制造业生产成本中比例为 μ 的部分用来支付中间产品投入，m_i 表示城市 i 中制造业厂商的数量，故城市 i 中中间厂商 h 面对的总需求如式（4-6）所示：

$$x_i(h) = \left[\mu G_{x,i}^{\sigma_x} \int_0^{m_i} C_{y,i}(k) dk \right] P_{x,i}(h)^{-\sigma_x} \qquad (4\text{-}6)$$

假定本地中间厂商在生产过程中仅需要劳动力，它生产 x_i 的产出需要的固定劳动投入和可变劳动投入分别为 c_x 和 f_x。因此，城市 i 中中间厂商 h 的成本函数如式（4-7）所示：

$$C_{x,i}(h) = w_i [c_x x_i(h) + f_x] \qquad (4\text{-}7)$$

在垄断竞争的条件下，城市 i 中厂商数量需要经历两个阶段实现均衡。从短期来看，市场上存在着大量的厂商，所有的厂商均参与市场竞争，单个厂商的定价不对总体的价格指数产生影响，单个厂商的利润可以实现最大化。此时，由公式（4-6）和公式（4-7）以及利润最大化的一阶条件可以得到均衡时中间产品的定价，如式（4-8）所示：

$$P_{x,i} = \frac{\sigma_x c_x}{\sigma_x - 1} w_i \qquad (4\text{-}8)$$

在均衡条件下，所有中间产品厂商的产品价格相同。因此，中间产品的价格指数由城市中中间厂商的数目决定，如式（4-9）所示：

$$G_{x,i} = P_{x,i} n_i^{-1/\sigma_x} = \frac{\sigma_x c_x}{\sigma_x - 1} w_i n_i^{-1/\sigma_x} \qquad (4\text{-}9)$$

类似的，制造业厂商在均衡条件下的产品定价和价格指数分别如式（4-10）和式（4-11）所示：

$$P_{y,i} = \frac{\sigma_y c_y}{\sigma_y - 1} w_i^{1-\mu-\gamma} g_i^\gamma G_{x,i}^\mu \tag{4-10}$$

$$G_{y,i} = P_{y,i} m_i^{-1/\sigma_y} = \frac{\sigma_y c_y}{\sigma_y - 1} w_i^{1-\mu-\gamma} g_i^\gamma G_{x,i}^\mu m_i^{-1/\sigma_y} \tag{4-11}$$

另外，从长期来看，厂商可以自由进入和退出生产，因此，在长期均衡时，制造业厂商和生产性服务业厂商的垄断利润均会降为0。此时，生产性服务业和制造业的均衡需求分别如式（4-12）和式（4-13）所示：

$$x_i = \frac{f_x(\sigma_x - 1)}{c_x} \tag{4-12}$$

$$y_i = \frac{f_y(\sigma_y - 1)}{c_y} \tag{4-13}$$

此时，劳动力市场出清，劳动力人数也达到均衡状态，满足 $L_{y,i} + L_{x,i} = L_i$。在长期均衡时，所有厂商的工资率均相同，为 w_i，整个城市劳动创造的价值为中间厂商的增加值与制造业厂商的增加值之和。在劳动力市场出清的条件下，制造业作为最终产品，其产值 Y 可以衡量总产值。因此，所有劳动力创造的价值增量如式（4-14）所示：

$$w_i L_i = Y(1-\gamma) \tag{4-14}$$

由于中间厂商的产出和制造业厂商的产出比例恒定为 μ，中间厂商的总产值如式（4-15）所示：

$$X = \frac{\mu}{1-\gamma} w_i L_i \tag{4-15}$$

此时，生产性服务业的劳动力人数可以表示为式（4-16）：

$$L_{x,i} = \frac{X}{w_i} = \frac{\mu}{1-\gamma} L_i \tag{4-16}$$

因此，制造业的劳动力人数可以表示为式（4-17）：

$$L_{y,i} = L_i - L_{x,i} = \frac{1-\gamma-\mu}{1-\gamma} L_i \tag{4-17}$$

生产性服务业厂商的数量可以表示为式（4-18）：

$$n_i = \frac{X}{x_i P_{x,i}} = \frac{\mu}{(1-\gamma) f_x \sigma_x} L_i \tag{4-18}$$

类似的, 制造业厂商的数量可以表示为式 (4-19):

$$m_i = \frac{Y}{y_i P_{y,i}} = \frac{1}{(1-\gamma)f_y \sigma_y w_i^{-\mu-\gamma} g_i^{\gamma} G_{x,i}^{\mu}} L_i \tag{4-19}$$

基于上述分析, 首先, 推导高铁开通对制造业转型升级的直接影响机制。用劳动力的通勤时间 θ 代表城市 i 高铁开通后的生产要素流动速度, 用制造业厂商的劳动生产率代表制造业厂商的转型升级状况, 并将劳动生产率定义为人均增加值。用 $u_i(k)$ 表示制造业厂商 k 的人均增加值, 如式 (4-20) 所示:

$$u_i(k) = \frac{y_i(k)P(k)_{y,i} - C_{y,i}(k)}{N_i} \tag{4-20}$$

根据式 (4-1), 可以得到式 (4-21):

$$N_i = \frac{1 \pm \sqrt{1-2\theta w_i L_i}}{\theta w_i} \tag{4-21}$$

又因为 $dL/dN>0$, 所以 $N_i < \frac{1}{\theta w_i}$, 可以进一步得到式 (4-22):

$$N_i = \frac{1 - \sqrt{1-2\theta w_i L_i}}{\theta w_i} \tag{4-22}$$

因此, 可以进一步得到式 (4-23):

$$u_i(k) = \frac{y_i(k)P(k)_{y,i} - C_{y,i}(k)}{N_i} = \frac{y_i(k)P(k)_{y,i} - C_{y,i}(k)}{1 - \sqrt{1-2\theta w_i L_i}} \theta w_i \tag{4-23}$$

进一步地, 在制造业厂商转型升级的表达式 (4-23) 中对劳动力的通勤时间求偏导数得到式 (4-24):

$$\frac{\partial u_i(k)}{\partial \theta} = -w_i [y_i(k)P(k)_{y,i} - C_{y,i}(k)] \frac{1}{2\sqrt{1-2\theta w_i L_i}} < 0 \tag{4-24}$$

可以看到, 制造业厂商转型升级对劳动力通勤时间的一阶偏导数为负。因此, 高铁开通带来的客运运输成本下降可以提高区域可达性, 加快劳动力等生产要素的流动, 降低要素的交易成本, 促进面对面交流, 从而有利于本地制造业的转型升级。

然后, 推导高铁开通通过生产性服务业集聚对制造业转型升级的间接影响及传导机制。用城市 i 中生产性服务业厂商的数量 n_i 代表城市 i 生产性服务业的集聚程度。根据式 (4-1) 和式 (4-18) 可以得到式 (4-25):

$$n_i = \frac{\mu}{(1-\gamma)f_x\sigma_x}(N_i - 0.5\theta N_i^2 w_i) \qquad (4-25)$$

进一步地，在生产性服务业集聚程度的表达式（4-25）中对劳动力的通勤时间求偏导数得到式（4-26）：

$$\frac{\partial n_i}{\partial \theta} = -0.5\frac{\mu}{(1-\gamma)f_x\sigma_x}N^2 w_i < 0 \qquad (4-26)$$

可以看到，生产性服务业集聚程度对劳动力通勤时间的一阶偏导数显著为负。即高铁开通带来的客运运输成本下降可以加快劳动力等生产要素的流动，产生的"劳动力蓄水池"以及"知识场"等效应降低了生产性服务业企业对生产要素的搜寻成本和信息沟通成本，促进了知识和技术的面对面交流，有利于吸引其在沿线地区布局。

接着，推导生产性服务业集聚对制造业转型升级的影响，将制造业转型升级的表达式进一步展开，如式（4-27）所示：

$$u_i(k) = \frac{1}{N_i}y_i(k)P_{y,i}(k) - \frac{1}{N_i}\{w_i^{1-\mu-\gamma}g_i^\gamma[P_{x,i}(h)n_i^{-1/\sigma_x}]^\mu[c_y y_i(k)+f_y]\}$$

$$(4-27)$$

进一步地，在制造业厂商转型升级的表达式（4-27）中对生产性服务业集聚程度求偏导数得到式（4-28）：

$$\frac{\partial u_i(k)}{\partial n_i} = \frac{\mu}{N_i\sigma_x}w_i^{1-\mu-\gamma}g_i^\gamma P_{x,i}^\mu[c_y y_i(k)+f_y]n_i^{-\mu/\sigma_x-1} > 0 \qquad (4-28)$$

可以看到，制造业厂商转型升级对生产性服务业集聚程度的一阶偏导数显著为正，表明生产性服务业集聚程度的提升可以进一步通过规模经济、竞争与合作、专业化生产、知识溢出等系列外部性降低中间投入成本，提高中间投入质量，促进制造业厂商转型升级。

综上，高铁开通带来的客运运输成本下降可以提升劳动力等生产要素的流动速度、降低要素交易成本及面对面交流成本。一方面可以直接促进本地制造业厂商的转型升级，另一方面可以通过提升本地生产性服务业的集聚程度间接促进制造业厂商转型升级。

基于以上分析，本书提出实证部分的可检验假设。

H1：高铁开通能够显著促进制造业转型升级，包括经济效益、环境效益和综合效率。

H2：高铁开通能够通过促进要素流动和市场一体化推动经济效益层

面制造业转型升级。

H3：高铁开通可以通过促进要素流动、市场一体化、绿色物流发展和旅游经济发展推动环境效益层面制造业转型升级。

H4：高铁开通可以通过促进沿线地区生产性服务业发展推动制造业转型升级。

H5：高铁开通可以通过促进沿线地区生产性服务业集聚推动制造业转型升级，但这一机制可能受到集聚规模的限制。

H6a：高铁开通可以促进沿线地区生产性服务业与制造业的协同集聚，进而推动制造业转型升级，但这一机制可能受到协同集聚规模的限制。

H6b：高铁开通不利于沿线地区生产性服务业与制造业的协同集聚。

第五节　本章小结

本章通过理论分析方法对高铁开通影响制造业转型升级的机制进行剖析，首先对产业集聚理论、产业升级理论以及产业融合理论进行系统梳理和总结，然后基于以上理论对高铁开通影响制造业转型升级的直接机制以及"两业融合"视角下的间接影响机制进行分析，并提出实证研究部分第五至第八章的可检验假设。

本章首先对产业集聚理论、产业升级理论以及产业融合理论进行系统梳理，并对基本理论观点进行总结和整理，在此基础上对高铁开通影响制造业转型升级的机制进行理论分析。本章的理论分析发现：第一，高铁开通可以通过降低运输成本产生时空收敛效应和空间叠加效应，从而提升区域可达性，这是高铁开通促进区域经济社会发展的根本机制；第二，在直接影响机制方面，高铁开通带来的可达性提升可以通过加快生产要素空间流动以及促进市场一体化，推动经济效益层面制造业的转型升级，还可以通过加快生产要素空间流动、促进市场一体化、推动绿色物流和旅游经济发展，促进环境效益层面制造业的转型升级；第三，在间接影响机制方面，高铁开通能通过促进生产性服务业发展和集聚推动制造业转型升级，但高铁开通对生产性服务业与制造业协同集聚同时存在"促进效应"和"抑制效应"，总体影响不确定，且生产性服务业集聚以及生产性服务业与制造业协同集聚对制造业转型升级的影响可能存在非线性特征。然后，本章进一步借鉴 A. Ciccone 和 R. E. Hall 的方法，以 H. Abdel-Rahman 等的中间产品模型为依据，在制造业和生产性服务业两部门经济背景下推导高铁开通、生产性服务业集聚和制造业转型升级之间的相互关系及传导机制。推导结果发现，高铁开通带来的客运运输成本下降会加快劳动力等生产要素的空间流动速度。一方面可以直接促进本地制造业厂商的转型升级；另一方面也可以通过提升本地生产性服务业的集聚程度，间接促进本地制造业厂商的转型升级。最后，本章基于前文的理论分析提出实证研究部分的可检验假设。

第五章　经济效益视角下高铁开通对制造业转型升级的影响

基于前文的理论分析，高铁开通不仅可以通过加快要素流动、提升市场一体化水平等直接机制促进制造业转型升级，还可以通过促进"两业融合"发展间接推进制造业转型升级。这不仅有利于提高制造业企业的经济效益，还能改善其环境效益。从本章开始，本书将采用实证分析方法，从经济效益、环境效益以及综合效率三个维度出发研究高铁开通对制造业转型升级的影响，并对直接和间接传导机制进行检验。本章主要研究了高铁开通对经济效益层面制造业转型升级的影响及其直接作用机制，包括生产效率和盈利能力两个维度。具体来说，主要研究内容包括高铁开通对制造业经济效益的影响、生产要素流动和市场一体化路径下的直接影响机制检验、影响的时空效应及异质性效应分析。

第一节　研究设计

一　模型选择

双重差分模型可以有效地评估政策的实施效果。由于各个城市开通高铁的时间不同，本章基于多期双重差分模型评估高铁开通对制造业经济效益的影响，如式（5-1）所示：

$$Up\_eco_{c,t} = \beta_0 + \beta_1 HSR_{c,t} + \gamma X_{c,t} + \delta_c + \delta_t + u_{c,t} \tag{5-1}$$

其中，被解释变量 $Up\_eco_{c,t}$ 表示城市 c 在 t 年的制造业经济效益层面的转型升级状况，包括生产效率和盈利能力两个指标；核心解释变量 $HSR_{c,t}$ 表示城市 c 在 t 年是否开通高铁，若开通高铁则 $HSR_{c,t}$ 取 1，否则 $HSR_{c,t}$ 取 0，开通高铁城市为实验组，未开通高铁城市为控制组；β_1 为核心解释变量的估计系数，如果 β_1 显著大于 0，则表明高铁开通显著促进了沿线城市制造业经济效益的改善，有助于其实现转型升级，反之则阻碍了制造业的转型升级；$X_{c,t}$ 为一系列城市层面的控制变量，包括城市经济规模、人口规模、政府支持力度、对外开放程度、金融发展水平、人力资本规模、产业结构、信息水平以及收入水平；δ_c 为城市固定效应；δ_t 为时间固定效应。标准误聚类在城市层面。

二 变量与数据

（一）变量构建

1. 被解释变量

本章的被解释变量为地级城市经济效益层面的制造业转型升级状况，包括生产效率和盈利能力两个维度，分别采用工业企业全员劳动生产率、工业企业利税额指标度量。具体构建方式已在第三章进行过详细阐述。

2. 解释变量

考虑到高铁开通并不是一个完全随机的自然实验，为了控制模型中可能存在的内生性，本章以高铁开通与否的虚拟变量作为核心解释变量。高铁数据的处理过程已在第三章进行过阐述，此处不再赘述。若某城市在某年开通了高铁，则该变量取 1，否则取 0。为了进行稳健性检验并研究高铁开通对制造业转型升级的时间累积效应，进一步构建了城市高铁站数量以及高铁累计开通时间变量作为高铁开通的替代变量。

3. 控制变量

本章的控制变量包括以城市生产总值代表的城市经济规模、以城市总人口代表的城市人口规模、以政府科教支出代表的政府支持力度、以实际利用外资额代表的城市对外开放程度、以年末金融机构存款余额代表的城市金融发展水平、以高校教师数代表的城市人力资本规模、以第二产业占比代表的城市产业结构、以国际互联网用户数代表的城市信息化水平以及以平均工资代表的城市收入水平，主要变量的定义如表 5-1 所示。为消除离群值影响，本书对部分变量进行对数处理，表 5-2 为主要变量的描述性分析结果。

表 5-1 　　　　　　　　　　主要变量的符号和定义

变量符号	变量名称	变量定义
Hsr	高铁开通	若该城市开通了高铁，则定义为 1，否则为 0

续表

变量符号	变量名称	变量定义
Hsr_t	高铁累计开通时间	样本期各年份减去高铁开通年份
Hsr_s	高铁站数量	某城市的高铁站数量
Tlp	制造业生产效率	工业企业总产值与制造业从业人数之比
Pt	制造业盈利能力	工业企业利润总额与营业税金及附加之和
Grp	城市经济规模	城市生产总值
Popu	城市人口规模	城市总人口
Gov	政府支持力度	政府科教支出
Fdi	城市对外开放程度	实际利用外资额
Dep	城市金融发展水平	年末金融机构存款余额
Hcap	城市人力资本规模	高校教师数
Ind	城市产业结构	第二产业占比
Info	城市信息化水平	国际互联网用户数
Wage	城市收入水平	平均工资

表 5-2 主要变量的描述性分析

变量	均值	标准差	最小值	最大值
Hsr	0.2990	0.4579	0.0000	1.0000
Hsr_t	0.4701	0.7788	0.0000	2.8332
Hsr_s	0.9949	2.1781	0.0000	23.0000
Tlp	1.5497	0.8900	0.0210	4.9297
Pt	5.4582	0.6812	0.0000	8.5859
Grp	15.9759	1.0832	12.6690	19.6049
Popu	5.8635	0.6899	2.8547	8.1330
Gov	12.4311	1.1413	6.7696	16.4906
Fdi	11.3081	2.4184	0.0000	16.8347
Dep	16.1898	1.2447	12.7451	21.1749
Hcap	7.5297	1.6726	0.0000	13.5241
Ind	0.4814	0.1101	0.0266	0.9097
Info	12.5782	1.3269	0.0000	17.7617
Wage	10.3303	0.6303	2.3805	12.6780

（二）数据来源

本章所使用的城市数据来自 2004—2019 年的《中国城市统计年鉴》；高铁数据来自国家铁路局网站和《中国铁路年鉴》，经笔者手工收集整理得到；城市邻接数据为笔者根据公开地理信息手工整理得到。

第二节　基本实证分析

一　基本实证结果

本章实证研究了高铁开通对沿线城市制造业经济效益的平均效应，估计结果如表 5-3 所示。其中，第（1）列至第（3）列为生产效率指标的估计结果；第（4）列至第（6）列为盈利能力指标的估计结果；第（1）列至第（2）列、第（4）列至第（5）列为双重差分模型估计结果；第（1）列和第（4）列未引入控制变量。结果显示，无论是否引入控制变量，高铁开通对沿线城市工业企业劳动生产率和工业企业利税额影响的估计系数均显著为正，表明高铁开通显著促进了沿线制造业企业生产效率和盈利能力的提升，有效改善了制造业的经济效益，促进了制造业转型升级。

表 5-3　　　高铁开通对制造业经济效益影响的基本实证结果

	（1） Tlp DID	（2） Tlp DID	（3） Tlp PSM+DID	（4） Pt DID	（5） Pt DID	（6） Pt PSM+DID
Hsr	0.0595 ** （2.04）	0.0876 *** （3.45）	0.0437 * （1.80）	0.1215 *** （4.00）	0.1146 *** （4.32）	0.0676 ++ （2.57）
Grp		0.3235 *** （7.64）	0.2652 *** （4.49）		0.2728 *** （6.03）	0.2139 *** （3.69）
$Popu$		−0.4735 *** （−3.12）	−0.4007 ** （−2.49）		0.4826 *** （2.62）	0.5403 *** （2.64）
Gov		0.1026 * （1.87）	0.1953 ** （2.33）		−0.0330 （−0.63）	0.0370 （0.60）
Fdi		0.0073 （0.75）	0.0212 ** （2.15）		−0.0036 （−0.47）	0.0009 （0.11）

续表

	(1) Tlp DID	(2) Tlp DID	(3) Tlp PSM+DID	(4) Pt DID	(5) Pt DID	(6) Pt PSM+DID
Depos		0.0687 (0.73)	0.1984 ** (2.20)		0.2020 ** (2.26)	0.3018 *** (3.37)
Hcap		-0.0036 (-0.26)	0.0022 (0.07)		-0.0606 *** (-5.96)	-0.0560 ** (-2.28)
Ind		1.0215 *** (5.59)	1.2623 *** (5.95)		0.7546 *** (3.66)	1.1091 *** (3.97)
Info		0.0078 (0.76)	0.0459 ** (2.17)		-0.0305 *** (-2.87)	-0.0303 (-1.55)
Wage		-0.0104 (-0.33)	0.1401 ** (2.20)		0.0078 (0.24)	0.1564 ** (2.14)
_cons	0.6291 *** (36.78)	-4.2729 *** (-2.74)	-9.2248 *** (-5.52)	5.0025 *** (290.73)	-4.1295 ** (-2.41)	-7.6068 *** (-4.12)
城市效应	控制	控制	控制	控制	控制	控制
时间效应	控制	控制	控制	控制	控制	控制
N	4512	4512	2512	4512	4512	2512
R^2	0.842	0.874	0.859	0.516	0.575	0.498

注：括号内为 t 值，***、**、* 分别表示估计系数在 1%、5%、10% 的显著性水平上显著。

由于双重差分模型的估计过程可能会出现由自选择问题导致的回归结果选择性偏差，因此在双重差分模型的基础上进一步采用倾向得分匹配（PSM）方法降低内生性问题。考虑到各个城市的高铁开通年份存在差异，采用逐年匹配法，基于 Logit 模型对每个城市开通高铁的概率（倾向得分值）进行估计，并根据倾向得分值对样本进行一对一匹配，然后采用匹配后的新样本重新估计高铁开通对制造业经济效益的影响。其中，匹配变量为城市生产总值、城市总人口、政府科教支出、实际利用外资额、年末金融机构存款余额、高校教师数、第二产业占比、国际互联网用户数、平均工资，匹配方法为半径匹配。表 5-4 展示了倾向得分匹配后实验组和控制组协变量均值的差异比较，结果显示，无论是生产效率还是盈利能力，两组样本特征变量匹配后的差异 P 值均不显著，表明二者存在较强的可比性。倾向得分匹配后的双重差分估计结果如表5-3的第（3）列和第（6）列所示，可以看到，倾向得分匹配后高铁开通对制造业生产效率和盈利能力的估计系数与显著性虽有所降低，但依然显著为正，表明高铁开通能有效改善沿线制造业经济效益的结论具有一定的稳健性。

表 5-4　　　　　　　　　　PSM 协变量均值比较

变量	生产效率（Tlp）			盈利能力（Pt）		
	实验组	控制组	差异 P 值	实验组	控制组	差异 P 值
Grp	16.425	16.436	0.775	16.336	16.341	0.943
Popu	5.9313	5.9669	0.238	5.9912	6.0456	0.327
Gov	14.732	14.736	0.895	14.276	14.275	0.988
Fdi	11.920	11.808	0.175	12.267	12.183	0.538
Depos	16.753	16.760	0.840	16.462	16.451	0.893
Hcap	7.6851	7.6470	0.447	7.9662	7.9439	0.849
Ind	0.4813	0.4755	0.215	0.51211	0.51597	0.665
Info	13.302	13.304	0.945	12.887	12.889	0.975
Wage	10.768	10.770	0.916	10.321	10.31	0.751

二　稳健性检验

（一）平行趋势检验

平行趋势假定是双重差分模型最重要的前提条件，即实验组样本和控制组样本在政策实施前具有共同的发展趋势而不存在显著的差异。为保证实证结果的稳健性，采用事件研究法对基准回归模型的平行趋势进行检验，验证在高铁开通前，实验组和控制组城市的制造业经济效益具有共同趋势。由于各城市开通高铁的时间不同，故采用多期双重差分模型的事件研究法进行平行趋势检验。具体来说，定义虚拟变量 d_1—d_7，代表高铁开通前的 1—7 年；类似的，定义 current 代表高铁开通当年，定义虚拟变量 d1—d5 代表高铁开通后的 1—5 年。然后，将以上虚拟变量纳入基本回归模型。如果样本城市满足平行趋势假定，则在高铁开通前，开通高铁城市与未开通高铁城市的制造业经济效益应不存在显著差异，d_1—d_6 应不显著[①]。图 5-1 和 5-2 分别展示了高铁开通对制造

---

① 为避免共线性，删掉 d_7。

业生产效率和盈利能力影响的平行趋势检验结果，可以看到，d_1—d_6在统计意义上均不显著，current 和 d1—d5 至少有一个显著为正，表明开通高铁城市与未开通高铁城市在高铁开通前的制造业经济效益不存在显著差异，而高铁开通后二者的差异是由高铁开通这一事件导致的，即平行趋势假定满足。

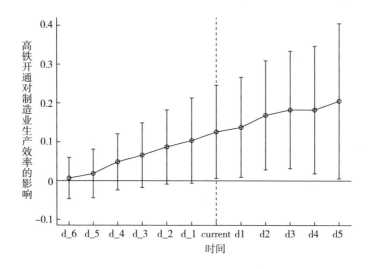

图 5-1　高铁开通对制造业生产效率影响的平行趋势检验

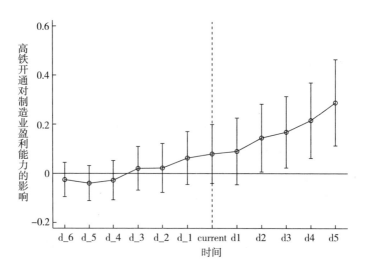

图 5-2　高铁开通对制造业盈利能力影响的平行趋势检验

（二）工具变量回归

为了更好地缓解高铁开通的内生性，需要引入工具变量对模型的稳健性进行再检验。地理成本的高低是决定高铁建设的重要依据（Faber，2014）。由于地理坡度是一个不随时间变化的量，故参考刘冲、周黎安的研究（刘冲、周黎安，2014），引入坡度与年份虚拟变量的乘积作为高铁开通的工具变量，进行两阶段最小二乘估计，结果如表5-5所示。可以看到，在第一阶段回归中，坡度与年份虚拟变量交乘项的估计系数显著为负，表明一个城市的平均坡度与高铁修建的概率负相关，与直觉一致，且F值为37.96，可认为不存在弱工具变量问题；在第二阶段回归中，高铁开通显著促进了制造业生产效率和盈利能力的提升，证明了结果的稳健性。

表5-5　　　　高铁开通对制造业经济效益影响的工具变量回归

	（1） First	（2） Tlp_iv	（3） Pt_iv
Hsr		0.6680 *** （3.38）	0.9356 *** （3.28）
iv * 2005	−0.0594 *** （−5.28）		
iv * 2006	−0.0486 * （−1.96）		
iv * 2007	−0.1146 *** （−8.27）		
iv * 2008	−0.1464 *** （−9.40）		
iv * 2009	−0.1268 *** （−6.72）		
iv * 2010	−0.1038 *** （−4.98）		
iv * 2011	−0.1172 *** （−5.28）		
iv * 2012	−0.1134 *** （−5.14）		

续表

	（1） First	（2） Tlp_iv	（3） Pt_iv
iv * 2013	−0.0872 *** （−4.42）		
_cons	−6.6120 *** （−7.95）		
控制变量	控制	控制	控制
城市效应	控制	控制	控制
时间效应	控制	控制	控制
N	4512	4512	4512
R^2	0.472	0.792	0.223

注：括号内为 t 值，***、* 分别表示估计系数在 1%、10%的显著性水平上显著。

（三）安慰剂检验

考虑到制造业经济效益除了会受到高铁开通的影响，还会受到其他因素的影响。为避免其他非政策性因素的干扰，增强因果识别的可信性，需进一步采用安慰剂检验对高铁开通的政策效应进行稳健性测试。参考 P. Li 等的做法（Li et al., 2016），将高铁在各城市的开通时间进行随机处理，并据此定义高铁开通虚拟变量。若某年在新定义的高铁开通年份之后，则虚拟变量取 1，否则为 0，并重复操作 500 次。图 5-3 和图 5-4 分别展示了高铁开通对制造业生产效率和盈利能力影响的安慰剂检验结果。可以看到，基于随机样本得到的高铁开通对工业企业劳动生产率和工业企业利税额影响的估计系数的均值在 0 附近，且 500 次安慰剂检验所得估计系数大于基准回归结果中估计系数的概率小于 5%，表明高铁开通时间随机这一假定事实并不能够显著影响实验组城市的制造业生产效率和盈利能力，高铁开通对制造业经济效益的正向影响并非由随机因素和不可观测因素导致，证明了结果的稳健性。

（四）其他稳健性分析

为确保结论的可靠性，还进行了其他稳健性测试。其一，分别剔除直辖市、省会、一线和新一线城市，重新对模型进行估计。直辖市、

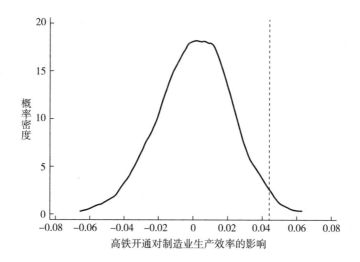

图 5-3　高铁开通对制造业生产效率影响的安慰剂检验

注：虚线代表基准回归结果的估计系数。

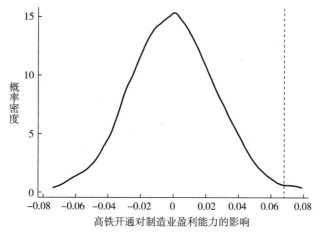

图 5-4　高铁开通对制造业盈利能力影响的安慰剂检验

注：虚线代表基准回归结果的估计系数。

省会以及一线和新一线城市具有显著的政治与经济优势，在经济和产业发展水平、科技创新能力、配套基础设施完善程度等方面均强于一般城市，并且城市行政级别和经济实力也是影响高铁开通决策的重要因素。为了避免这些样本的干扰，得出更为一般性的结论，分别在样本中剔除直辖市、省会、一线和新一线城市，估计结果如表 5-6 和表 5-7 的第

（1）列与第（2）列所示。结果显示，在剔除直辖市和省会后，高铁开通对沿线地区制造业生产效率和盈利能力的影响均显著为正。类似的，在剔除一线和新一线城市后，该影响依然显著为正，证明了结果的稳健性。其二，剔除公路和航空等其他交通运输方式的影响。除了高铁，高速公路和航空运输也是重要的客运交通运输方式。为了确保结果的稳健性，消除其他客运交通运输方式的干扰，进一步构建各地级城市公路客运量和航空客运量指标，作为其他客运交通基础设施的度量指标，并将其引入模型进行控制，回归结果见表5-6和表5-7的第（3）列。可以看到，在控制了其他客运交通基础设施的影响后，高铁开通对制造业生产效率和盈利能力依然具有显著的促进作用，而公路客运量指标不显著，航空客运量对制造业盈利能力的影响甚至显著为负，表明其他客运交通基础设施的改善对制造业经济效益的正向影响并不明显。此外，由于是否开通高铁这一指标包含的信息较少，为了保证结果的稳健性，需进一步构建城市高铁站数量指标作为高铁开通的度量变量，并纳入模型进行重新估计，结果如表5-6和表5-7的第（4）列所示。结果表明，在替换指标后，高铁开通对沿线地区制造业生产效率和盈利能力的影响依然显著为正，基准结论具有稳健性。

表5-6　　　　高铁开通对制造业生产效率影响的其他稳健性分析

	（1）剔除直辖市和省会	（2）剔除一线和新一线城市	（3）剔除公路和航空的影响	（4）更换高铁度量指标
Hsr	0.0930*** (3.32)	0.0822*** (3.08)	0.0881*** (3.46)	
Hsr_s				0.0103** (2.33)
Grp	0.3855*** (7.89)	0.3328*** (7.18)	0.3255*** (7.75)	0.3175*** (7.45)
Popu	-0.3967** (-2.25)	-0.3028* (-1.77)	-0.4680*** (-3.10)	-0.4519*** (-2.97)
Gov	0.0792 (1.23)	0.0988* (1.73)	0.1001* (1.81)	0.1014* (1.84)
Fdi	0.0067 (0.65)	0.0077 (0.81)	0.0071 (0.72)	0.0065 (0.66)

续表

	（1） 剔除直辖市和 省会	（2） 剔除一线和 新一线城市	（3） 剔除公路和 航空的影响	（4） 更换高铁 度量指标
Depos	0.0383 （0.37）	0.0356 （0.37）	0.0696 （0.75）	0.0683 （0.73）
Hcap	−0.0039 （−0.28）	−0.0030 （−0.22）	−0.0043 （−0.31）	−0.0036 （−0.25）
Ind	0.8811*** （4.38）	1.0340*** （5.37）	1.0149*** （5.55）	1.0096*** （5.53）
Info	−0.0001 （−0.01）	0.0061 （0.61）	0.0070 （0.70）	0.0088 （0.83）
Wage	0.0107 （0.22）	−0.0052 （−0.16）	−0.0109 （−0.34）	−0.0098 （−0.30）
Hw			0.0008 （0.18）	
Air			0.0023 （0.61）	
_cons	−4.9303*** （−2.80）	−4.9153*** （−3.01）	−4.3101*** （−2.79）	−4.2892*** （−2.76）
城市效应	控制	控制	控制	控制
时间效应	控制	控制	控制	控制
N	3968	4208	4512	4512
R^2	0.873	0.871	0.874	0.873

注：括号内为 t 值，***、**、*分别表示估计系数在1%、5%、10%的显著性水平上显著。

表5-7　　高铁开通对制造业盈利能力影响的其他稳健性分析

	（1） 剔除直辖市和 省会	（2） 剔除一线和 新一线城市	（3） 剔除公路和 航空的影响	（4） 更换高铁 度量指标
Hsr	0.0972*** （3.43）	0.0904*** （3.26）	0.1119*** （4.24）	
Hsr_s				0.0339*** （8.13）

续表

	（1）剔除直辖市和省会	（2）剔除一线和新一线城市	（3）剔除公路和航空的影响	（4）更换高铁度量指标
Grp	0.2569***	0.2199***	0.2630***	0.2485***
	（4.97）	（4.61）	（5.85）	（5.66）
Popu	0.4128*	0.5036**	0.4555**	0.4582***
	（1.95）	（2.22）	（2.53）	（2.65）
Gov	−0.0114	0.0110	−0.0209	−0.0244
	（−0.20）	（0.22）	（−0.40）	（−0.49）
Fdi	−0.0091	−0.0048	−0.0026	−0.0037
	（−1.15）	（−0.64）	（−0.36）	（−0.48）
Depos	0.1946**	0.1844**	0.1974**	0.2043**
	（2.07）	（2.04）	（2.16）	（2.32）
Hcap	−0.0550***	−0.0558***	−0.0571***	−0.0580***
	（−5.52）	（−5.56）	（−5.49）	（−5.87）
Ind	0.8085***	0.8859***	0.7873***	0.7685***
	（3.62）	（4.15）	（3.80）	（3.79）
Info	−0.0085	−0.0166*	−0.0267***	−0.0239**
	（−0.99）	（−1.79）	（−2.69）	（−2.55）
Wage	0.0395	0.0277	0.0105	0.0102
	（0.78）	（0.73）	（0.31）	（0.31）
Hw			−0.0039	
			（−0.76）	
Air			−0.0112**	
			（−2.55）	
_cons	−4.1693**	−4.1587**	−3.9451**	−3.8838**
	（−2.15）	（−2.23）	（−2.28）	（−2.35）
城市效应	控制	控制	控制	控制
时间效应	控制	控制	控制	控制
N	3968	4208	4512	4512
R^2	0.549	0.550	0.579	0.585

注：括号内为 t 值，***、**、* 分别表示估计系数在1%、5%、10%的显著性水平上显著。

第三节　直接影响机制分析

一　要素流动机制

本部分对要素流动机制进行验证。基于理论分析，高铁开通可以加快沿线地区人力资本、研发资本等生产要素的流动，促进信息沟通和知识交流，从而有利于制造业经济效益的改善。基于江艇的研究（江艇，2022），在理论说明要素流动对制造业转型升级影响的基础上，重点实证剖析高铁开通对要素流动的影响，包括人力资本和研发资本要素的流动[①]。

关于生产要素流动指标的构建，借鉴白俊红等的引力模型（白俊红等，2017），以式（5-2）展示人力资本总流动量的构建方式：

$$HF_{i,t} = \ln hc_{i,t} \times \sum_{j=1}^{n} \ln(wage_{i,t} - wage_{j,t}) \times \ln(h\_pri_{j,t} - h\_pri_{i,t}) \times$$
$$\ln(sch_{i,t} - sch_{j,t}) \times \ln(hosp\_bed_{i,t} - hosp\_bed_{j,t}) \times D_{i,j}^{-\varepsilon} \quad (5-2)$$

其中，$HF_{i,t}$ 为 i 城市 t 年的人力资本总流动量；$hc_{i,t}$ 为 i 城市 t 年的高技术人员规模，用信息传输、计算机服务和软件业，科学研究、技术服务和地质勘查业以及金融业的从业人数度量；工资和房价是影响劳动力流动的基本因素，因此将其纳入模型，$wage_{i,t}$ 和 $wage_{j,t}$ 分别代表 i 城市和 j 城市 t 年的工资水平，$h\_pri_{i,t}$ 和 $h\_pri_{j,t}$ 分别代表 i 城市和 j 城市 t 年的房价；考虑到相对于一般劳动力，高技术人员对地区软环境的要求更高，因此除了工资和房价，本章还在人力资本流动指标测算中纳入了教育和医疗条件，教育条件用高等学校数度量，医疗条件用医疗床位数度量，$sch_{i,t}$ 和 $sch_{j,t}$ 分别代表 i 城市和 j 城市 t 年的高等学校数量，$hosp\_bed_{i,t}$ 和 $hosp\_bed_{j,t}$ 分别代表 i 城市和 j 城市 t 年的医疗床位数量；$D_{i,t}$ 代表 i 城市和 j 城市之间的地理距离，用其经纬度测算；ε 是城际距离的折算系数，根据 L. Hering 和 S. Poncet 的研究结论（Hering，Poncet，2010）将其设为 1.5。

[①] 本书选择人力资本和研发资本要素的理由在于，劳动力和资本是最为基础的两种生产要素，并且由于人流是知识流和信息流的重要载体，劳动力的流动也可以在一定程度上反映知识和信息要素的流动。

参照上述方法，构建 i 城市 t 年的研发资本总流动量指标，如式（5-3）所示：

$$RF_{i,t} = \ln rc_{i,t} \times \sum_{j=1}^{n} \ln(pgrp_{j,t} - pgrp_{i,t}) \times \ln(innov_{j,t} - innov_{i,t}) \\ \times \ln(teach_{i,t} - teach_{j,t}) \times \ln(gov\_sci_{i,t} - gov\_sci_{j,t}) \times D_{i,j}^{-\varepsilon}$$

$$(5-3)$$

其中，$RF_{i,t}$ 为 i 城市 t 年的研发资本总流动量；$rc_{i,t}$ 代表 i 城市 t 年的研发资本规模，用政府科教支出度量；由于研发资本具有趋利性，城市的经济发展水平和研发环境是研发资本流动的重要影响因素，因此将城市经济发展水平、城市创新发展水平、研发人员基础、政府支持力度四个代表地区研发环境的因素共同纳入研发资本测算，经济发展水平用城市人均地区生产总值度量，$pgrp_{i,t}$ 和 $pgrp_{j,t}$ 分别代表 i 城市和 j 城市 t 年的人均地区生产总值，城市创新发展水平用城市专利申请量度量，$innov_{i,t}$ 和 $innov_{j,t}$ 分别代表 i 城市和 j 城市 t 年的专利申请量，研发人员基础用城市高等学校教师数度量，$teach_{i,t}$ 和 $teach_{j,t}$ 分别代表 i 城市和 j 城市 t 年的高等学校教师数，政府支持力度用政府科技支出度量，$gov\_sci_{i,t}$ 和 $gov\_sci_{j,t}$ 分别代表 i 城市和 j 城市 t 年的政府科技支出；ε 同样设定为1.5。

表5-8展示了高铁开通对人力资本要素流动和研发资本要素流动影响的实证分析结果，其中，第（1）列和第（2）列、第（4）列和第（5）列为双重差分模型回归结果，第（3）列和第（6）列为倾向得分匹配后的双重差分模型估计结果。结果显示，高铁开通对沿线地区人力资本流动和研发资本流动的影响均显著为正，倾向得分匹配后结果依然成立。而要素流动的加快又有利于降低制造业企业的交易成本，促进面对面交流和隐性知识溢出，有利于提升企业的生产效率和盈利能力，改善制造业的经济效益，促进其实现转型升级。

表5-8 高铁开通对人力资本要素流动和研发资本要素流动影响的实证分析结果

	（1）人力资本 DID	（2）人力资本 DID	（3）人力资本 PSM+DID	（4）研发资本 DID	（5）研发资本 DID	（6）研发资本 PSM+DID
Hsr	0.2702*** (5.05)	0.2383*** (5.46)	0.2314*** (5.22)	0.5049*** (2.68)	0.3660** (2.06)	0.3197*** (3.20)

续表

	（1） 人力资本 DID	（2） 人力资本 DID	（3） 人力资本 PSM+DID	（4） 研发资本 DID	（5） 研发资本 DID	（6） 研发资本 PSM+DID
Grp		0.3692 （1.55）	0.3460 （1.30）		1.4249*** （5.54）	1.1531*** （6.61）
Popu		1.8835** （2.33）	1.8424** （2.04）		3.5976** （2.24）	3.7442*** （6.76）
Gov		0.2182 （0.68）	0.2283 （0.69）		−0.4306 （−1.17）	−0.4090* （−1.84）
Fdi		−0.0054 （−0.18）	−0.0111 （−0.37）		−0.0158 （−0.35）	−0.0292 （−1.05）
Depos		0.3242** （2.22）	0.3593** （2.53）		2.0798*** （3.80）	2.2304*** （8.17）
Hcap		−0.0075 （−0.17）	−0.0050 （−0.11）		0.0458 （0.55）	0.0516 （1.02）
Ind		0.1256 （0.14）	0.1659 （0.18）		−3.4878*** （−2.96）	−2.9969*** （−4.64）
Info		−0.0102 （−0.48）	−0.0121 （−0.58）		−0.2960*** （−3.31）	−0.2884*** （−5.05）
Wage		−0.0886 （−1.31）	−0.1021 （−1.39）		0.1468 （0.68）	0.1767 （1.11）
_cons	98.3837*** （341.31）	75.3172*** （15.86）	75.4421*** （15.67）	874.3014*** （6839.41）	809.7902*** （66.36）	810.0266*** （176.26）
城市效应	控制	控制	控制	控制	控制	控制
时间效应	控制	控制	控制	控制	控制	控制
N	4512	4512	4366	4512	4512	4366
R^2	0.496	0.504	0.502	0.500	0.535	0.524

注：括号内为 t 值，***、**、*分别表示估计系数在 1%、5%、10%的显著性水平上显著。

二　市场一体化机制

本部分对市场一体化机制进行验证。根据理论分析，除了加快生产要素流动，高铁开通还可以通过提高沿线地区的市场一体化程度改善制造业的经济效益，因此，进一步实证剖析高铁开通对沿线地区市场一体化程度的影响。利用市场需求规模代表沿线地区的市场一体化程度，市场需求指标的构建方式参考 C. D. Harris 的研究（Harris，1954），如式（5-4）所示：

$$MI_{i,t} = \ln grp_{i,t}/dist_i \times \sum_{j=1}^{n} \ln grp_{j,t} \times D^{-\varepsilon} \qquad (5-4)$$

其中，$MI_{i,t}$ 为 i 城市 t 年的市场一体化程度；$grp_{i,t}$ 和 $grp_{j,t}$ 分别为 i 城市和 j 城市 t 年的市场需求，用城市生产总值度量；$dist_i$ 为 i 城市的内部距离，计算方法为 $dist_i = (2/3)\sqrt{area/\pi}$，其中，$area$ 代表城市土地面积；ε 同样设定为 1.5。

高铁开通对沿线地区市场一体化程度影响的估计结果如表 5-9 所示。可以看到，高铁开通有效破除了地区阻隔，显著促进了沿线地区市场一体化程度的提升，加速了统一大市场的形成，无论是否增加控制变量，或采用倾向得分匹配法，结果均具有稳定性。而市场一体化程度的提升能够增加制造业企业的产品需求和所面临的竞争程度，促进其收益提升以及技术的加快研发和迭代，有利于改善制造业企业的经济效益，推动其实现转型升级。

表 5-9   高铁开通对沿线地区市场一体化程度影响的估计结果

	（1）DID	（2）DID	（3）PSM+DID
Hsr	0.0426 ** (1.98)	0.0429 * (1.94)	0.0435 * (1.92)
Grp		0.0430 (1.60)	0.0369 (1.35)
Popu		-0.1128 (-1.35)	-0.1070 (-1.23)
Gov		-0.0083 (-0.22)	-0.0085 (-0.23)
Fdi		-0.0060 (-1.42)	-0.0062 (-1.45)
Depos		0.0235 (0.34)	0.0338 (0.47)
Hcap		-0.0147 ** (-2.21)	-0.0143 ** (-2.14)
Ind		0.1371 (0.87)	0.1511 (0.94)

续表

	（1） DID	（2） DID	（3） PSM+DID
Info		−0. 0122 （−1. 50）	−0. 0121 （−1. 53）
Wage		−0. 0144 （−0. 89）	−0. 0168 （−0. 98）
_cons	1. 3712*** （71. 70）	1. 5012* （1. 84）	1. 4337* （1. 71）
城市效应	控制	控制	控制
时间效应	控制	控制	控制
N	4512	4512	4366
R^2	0. 086	0. 094	0. 095

注：括号内为 t 值，***、**、* 分别表示估计系数在 1%、5%、10%的显著性水平上显著。

第四节　时空效应分析

一　时间累积效应

高铁等大型交通基础设施对沿线地区经济增长和产业发展的影响往往会随时间的推移逐渐发挥作用（年猛，2019）。要素的空间流动和市场一体化程度的提升需要一定的时间才能发生，并且会随着时间的增加逐渐产生累积效应。因此，高铁等跨区域重大交通基础设施对沿线地区产业升级的影响很可能会存在时间累积效应。高铁开通对制造业经济效益的影响可能会随着高铁运营时间的增加而增大。本书通过在实证模型中引入时间维度的高铁累计开通时间变量考察高铁开通对沿线地区制造业经济效益影响的时间累积效应，估计结果如表5-10所示。可以看到，无论在哪种模型设定下，高铁开通对沿线城市制造业生产效率和盈利能力的影响均具有显著的正向时间累计效应，随着累积开通时间的增加，高铁开通对沿线地区制造业经济效益的影响逐渐增加。

表 5-10　　　　　高铁开通对制造业经济效益影响的时间累积效应

	(1) TlP	(2) Tlp	(3) Pt	(4) Pt
Hsr1	0.0316 (1.28)	0.0552 ** (2.49)	0.1180 *** (5.07)	0.1115 *** (5.44)
Grp		0.3193 *** (7.46)		0.2627 *** (5.77)
Popu		-0.4817 *** (-3.19)		0.4317 ** (2.45)
Gov		0.1014 * (1.83)		-0.0309 (-0.59)
Fdi		0.0072 (0.74)		-0.0029 (-0.38)
Depos		0.0756 (0.81)		0.2171 ** (2.43)
Hcap		-0.0026 (-0.18)		-0.0577 *** (-5.65)
Ind		1.0294 *** (5.62)		0.7896 *** (3.84)
Info		0.0104 (0.95)		-0.0242 ** (-2.52)
Wage		-0.0086 (-0.26)		0.0116 (0.34)
_cons	0.6299 *** (36.63)	-4.3028 *** (-2.76)	5.0033 *** (292.94)	-4.0822 ** (-2.41)
城市效应	控制	控制	控制	控制
时间效应	控制	控制	控制	控制
N	4512	4512	4512	4512
R^2	0.842	0.874	0.525	0.582

　　注：括号内为 t 值，***、**、*分别表示估计系数在 1%、5%、10%的显著性水平上显著。

二　空间溢出效应

　　交通基础设施所具有的网络性和外部性特征使其具有一定的空间溢出效应，而高铁等重大跨区域交通基础设施的时间累积效应又为其空间溢出效应提供了条件。交通基础设施的空间溢出效应一方面表现为通过扩散效应引致各种生产要素向经济落后地区扩散的正向溢出效应；另一方面表现为通过集聚效应引致各种生产要素向经济发达地区集聚的负向溢出效应（赵鹏，2017）。交通基础设施的空间溢出效应使一个地区的高铁开通对制造业转型升级的影响不仅存在于本地区内部，还能够外溢至邻近地区。这一效应既可能是技术和知识等要素外溢带来的正外部性，也可能是对相邻地区的资源要素吸附引发的负外部性。一方面，高铁开通带来的可达性提升促进了本地生产要素的流入，而本地的劳动力、知识和信息等要素又可以通过交流、合作等方式外溢到邻近地区，因此，高铁开通可能通过"扩散效应"促进邻近地区制造业的转型升级；另一方面，高铁开通带来的可达性提升增加了所在城市的区位优势，从而吸引邻近地区的生产要素加快向本地区流入，因此，高铁开通也可能通过"集聚效应"阻碍邻近地区的资源要素积累和制造业转型升级。

本章主要聚焦经济效益维度，研究高铁开通对制造业转型升级的空间溢出效应。基于现有研究，选取空间邻接矩阵、地理距离矩阵和经济距离矩阵三个空间权重矩阵进行分析。其中，空间邻接矩阵为282维0—1矩阵。若两个地级市在地理上相邻，则对应位置元素取1，否则为0；地理距离矩阵采用经济主体之间地理距离倒数的平方来构建，两城市之间的地理距离根据二者的经纬度计算得到；经济距离矩阵采用经济主体之间经济距离倒数的平方来构建，两城市之间的经济距离为二者人均地区生产总值之差。

运用空间计量模型进行经济分析的前提是经济指标间存在空间相关性。因此，首先利用莫兰指数法，基于三种空间权重矩阵对各城市制造业生产效率和盈利能力的空间相关性进行检验。莫兰指数的计算方法如式（5-5）所示：

$$Moran's\ I = \frac{\sum_{i=1}^{n}\sum_{j=1}^{n}W_{i,j}(X_i-\overline{X})(X_j-\overline{X})}{S^2\sum_{i=1}^{n}\sum_{j=1}^{n}W_{i,j}} \tag{5-5}$$

其中，S^2表示样本方差；$\overline{X}$表示样本均值；$W_{i,j}$表示空间权重矩阵(i, j)位置的对应元素。$Moran's\ I$指数的取值介于[-1, 1]，当$Moran's\ I>0$

时，相邻地区间的制造业经济效益存在空间正相关，即制造业经济效益好的城市与制造业经济效益好的城市相邻，制造业经济效益差的城市与制造业经济效益差的城市相邻，并且取值越趋近于 1，空间正相关程度就越强；当 Moran's I<0 时，相邻地区间的制造业经济效益存在空间负相关，并且取值越趋近于−1，则负相关程度越强；当 Moran's I 指数接近于 0 时，相邻地区间的制造业经济效益不相关，分布是随机的。生产效率的莫兰检验结果如表 5-11 所示。可以看到，不同城市间的制造业生产效率在所有空间权重矩阵下都具有显著的正向空间自相关性。

表 5-11　　　　　　　　制造业生产效率面板数据的莫兰检验

矩阵	莫兰指数	标准差	Z 值	P 值
空间邻接矩阵	0.663	0.010	64.675	0.000
地理距离矩阵	0.413	0.002	205.084	0.000
经济距离矩阵	0.331	0.008	43.469	0.000

然后，通过 LM 检验、LR 检验等方法对模型形式进行选择。一是通过 LM 检验确定是否需要采用空间模型。生产效率指标下的 LM 检验结果如表 5-12 所示。无论是空间误差模型还是空间滞后模型，均拒绝不存在空间相关性的原假设，表明空间相关性存在，空间模型优于非空间模型，初步判定采用空间杜宾模型。二是通过 LR 检验确定空间杜宾模型是否可以退化为空间误差模型与空间滞后模型。生产效率指标下的 LR 检验结果如表 5-13 所示。可以看到，所有情况均拒绝原假设，表明空间杜宾模型无法退化为空间误差模型与空间滞后模型，确定采用空间杜宾模型进行后续分析。三是通过 Hausman 检验确定固定效应和随机效应，结果如表 5-14 所示。在三种空间权重矩阵下均拒绝原假设，表明固定效应模型优于随机效应模型，应采用固定效应模型进行分析。四是通过 LR 检验确定固定效应的类型，检验结果如表 5-15 所示。可以看到，在三种空间权重矩阵下，无论是行业固定效应还是时间固定效应均显著拒绝原假设，因此采用双向固定效应模型进行分析。

表5-12 模型选择 LM 检验

模型	指标	空间邻接矩阵		地理距离矩阵		经济距离矩阵	
		统计量	P 值	统计量	P 值	统计量	P 值
空间误差模型	LM	1745.595	0.000	8890.979	0.000	890.879	0.000
	Robust LM	1028.017	0.000	8682.780	0.000	661.535	0.000
空间滞后模型	LM	821.502	0.000	231.128	0.000	236.370	0.000
	Robust LM	103.924	0.000	22.929	0.000	7.026	0.008

表5-13 模型选择 LR 检验

模型	空间邻接矩阵		地理距离矩阵		经济距离矩阵	
	似然比	P 值	似然比	P 值	似然比	P 值
空间误差模型	33.63	0.0002	43.59	0.0000	87.10	0.0000
空间滞后模型	32.80	0.0003	43.82	0.0000	72.01	0.0000

表5-14 Hausman 检验

空间邻接矩阵		地理距离矩阵		经济距离矩阵	
似然比	P 值	似然比	P 值	似然比	P 值
1836.20	0.0000	165.62	0.0000	796.51	0.0000

表5-15 固定效应选择 LR 检验

模型	空间邻接矩阵		地理距离矩阵		经济距离矩阵	
	似然比	P 值	似然比	P 值	似然比	P 值
行业固定效应	217.21	0.0000	64.19	0.0000	212.92	0.0000
时间固定效应	3404.07	0.0000	3407.77	0.0000	3408.95	0.0000

基于上述分析，最终确定模型形式如式（5-6）所示：

$$Eff_{c,t} = \rho WEff_{c,t} + \beta HSR_{c,t} + \theta WHSR_{c,t} + \gamma X_{c,t} + \delta_c + \delta_t + u_{c,t} \qquad (5-6)$$

其中，$WEff_{c,t}$ 为被解释变量制造业生产效率的空间滞后项；$WHSR_{c,t}$ 为解释变量高铁开通的空间滞后项，其他变量含义与基准模型一致。

由于空间计量模型从全域计算空间相关性，可能存在由空间滞后项引起的内生性问题，因此，传统最小二乘估计无效。J. P. Elhorst 指出，无条件的最大似然估计法更为渐近有效（Elhorst，2014），故本章采用面板极大似然估计法对空间模型进行估计。高铁开通对制造业生产效率的空间溢出效应估计结果如表5-16所示。结果显示，在空间邻接矩阵和地理距离矩阵下，高铁开通对沿线城市工业企业劳动生产率的直接效应和间接效应均显著为正，在经济距离矩阵下，高铁开通对沿线城市工业企业劳动生产率的直接效应显著为正，但间接效应不显著。这表明，高铁开通对沿线地区制造业生产效率的影响具有显著的正向空间溢出效应，能显著提升邻近地区制造业的生产效率，且这种溢出效应在地理距离邻近地区之间更为突出。

表5-16　　　　　高铁开通对制造业生产效率的空间溢出效应

	(1)	(2)	(3)	(4)	(5)	(6)
	空间邻接矩阵		地理距离矩阵		经济距离矩阵	
	直接效应	间接效应	直接效应	间接效应	直接效应	间接效应
Hsr	0.0889*** (8.09)	0.0608*** (2.93)	0.0860*** (7.84)	0.3859*** (3.04)	0.0924*** (8.51)	0.0254 (0.95)
Grp	0.3184*** (18.53)	-0.0871** (-2.51)	0.3182*** (18.47)	-0.0737 (-0.32)	0.3253*** (18.94)	-0.1294*** (-2.60)
$Popu$	-0.4788*** (-8.70)	0.2824** (2.17)	-0.4729*** (-8.57)	2.6111*** (3.72)	-0.4893*** (-8.95)	-0.0266 (-0.19)
Gov	0.1012*** (4.41)	-0.0961** (-2.06)	0.1035*** (4.50)	-0.7538** (-2.32)	0.1014*** (4.43)	-0.0450 (-0.67)
Fdi	0.0068** (2.36)	-0.0003 (-0.04)	0.0076*** (2.66)	0.0867** (2.57)	0.0072** (2.52)	0.0282*** (3.58)
$Depos$	0.0685** (2.36)	0.1229** (2.24)	0.0740** (2.55)	0.0546 (0.15)	0.0684** (2.38)	-0.2980*** (-3.87)
$Hcap$	-0.0016 (-0.29)	-0.0249** (-2.11)	-0.0038 (-0.68)	0.0720 (1.19)	-0.0024 (-0.43)	0.0160 (0.80)
Ind	1.0267*** (15.28)	0.1186 (0.92)	1.0228*** (15.21)	1.4737* (1.75)	1.0459*** (15.66)	-0.5658*** (-2.96)
$Info$	0.0082 (1.36)	-0.0023 (-0.17)	0.0078 (1.30)	0.0433 (0.67)	0.0068 (1.14)	0.0290 (1.43)
$Wage$	-0.0077 (-0.46)	0.0006 (0.01)	-0.0086 (-0.51)	0.0656 (0.32)	-0.0078 (-0.47)	-0.0592 (-0.84)
城市效应	控制	控制	控制	控制	控制	控制

续表

	（1）	（2）	（3）	（4）	（5）	（6）
	空间邻接矩阵		地理距离矩阵		经济距离矩阵	
	直接效应	间接效应	直接效应	间接效应	直接效应	间接效应
时间效应	控制	控制	控制	控制	控制	控制
N	4512	4512	4512	4512	4512	4512
R^2	0.825	0.825	0.404	0.404	0.517	0.517

注：括号内为 t 值，***、**、* 分别表示估计系数在 1%、5%、10%的显著性水平上显著。

盈利能力维度的空间溢出效应分析方法与前文类似。表 5-17 展示了制造业盈利能力的莫兰检验结果，可以看到，在三种空间权重矩阵下，不同城市间的制造业盈利能力均具有显著的正向空间自相关性。模型选择的 LM 检验、LR 检验、Hausman 检验以及固定效应 LR 检验结果分别如表 5-18 至表 5-21 所示。根据检验结果，空间模型优于非空间模型，空间杜宾模型无法退化为空间误差模型与空间滞后模型，固定效应模型优于随机效应模型，双向固定效应模型优于时间或个体单固定效应模型。

表 5-17 制造业盈利能力面板数据的莫兰检验

矩阵	莫兰指数	标准差	Z 值	P 值
空间邻接矩阵	0.454	0.010	44.266	0.000
地理距离矩阵	0.238	0.002	118.412	0.000
经济距离矩阵	0.362	0.008	47.845	0.000

表 5-18 模型选择 LM 检验

模型	指标	空间邻接矩阵		地理距离矩阵		经济距离矩阵	
		统计量	P 值	统计量	P 值	统计量	P 值
空间误差模型	LM	530.857	0.000	2435.702	0.000	270.062	0.000
	Robust LM	416.347	0.000	2631.938	0.000	211.594	0.000
空间滞后模型	LM	121.639	0.000	8.678	0.003	75.929	0.000
	Robust LM	7.130	0.000	204.913	0.000	17.461	0.008

表 5-19 模型选择 LR 检验

模型	空间邻接矩阵		地理距离矩阵		经济距离矩阵	
	似然比	P 值	似然比	P 值	似然比	P 值
空间误差模型	31.05	0.0006	37.72	0.0000	48.51	0.0000
空间滞后模型	31.57	0.0005	39.78	0.0000	46.43	0.0000

表 5-20 Hausman 检验

空间邻接矩阵		地理距离矩阵		经济距离矩阵	
似然比	P 值	似然比	P 值	似然比	P 值
211.68	0.0000	416.24	0.0000	259.80	0.0000

表 5-21 固定效应选择 LR 检验

模型	空间邻接矩阵		地理距离矩阵		经济距离矩阵	
	似然比	P 值	似然比	P 值	似然比	P 值
行业固定效应	170.14	0.0000	96.79	0.0000	169.69	0.0000
时间固定效应	2307.97	0.0000	2326.52	0.0000	2335.47	0.0000

综上，盈利能力维度的空间溢出效应估计模型如式（5-7）所示：

$$Pro_{c,t} = \rho WPro_{c,t} + \beta HSR_{c,t} + \theta WHSR_{c,t} + \gamma X_{c,t} + \delta_c + \delta_t + u_{c,t} \tag{5-7}$$

其中，$WPro_{c,j}$ 为被解释变量制造业生产效率的空间滞后项；$WHSR_{c,t}$ 为解释变量高铁开通的空间滞后项，其他变量含义与基准模型一致。

高铁开通对制造业盈利能力的空间溢出效应估计结果如表 5-22 所示。可以看到，在空间邻接矩阵和地理距离矩阵下，高铁开通对沿线城市工业企业利税额的直接效应显著为正，但间接效应不显著，而在经济距离矩阵下，高铁开通对沿线城市工业企业利税额的直接效应和间接效应均显著为正，即高铁开通对沿线地区制造业盈利能力的影响具有一定的正向空间溢出效应，不仅能显著提升本地制造业的盈利能力，还能显著提升邻近地区（尤其是经济发展水平较为接近的地区）的制造业盈利能力。

表5-22 高铁开通对制造业盈利能力的空间溢出效应

	(1)	(2)	(3)	(4)	(5)	(6)
	空间邻接矩阵		地理距离矩阵		经济距离矩阵	
	直接效应	间接效应	直接效应	间接效应	直接效应	间接效应
Hsr	0.1159***	0.0321	0.1127***	0.0447	0.1181***	0.0690**
	(8.40)	(1.23)	(8.19)	(0.34)	(8.60)	(1.99)
Grp	0.2659***	-0.0777*	0.2680***	-0.3631	0.2686***	0.0700
	(12.30)	(-1.78)	(12.36)	(-1.44)	(12.41)	(1.09)
Popu	0.5003***	0.1493	0.5022***	1.4593**	0.4783***	-0.3988**
	(7.22)	(0.92)	(7.22)	(2.01)	(6.93)	(-2.21)
Gov	-0.0324	-0.1234**	-0.0317	-0.9106***	-0.0378	-0.0219
	(-1.12)	(-2.12)	(-1.10)	(-2.68)	(-1.31)	(-0.25)
Fdi	-0.0036	-0.0133*	-0.0031	-0.0335	-0.0029	0.0220**
	(-1.00)	(-1.84)	(-0.85)	(-0.96)	(-0.81)	(2.15)
Depos	0.1966***	0.1965***	0.1995***	1.0289***	0.2141***	-0.1300
	(5.39)	(2.85)	(5.47)	(2.70)	(5.88)	(-1.29)
Hcap	-0.0604***	0.0174	-0.0613***	0.1748***	-0.0598***	0.1187***
	(-8.43)	(1.18)	(-8.61)	(2.69)	(-8.46)	(4.57)
Ind	0.7378***	0.4497***	0.7349***	2.8656***	0.7527***	-0.6022**
	(8.72)	(2.78)	(8.67)	(3.09)	(8.94)	(-2.42)
Info	-0.0285***	0.0102	-0.0300***	-0.0744	-0.0310***	0.0721***
	(-3.78)	(0.59)	(-3.98)	(-1.08)	(-4.14)	(2.73)
Wage	0.0079	-0.1079**	0.0084	-0.2453	0.0060	-0.0263
	(0.37)	(-2.15)	(0.40)	(-1.11)	(0.29)	(-0.29)
城市效应	控制	控制	控制	控制	控制	控制
时间效应	控制	控制	控制	控制	控制	控制
N	4512	4512	4512	4512	4512	4512
R²	0.610	0.610	0.356	0.356	0.633	0.633

注：括号内为t值，***、**、*分别表示估计系数在1%、5%、10%的显著性水平上显著。

综上，高铁开通对沿线地区经济效益层面的制造业转型升级具有显著的正向空间溢出效应，即中国高铁开通对制造业经济效益的"扩散效应"较"集聚效应"更为显著。一个城市的高铁开通不仅可以提升本城市工业企业的劳动生产率和利税额，改善本地制造业的经济效益，还可以通过提升区域可达性，增加毗邻、地理距离较近或经济距离较近城市的资源要素流入，扩大其市场范围，从而促进这些城市制造业经济效益的提升。此外，从制造经济效益内部的不同维度看，高铁开通对生产效率和盈利能力的空间溢出对象存在一定差异，高铁开通对制造业生产效率的正向溢出效应在地理距离邻近地区之间更为突出，而高铁开通对制造业盈利能力的正向溢出效应则在经济距离邻近地区之间更为明显。

第五节　异质性分析

一　不同地理位置城市

考虑到中国不同地区的经济和产业发展水平以及交通基础设施条件存在较大差异，首先对不同地理位置城市的异质性进行剖析。表 5-23 展示了高铁开通对东中西部地区①制造业经济效益的异质性影响估计结果。结果显示，高铁开通显著提升了中部地区城市制造业生产效率，对东部和西部地区无显著影响；高铁开通显著提升了中部和西部地区城市制造业盈利能力，且对中部地区的影响更显著，对东部地区无显著影响。综上所述，高铁开通对沿线城市制造业经济效益的影响存在显著的地区差异，主要表现为高铁开通对中部和西部地区（尤其是中部地区）制造业经济效益的正向影响更为突出，促进了不同地区的均衡发展。这可能是由于中国东部地区的经济发展基础较好，交通基础设施也更为完善，制造业经济效益改善对高铁开通带来的可达性提升及其产生的要素流动和市场一体化效应的依赖性较低；而中西部地区深处内陆，交通条件相对不便利，区域可达性较差，资源要素相对短缺，市场分割程度较高，经济发展基础欠佳，故高铁开通可以极大地提升该地区的可达性，促进东部地区的资源要素流入中西部地区，提升中西部地区的市场一体化程度，促进区域间大市场的形成和发展，对其制造业经济效益改善的作用较东

---

① 本书将北京市、天津市、河北省、辽宁省、上海市、江苏省、浙江省、福建省、山东省、广东省以及海南省划分为东部地区；将山西省、吉林省、黑龙江省、安徽省、江西省、河南省、湖北省以及湖南省划分为中部地区；将重庆市、四川省、贵州省、云南省、西藏自治区、陕西省、甘肃省、青海省、宁夏回族自治区、新疆维吾尔自治区、广西壮族自治区以及内蒙古自治区划分为西部地区。以下各章相同。

部地区更为突出。其中，中部地区的产业和设施基础较西部地区更好，高铁开通的经济效应可以得到更快和更好的发挥。

表 5-23　　　　高铁开通对不同地理位置城市制造业经济效益的
异质性影响

	（1） Tlp 东部地区	（2） Tlp 中部地区	（3） Tlp 西部地区	（4） Pt 东部地区	（5） Pt 中部地区	（6） Pt 西部地区
Hsr	0.0312 （0.79）	0.1015*** （2.74）	0.0613 （1.35）	0.0845 （1.66）	0.0769** （2.01）	0.0920* （1.83）
Grp	0.3306*** （4.32）	0.2789*** （4.65）	0.4086*** （6.98）	0.3597*** （5.05）	0.1533* （1.93）	0.3985*** （5.57）
Popu	−0.9324*** （−5.45）	−0.3826** （−2.08）	0.0887 （0.29）	0.2919 （1.31）	0.4107 （1.45）	0.8668*** （3.42）
Gov	0.3273** （2.40）	0.0336 （0.35）	−0.1078* （−1.87）	0.0723 （0.73）	0.0214 （0.19）	−0.0831 （−1.25）
Fdi	0.0542*** （2.87）	−0.0003 （−0.02）	0.0013 （0.14）	0.0094 （0.50）	−0.0063 （−0.56）	0.0104 （1.39）
Depos	0.1802 （0.98）	0.2776*** （2.98）	−0.1491 （−0.74）	0.1123 （0.75）	0.4004*** （3.14）	0.2575 （1.41）
Hcap	−0.0543 （−1.17）	0.0250 （1.30）	0.0221 （1.44）	−0.0557 （−1.35）	−0.0334*** （−3.21）	−0.0414** （−2.57）
Ind	1.5365*** （4.24）	1.4806*** （5.69）	0.7989*** （2.91）	1.4083** （2.43）	1.2200*** （4.20）	0.6974** （2.48）
Info	0.0102 （0.53）	0.0038 （0.25）	0.0096 （0.34）	−0.0309*** （−3.08）	−0.0337* （−1.67）	−0.0045 （−0.16）
Wage	−0.0180 （−0.44）	0.0136 （0.21）	−0.0177 （−0.61）	0.0056 （0.10）	0.0834 （0.95）	−0.0005 （−0.02）
_cons	−6.6540** （−2.14）	−6.9478*** （−3.62）	−2.8682 （−0.88）	−4.9138 （−1.49）	−6.5874*** （−2.66）	−8.4868*** （−2.73）
城市效应	控制	控制	控制	控制	控制	控制
时间效应	控制	控制	控制	控制	控制	控制
N	1616	1584	1312	1616	1584	1312
R²	0.885	0.919	0.875	0.649	0.632	0.531

注：括号内为 t 值，***、**、*分别表示估计系数在 1%、5%、10% 的显著性水平上显著。

二 不同人口规模城市

由于高铁开通同时存在"虹吸效应"和"扩散效应",其对不同规模城市制造业经济效益改善的影响很可能存在异质性,因此需对不同人口规模城市的异质性效应进行分析。表5-24至表5-25展示了高铁开通对不同人口规模城市①制造业经济效益异质性影响的估计结果。结果显示,高铁开通显著提升了沿线特大城市和大城市工业企业的劳动生产率,提升了沿线大城市工业企业的利税额,而对超大城市无显著影响,对中小城市存在负向不显著的影响。综上所述,高铁开通对沿线不同人口规模城市制造业经济效益的影响存在显著差异,主要表现为高铁开通对规模较大城市的制造业生产效率和盈利能力的正向影响更为突出,对中小城市和超大城市无显著正向影响,从而进一步加剧了不同规模城市间的发展差距。这可能是由于高铁的开通提升了区域可达性,加快了地区间的资源要素流动,产生了一定的"虹吸效应"。相比于中小城市,大城市的经济发展水平更高,配套政策和设施也更为完善,对要素(尤其是高端要素)的吸引力更强。高铁开通促进了资源要素从中小城市向大城市的流动,促进了大城市制造业经济效益的改善,对中小城市无显著正向影响,而超大城市的产业发展规模和成熟度相对较高,制造业经济效益的改善空间较小,而且这些城市本身多为交通枢纽,可达性较强,产业发展对高铁开通的依赖性较低。

表5-24　　　　高铁开通对不同人口规模城市制造业生产效率的
异质性影响

	(1) 超大城市	(2) 特大城市	(3) 大城市	(4) 中小城市
Hsr	0.0492 (0.92)	0.0742* (1.92)	0.1172*** (3.58)	−0.0348 (−0.30)

① 本书根据国务院《关于调整城市规模划分标准的通知》中关于城市规模的划分标准,将人口1000万以上的城市定义为超大城市,将人口500万以上1000万以下的城市定义为特大城市,将人口100万以上500万以下的城市定义为大城市,将人口50万以上100万以下的城市定义为中等城市,将人口50万以下的城市定义为小城市。下同。

续表

	（1） 超大城市	（2） 特大城市	（3） 大城市	（4） 中小城市
Grp	0.0587 （0.64）	0.3041*** （4.63）	0.3638*** （6.53）	0.3165 （0.82）
Popu	−0.4004 （−0.55）	−0.5098 （−1.61）	−0.4551** （−2.32）	−0.2563 （−0.79）
Gov	−0.3863** （−2.74）	0.0555 （0.95）	0.1368* （1.71）	0.1853 （0.63）
Fdi	−0.0667 （−1.67）	−0.0082 （−0.41）	0.0097 （0.90）	0.0245 （0.99）
Depos	1.3501*** （8.05）	0.3387*** （2.70）	−0.0754 （−0.56）	−0.1061 （−0.26）
Hcap	0.0658 （0.53）	−0.0595** （−2.37）	−0.0080 （−0.55）	−0.0044 （−0.15）
Ind	−0.4628 （−0.73）	0.1174 （0.36）	1.1703*** （5.41）	3.1677*** （6.15）
Info	0.0954*** （5.47）	0.0304 （1.21）	0.0033 （0.33）	−0.2369** （−2.38）
Wage	0.4507** （3.00）	0.1854* （1.88）	−0.0226 （−0.83）	−0.3689 （−0.62）
_cons	−19.5057** （−2.77）	−8.4494*** （−3.18）	−3.1699 （−1.64）	1.0738 （0.19）
城市效应	控制	控制	控制	控制
时间效应	控制	控制	控制	控制
N	144	1376	2800	128
R^2	0.960	0.907	0.866	0.914

注：括号内为 t 值，***、**、* 分别表示估计系数在 1%、5%、10% 的显著性水平上显著。

表 5-25 高铁开通对不同人口规模城市制造业盈利能力的
异质性影响

	（1） 超大城市	（2） 特大城市	（3） 大城市	（4） 中小城市
Hsr	0.1041 （0.74）	-0.0101 （-0.26）	0.1183*** （3.78）	-0.0144 （-0.34）
Grp	0.2089 （1.15）	0.3925*** （5.99）	0.2910*** （5.14）	0.0156 （0.26）
$Popu$	0.6061 （0.75）	0.1529 （0.42）	0.4885** （2.55）	0.1367 （1.75）
Gov	-0.3938 （-1.21）	-0.1115 （-1.34）	0.0301 （0.53）	0.0915 （0.56）
Fdi	0.0193 （0.27）	-0.0153 （-0.79）	-0.0027 （-0.35）	-0.0265* （-2.24）
$Depos$	0.7311* （2.28）	0.3022*** （3.21）	0.1298 （1.01）	0.1005 （1.10）
$Hcap$	-0.2543* （-2.15）	-0.0493 （-1.59）	-0.0263*** （-2.71）	-0.0223 （-1.74）
Ind	0.4994 （0.48）	0.2873 （0.75）	0.7470*** （3.05）	1.0607*** （4.11）
$Info$	-0.0567 （-1.41）	-0.0516* （-1.68）	-0.0124 （-1.46）	-0.0671 （-1.74）
$Wage$	0.6968 （1.65）	0.0545 （0.66）	-0.0196 （-1.04）	-0.2156 （-1.06）
$\_cons$	-12.9957* （-2.13）	-4.6848** （-2.05）	-4.1630* （-1.96）	4.1094*** （3.52）
城市效应	控制	控制	控制	控制
时间效应	控制	控制	控制	控制
N	144	1376	2800	128
R^2	0.910	0.783	0.499	0.608

注：括号内为 t 值，***、**、*分别表示估计系数在1%、5%、10%的显著性水平上显著。

三 不同人力资本规模城市

考虑到人力资本要素流动是高铁开通改善沿线地区制造业经济效益的重要机制，进一步剖析高铁开通对不同人力资本规模城市制造业转型升级的异质性效应。与机制检验部分一致，从高技术人员出发，采用城市信息传输、计算机服务和软件业，科学研究、技术服务和地质勘查业以及金融业从业人数的对数形式度量人力资本规模，并基于该指标的四分位数将全部样本分为四组。表5-26与表5-27展示了高铁开通对不同人力资本规模城市制造业经济效益异质性影响的估计结果。可以看到，高铁开通对沿线制造业经济效益（无论是生产效率还是盈利能力）的促进作用仅在人力资本规模最小的一组存在，对其余三组样本均无显著影响。这表明，城市自身的人力资本规模越小，对于高铁开通带来的人口流动加快和人力资本重新配置的依赖度越高，高铁开通对其制造业转型升级的影响也就越大。

表 5-26　　高铁开通对不同人力资本规模城市制造业生产效率的异质性影响

	（1） 最大	（2） 较大	（3） 较小	（4） 最小
Hsr	0.0162 （0.72）	0.0467 （1.08）	0.0709 （1.39）	0.1565 *** （3.00）
Grp	0.2566 *** （3.70）	0.3965 *** （4.98）	0.2960 *** （3.22）	0.4823 *** （6.20）
Popu	−0.9808 *** （−8.20）	−0.0100 （−0.04）	−0.4913 * （−1.73）	−0.1289 （−0.50）
Gov	0.2205 *** （2.69）	−0.0248 （−0.35）	0.3476 ** （2.24）	0.0327 （0.28）
Fdi	0.0057 （0.33）	−0.0005 （−0.02）	−0.0048 （−0.31）	0.0122 （1.36）
Depos	0.2981 ** （2.43）	0.2515 * （1.98）	0.2084 （1.14）	−0.5309 *** （−3.06）
Hcap	0.0077 （0.37）	−0.0676 （−1.02）	0.0248 （1.36）	0.0161 （0.94）
Ind	1.5708 *** （4.70）	0.5828 * （1.68）	0.7067 ** （2.21）	1.5007 *** （5.36）
Info	0.0734 *** （3.53）	0.0058 （0.26）	−0.0161 （−0.89）	0.0087 （0.65）

续表

	（1）最大	（2）较大	（3）较小	（4）最小
Wage	−0.0426 **	0.1598	0.0562	−0.0089
	（−2.01）	（1.12）	（0.93）	（−0.30）
_cons	−6.1994 ***	−10.1757 ***	−9.1613 ***	0.5586
	（−2.92）	（−4.31）	（−3.38）	（0.21）
城市效应	控制	控制	控制	控制
时间效应	控制	控制	控制	控制
N	1120	1136	1120	1136
R^2	0.929	0.908	0.880	0.849

注：括号内为 t 值，***、**、* 分别表示估计系数在 1%、5%、10% 的显著性水平上显著。

表 5-27　高铁开通对不同人力资本规模城市制造业盈利能力的
异质性影响

	（1）最大	（2）较大	（3）较小	（4）最小
Hsr	−0.0183	0.0303	0.0433	0.0901 **
	（−0.45）	（0.66）	（0.85）	（2.01）
Grp	0.2936 ***	0.2707 ***	0.2343 **	0.1980 ***
	（3.59）	（3.26）	（2.38）	（4.02）
Popu	0.0250	0.7364 **	0.5109	0.2277
	（0.13）	（2.15）	（1.27）	（1.13）
Gov	0.0847	−0.0565	0.1351	0.0262
	（0.91）	（−0.66）	（1.26）	（0.50）
Fdi	0.0023	−0.0248	−0.0113	0.0024
	（0.13）	（−1.31）	（−1.15）	（0.42）
Depos	0.2093	0.2568 **	0.4988 ***	−0.0641
	（0.88）	（2.48）	（2.80）	（−0.58）
Hcap	−0.0194	−0.0524	−0.0161	−0.0244 ***
	（−0.75）	（−0.97）	（−1.12）	（−2.71）
Ind	2.1772 ***	0.9272 **	0.8402 *	1.1048 ***
	（3.91）	（2.55）	（1.88）	（6.13）

续表

	（1） 最大	（2） 较大	（3） 较小	（4） 最小
Info	−0.0386 （−1.04）	0.0221 （0.88）	0.0084 （0.47）	0.0092 （1.16）
Wage	−0.0452* （−1.95）	0.2236 （1.40）	0.1085* （1.73）	0.0251 （0.91）
_cons	−4.0628 （−1.12）	−8.8828*** （−3.22）	−11.6967*** （−3.48）	0.7392 （0.36）
城市效应	控制	控制	控制	控制
时间效应	控制	控制	控制	控制
N	1120	1136	1120	1136
R²	0.767	0.709	0.530	0.451

注：括号内为 t 值，***、**、* 分别表示估计系数在 1%、5%、10% 的显著性水平上显著。

四　不同研发资本规模城市

类似的，由于研发资本要素流动也是高铁开通改善沿线地区制造业经济效益的重要机制，故需进一步剖析高铁开通对不同研发资本规模城市制造业转型升级的异质性效应。采用城市政府科技支出的对数形式度量研发资本规模，并基于该指标的四分位数将全部样本等分为四组。高铁开通对不同研发资本规模城市制造业生产效率和盈利能力影响的异质性效应如表 5-28 和表 5-29 所示。结果显示，高铁开通对不同研发资本投入城市制造业生产效率的影响在研发资本规模较小和最小两组样本中显著为正，在其他两组样本中不显著；而高铁开通对不同研发资本投入城市制造业盈利能力的影响仅在研发资本规模最小的一组中显著为正，在其余三组中均不显著。综上，与人力资本规模异质性效应的估计结果类似，由于研发资本相对匮乏的城市更为依赖交通基础设施改善对研发资本要素流动和重新配置的促进作用，故高铁开通对制造业经济效益的正向影响在研发资本相对匮乏的城市样本中更为突出。

表 5-28　　　高铁开通对不同研发资本投入城市制造业生产效率的
异质性影响

	(1) 最大	(2) 较大	(3) 较小	(4) 最小
Hsr	0.0050	0.0015	0.0892*	0.1319***
	(0.20)	(0.04)	(1.82)	(2.72)
Grp	0.2326***	0.2119***	0.2813***	0.4549***
	(3.44)	(3.53)	(2.72)	(5.68)
Popu	-1.0676***	-0.6538***	-0.4129	0.0912
	(-7.43)	(-4.24)	(-1.03)	(0.27)
Gov	0.2061*	-0.0389	0.1826	0.0930
	(1.88)	(-0.45)	(1.55)	(0.88)
Fdi	-0.0044	0.0133	0.0095	0.0090
	(-0.18)	(0.73)	(0.67)	(1.01)
Depos	0.5574***	0.3519***	-0.2326	-0.5751***
	(3.97)	(3.04)	(-1.15)	(-3.82)
Hcap	-0.0196	-0.0174	-0.0337	0.0338**
	(-1.05)	(-0.33)	(-1.33)	(2.50)
Ind	1.3533***	0.8565**	1.4382***	1.3749***
	(3.70)	(2.28)	(4.62)	(5.25)
Info	0.0455*	-0.0028	0.0586*	0.0062
	(1.79)	(-0.22)	(1.91)	(0.37)
Wage	0.0366	0.1025	0.1680*	-0.0190
	(0.26)	(0.64)	(1.86)	(-1.10)
_cons	-9.1633***	-4.8667**	-2.8494	-0.1304
	(-3.80)	(-2.13)	(-0.84)	(-0.05)
城市效应	控制	控制	控制	控制
时间效应	控制	控制	控制	控制
N	1120	1136	1120	1136
R^2	0.940	0.927	0.862	0.851

注：括号内为 t 值，***、**、*分别表示估计系数在 1%、5%、10%的显著性水平上显著。

表 5-29　　　高铁开通对不同研发资本投入城市制造业盈利能力的
异质性影响

	（1） 最大	（2） 较大	（3） 较小	（4） 最小
Hsr	−0.0363 （−1.09）	0.0234 （0.53）	−0.0151 （−0.35）	0.0820* （1.86）
Grp	0.2928*** （3.96）	0.1911*** （2.77）	0.1257 （1.44）	0.2248*** （3.21）
Popu	−0.0390 （−0.35）	−0.0391 （−0.14）	0.6851* （1.95）	0.3663 （1.31）
Gov	−0.0093 （−0.10）	−0.0401 （−0.47）	0.0626 （0.98）	0.0341 （0.53）
Fdi	−0.0125 （−0.53）	0.0027 （0.20）	0.0076 （0.77）	0.0061 （1.45）
Depos	0.2619* （1.84）	0.3913*** （3.47）	−0.1436 （−1.00）	−0.1414* （−1.99）
Hcap	−0.0194 （−1.09）	0.0399 （0.73）	−0.0455 （−1.50）	−0.0105 （−1.38）
Ind	1.1565** （2.38）	0.6818** （2.22）	1.7443*** （6.33）	1.3679*** （5.48）
Info	−0.0248 （−1.43）	0.0037 （0.19）	0.0387 （1.33）	0.0065 （0.55）
Wage	0.2312 （1.59）	0.4687** （2.65）	0.0288 （0.41）	0.0239 （1.44）
_cons	−5.3575** （−2.45）	−8.0861*** （−3.14）	−0.8443 （−0.33）	0.4787 （0.33）
城市效应	控制	控制	控制	控制
时间效应	控制	控制	控制	控制
N	1120	1136	1120	1136
R^2	0.850	0.719	0.585	0.331

注：括号内为 t 值，***、**、*分别表示估计系数在 1%、5%、10%的显著性水平上显著。

五　不同市场规模城市

从市场一体化机制出发，剖析高铁开通对不同市场规模城市制造业经济效益的异质性效应。市场规模采用城市生产总值的对数形式度量，在生产效率和盈利能力维度,分别按市场规模的四分位数和三分位数①对样本进行分组。异质性效应的估计结果如表5-30和表5-31所示。可以看到,高铁开通对沿线地区制造业生产效率和盈利能力的影响分别在市场规模最小和市场规模较小的一组中显著为正,在其余组别中均不显著。与地区生产总值较大的城市相比,地区生产总值较小的城市自身市场需求较低,可能难以满足制造业产品销售和技术迭代的需求,因而其对外部市场的依赖性较高,而高铁开通极大地提升了区域可达性,破除了地理距离较远或交通不便的地区间的阻隔,使这些城市的市场范围得到了较大程度的扩展,为制造业企业扩大销路和技术创新创造了条件,有效改善了其制造业的经济效益。

表5-30   高铁开通对不同市场规模城市制造业生产效率的
异质性影响

	(1) 最大	(2) 较大	(3) 较小	(4) 最小
Hsr	-0.0091 (-0.24)	0.0291 (0.77)	-0.0140 (-0.28)	0.1576*** (3.12)
Grp	0.2120*** (3.09)	0.1460*** (3.21)	0.2622*** (2.79)	0.4904*** (5.84)
Popu	-1.1576*** (-8.41)	-0.3380* (-1.71)	-0.3813 (-1.06)	-0.1956 (-0.89)
Gov	0.3281*** (3.47)	0.0237 (0.42)	0.2008* (1.67)	0.1579 (1.53)
Fdi	-0.0073 (-0.32)	-0.0022 (-0.20)	0.0294** (2.21)	0.0063 (0.71)
Depos	0.4838*** (3.68)	0.2600** (2.17)	0.0038 (0.03)	-0.6377*** (-4.03)
Hcap	0.0067 (0.10)	0.0060 (0.33)	-0.0118 (-0.90)	0.0380** (2.38)
Ind	1.0193*** (2.80)	1.1176*** (4.23)	1.4183*** (5.59)	1.4689*** (5.02)

① 因按四分位数分组时各组差异不明显,故取三分位数进行分组。

续表

	（1）最大	（2）较大	（3）较小	（4）最小
Info	0.0776 *** (3.66)	−0.0005 (−0.03)	0.0297 (0.98)	0.0064 (0.79)
Wage	0.0836 (0.52)	0.2342 ** (2.04)	−0.0032 (−0.14)	−0.0016 (−0.07)
_cons	−9.6205 *** (−4.73)	−6.5278 *** (−3.18)	−4.8538 * (−1.78)	0.7013 (0.31)
城市效应	控制	控制	控制	控制
时间效应	控制	控制	控制	控制
N	1120	1136	1120	1136
R^2	0.939	0.933	0.876	0.847

注：括号内为 t 值，***、**、*分别表示估计系数在 1%、5%、10% 的显著性水平上显著。

表 5-31　高铁开通对不同市场规模城市制造业盈利能力的异质性影响

	（1）大	（2）中	（3）小
Hsr	−0.0169 (−0.50)	0.0234 (0.56)	0.0565 * (1.73)
Grp	0.2924 *** (5.32)	0.1362 (1.54)	0.1418 *** (3.37)
Popu	−0.0999 (−0.86)	0.7160 (1.43)	0.3791 ** (2.10)
Gov	0.0062 (0.07)	0.0534 (0.55)	0.0553 (1.62)
Fdi	−0.0072 (−0.55)	0.0117 (0.96)	0.0050 (1.22)
Depos	0.4478 *** (3.42)	0.1810 ** (2.23)	−0.1182 * (−1.69)
Hcap	0.0130 (0.51)	−0.0274 * (−1.89)	−0.0152 * (−1.86)
Ind	1.7514 *** (3.88)	1.8133 *** (4.99)	1.1615 *** (7.55)

续表

	(1) 大	(2) 中	(3) 小
Info	−0.0122 (−0.66)	0.0397* (1.82)	0.0003 (0.06)
Wage	0.2256* (1.89)	0.0399 (0.89)	0.0288 (1.16)
_cons	−8.8862*** (−3.97)	−6.3109* (−1.88)	1.0872 (0.88)
城市效应	控制	控制	控制
时间效应	控制	控制	控制
N	1504	1504	1504
R²	0.812	0.593	0.476

注:括号内为 t 值,***、**、* 分别表示估计系数在 1%、5%、10% 的显著性水平上显著。

第六节　本章小结

本章从经济效益视角出发,实证研究了高铁开通对沿线城市制造业生产效率和盈利能力的影响。首先,基于双重差分模型估计了高铁开通对沿线城市制造业经济效益的平均效应。结果显示,高铁开通显著促进了沿线地区制造业的生产效率和盈利能力,显著提升了工业企业的全员劳动生产率和利税额,并且该模型通过了各种稳健性检验,具有一定的稳健性。其次,实证剖析了高铁开通对沿线城市制造业经济效益的直接影响机制,验证了高铁开通对人力资本要素流动、研发资本要素流动以及市场一体化程度的积极作用。再次,进一步分析了高铁开通对沿线城市制造业经济效益的时间累积效应和空间溢出效应,发现高铁开通对沿线地区制造业生产效率和盈利能力的影响具有显著的时间累积效应和正向空间溢出效应,但不同维度指标的空间溢出对象存在一定差异,高铁开通对制造业生产效率的溢出在地理距离邻近地区之间更为突出,而高铁开通对制造业盈利能力的溢出在经济距离邻近地区之间更为明显。最后，从不同地理位置、人口规模、人力资本规模、研发资本规模、市场规模等维度对影响的异质性效应进行深入剖析。研究发现，高铁开通对中西部地区城市、人口规模较大城市、人力资本规模最小城市、研发资本规模最小城市以及市场规模最小城市的制造业经济效益改善的促进作用更为突出。

第六章　环境效益视角下高铁开通
对制造业转型升级的影响

随着绿色发展理念的提出和高质量发展的推进，制造业绿色化发展成为制造业转型升级和高质量发展的重要内容。近年来，中国高度重视制造业的绿色转型。2023年6月，工信部提出，要通过加快推进产业结构高端化、能源消费低碳化、资源利用循环化、生产过程清洁化等转型，全面推进工业绿色发展，并将其作为新型工业化的重点。基于理论分析，高铁开通带来的要素流动加快和市场一体化提升等一般性机制不仅能显著提升制造业的经济效益，也有利于改善制造业的环境效益。此外，高铁开通对绿色物流和旅游经济发展的积极作用也对制造业绿色转型具有正向影响。基于此，在实证分析高铁开通对制造业经济效益影响的基础上，本章聚焦制造业环境效益，从污染物排放水平和污染物排放强度两个维度实证研究高铁开通对制造业转型升级的影响及直接作用机制。具体包括以下研究内容：高铁开通对制造业环境效益的影响，生产要素流动、市场一体化、绿色物流发展以及旅游经济发展路径下的直接机制检验、影响的时空效应及异质性效应分析[①]。

第一节　研究设计

一　模型选择

与第五章类似，本章基于多期双重差分模型评估高铁开通对制造业环境效益的影响，如式（6-1）所示：

[①]　由于第六章和第七章的研究方法与第五章类似，相同的方法介绍部分在后面章节不再赘述，第六章和第七章更为侧重对研究结果的解读和阐释。

$$Up\_env_{c,t} = \beta_0 + \beta_1 HSR_{c,t} + \gamma X_{c,t} + \delta_c + \delta_t + u_{c,t} \qquad (6-1)$$

其中，被解释变量 $Up\_env_{c,t}$ 表示城市 c 在 t 年的制造业环境效益层面的转型升级状况，包括污染物排放水平和污染物排放强度两个指标；核心解释变量 $HSR_{c,t}$ 表示城市 c 在 t 年是否开通高铁，若开通高铁则取 1，否则取 0，开通高铁城市为实验组，未开通高铁城市为控制组；β_1 为核心解释变量的估计系数，如果 β_1 显著大于 0，表明高铁开通显著促进了沿线城市制造业环境效益的改善，有助于其实现转型升级，反之则阻碍了制造业的转型升级；$X_{c,t}$ 为一系列城市层面的控制变量，包括城市经济规模、人口规模、政府支持力度、对外开放程度、金融发展水平、人力资本规模、产业结构、信息水平以及收入水平；δ_c 为城市固定效应；δ_t 为时间固定效应。标准误聚类在城市层面。

二　变量与数据

（一）变量构建

1. 被解释变量

本章的被解释变量为地级城市环境效益层面的制造业转型升级状况，包括污染物排放水平和污染物排放强度两个维度，分别采用熵权法对工业废水、工业二氧化硫、工业烟（粉）尘的排放量和排放强度合成得到。指标的具体构建方式见第三章。值得注意的是，两个指标均进行逆向处理，指标值越高，表明污染物的排放水平和强度越低。

2. 解释变量

以高铁开通与否的虚拟变量作为核心解释变量，若某城市在某年开通了高铁，则该变量取 1，否则取 0。同时，以城市高铁站数量、高铁累计开通时间等变量作为高铁开通的替代变量，进行稳健性检验和时间累积效应分析。

3. 控制变量

本章的控制变量包括城市经济规模、城市人口规模、政府支持力度、城市对外开放程度、城市金融发展水平、城市人力资本规模、城市产业结构、城市信息化水平以及城市收入水平，主要变量的定义如表 6-1 所示。为消除离群值影响，对部分变量进行对数处理，表 6-2 为主要变量的描述性分析结果。

表 6-1   主要变量的符号和定义

变量符号	变量名称	变量定义
Hsr	高铁开通	若该城市开通了高铁，则定义为1，否则为0
Hsr_t	高铁累计开通时间	样本期各年份减去高铁开通年份
Hsr_s	高铁站数量	某城市的高铁站数量
Poll_l	制造业污染物排放水平	工业企业三大污染物排放水平综合指数
Poll_i	制造业污染物排放强度	工业企业三大污染物排放强度综合指数
Grp	城市经济规模	城市生产总值
Popu	城市人口规模	城市总人口
Gov	政府支持力度	政府科教支出
Fdi	城市对外开放程度	实际利用外资额
Dep	城市金融发展水平	年末金融机构存款余额
Hcap	城市人力资本规模	高校教师数
Ind	城市产业结构	第二产业占比
Info	城市信息化水平	国际互联网用户数
Wage	城市收入水平	平均工资

表 6-2   主要变量的描述性分析

变量	均值	标准差	最小值	最大值
Hsr	0.2990	0.4579	0.0000	1.0000
Hsr_t	0.4701	0.7788	0.0000	2.8332
Hsr_s	0.9949	2.1781	0.0000	23.0000
Poll_l	8.7981	1.5148	0.0000	10.6383
Poll_i	9.6380	1.0007	0.0000	10.6368
Grp	15.9759	1.0832	12.6690	19.6049
Popu	5.8635	0.6899	2.8547	8.1330
Gov	12.4311	1.1413	6.7696	16.4906
Fdi	11.3081	2.4184	0.0000	16.8347

续表

变量	均值	标准差	最小值	最大值
Dep	16.1898	1.2447	12.7451	21.1749
Hcap	7.5297	1.6726	0.0000	13.5241
Ind	0.4814	0.1101	0.0266	0.9097
Info	12.5782	1.3269	0.0000	17.7617
Wage	10.3303	0.6303	2.3805	12.6780

（二）数据来源

本章所使用的城市数据来自 2004—2019 年的《中国城市统计年鉴》；高铁数据来自国家铁路局网站和《中国铁路年鉴》，经笔者手工收集整理得到；城市邻接数据为笔者根据公开地理信息手工整理得到。

第二节　基本实证分析

一　基本实证结果

本章实证研究了高铁开通对沿线城市制造业环境效益的平均效应，估计结果如表6-3所示。其中，第（1）列至第（2）列、第（4）列至第（5）列为双重差分模型估计结果；第（1）列和第（4）列未引入控制变量。可以看到，无论是否包含控制变量，高铁开通对沿线制造业污染物排放水平的影响均显著为正，而高铁开通对沿线制造业污染物排放强度的影响在未纳入控制变量时不显著，但在纳入控制变量后显著为正，表明高铁开通显著降低了沿线城市制造业污染物排放水平和排放强度，有效改善了制造业的环境效益，促进了制造业转型升级。为进一步降低双重差分模型估计过程中可能因样本自选择导致的内生性问题，采用倾向得分匹配（PSM）方法对样本进行匹配，并基于新样本重新估计高铁开通对制造业污染物排放水平和排放强度的影响，匹配方法和变量与第五章相同。表6-4展示了倾向得分匹配后实验组和控制组协变量均值的差异比较，结果显示，所有特征变量的差异 P 值均不显著，表明两组特征变量在匹配后不存在显著差异性。倾向得分匹配后的双重差分估计结果如表6-3的第（3）列和第（5）列所示，可以看到，倾向得分匹配后高铁开通对制造业污染物排放水平和排放强度影响的估计系数和显著性虽都有所下降，但依然显著为正，表明高铁开通改善了制造业环境效益这一结论具有一定的稳健性。

表6-3　　　高铁开通对制造业环境效益影响的基本实证结果

	（1） Poll_l DID	（2） Poll_l DID	（3） Poll_l PSM+DID	（4） Poll_i DID	（5） Poll_i DID	（6） Poll_i PSM+DID
Hsr	0.1814*** (2.71)	0.1838*** (2.80)	0.1008* (1.68)	0.0855 (1.36)	0.1453*** (2.68)	0.0861* (1.93)
Grp		−0.0092 (−0.09)	−0.1381 (−1.52)		0.1524* (1.77)	0.0187 (0.22)
Popu		−0.3375 (−1.03)	−0.4774 (−1.24)		−0.0836 (−0.35)	−0.2633 (−0.97)
Gov		−0.0840 (−0.64)	0.0061 (0.04)		−0.1635 (−1.54)	0.0091 (0.09)
Fdi		0.0457*** (3.13)	0.0542*** (2.67)		0.0489** (2.25)	0.0302* (1.73)
Depos		−0.2743 (−1.42)	−0.1555 (−0.84)		0.0707 (0.38)	0.0708 (0.49)
Hcap		0.0259 (0.92)	0.0297 (0.54)		0.0158 (0.40)	−0.0113 (−0.20)
Ind		−0.4192 (−0.90)	−0.3855 (−0.83)		3.6355*** (6.30)	2.7165*** (5.02)
Info		−0.0407 (−1.53)	−0.0269 (−0.58)		0.0193 (0.62)	−0.0040 (−0.13)
Wage		−0.1280* (−1.87)	−0.2711 (−1.56)		−0.0057 (−0.09)	0.0677 (0.51)
_cons	8.8781*** (215.81)	17.3481*** (4.95)	18.1511*** (4.50)	9.5262*** (247.85)	6.3149** (2.31)	7.5844** (2.58)
城市效应	控制	控制	控制	控制	控制	控制
时间效应	控制	控制	控制	控制	控制	控制
N	4512	4512	2512	4512	4512	2894
R²	0.220	0.233	0.240	0.126	0.216	0.201

注：括号内为t值，***、**、*分别表示估计系数在1%、5%、10%的显著性水平上显著。

表 6-4 PSM 协变量均值比较

变量	污染物排放水平（*Poll_l*）			污染物排放强度（*Poll_i*）		
	实验组	控制组	差异 P 值	实验组	控制组	差异 P 值
Grp	16.389	16.418	0.619	16.425	16.436	0.775
Popu	5.9918	6.029	0.431	5.9313	5.9669	0.238
Gov	14.373	14.389	0.773	14.732	14.736	0.895
Fdi	12.289	12.204	0.451	11.92	11.808	0.175
Depos	16.508	16.535	0.687	16.753	16.76	0.840
hcap	7.882	7.8968	0.879	7.6851	7.647	0.447
Ind	0.51237	0.51688	0.553	0.4813	0.47552	0.215
Info	12.96	12.984	0.701	13.302	13.304	0.945
Wage	10.407	10.408	0.955	10.768	10.77	0.916

二　稳健性检验

（一）平行趋势检验

为保证结论的稳健性，采用多期双重差分模型的事件研究法对基准模型的平行趋势进行检验。具体来看，定义虚拟变量 d_1—d_7，代表高铁开通前的 1—7 年；类似的，定义 current 代表高铁开通当年，定义虚拟变量 d1—d5 代表高铁开通后的 1—5 年，然后将以上虚拟变量纳入基本回归模型进行估计，并绘制平行趋势图。制造业污染物排放水平和排放强度的平行趋势检验结果如图 6-1 和图 6-2 所示。可以看到，无论是制造业污染物排放水平指标还是制造业污染物排放强度指标，开通高铁城市与未开通高铁城市在高铁开通前均不存在显著差异，即 d_1—d_6 在统计意义上均不显著[①]，而 current、d1—d5 中至少有一个显著为正，表明实验组城市和控制组城市制造业的环境效益在高铁开通前具有共同的发展趋势，高铁开通后二者逐渐开始产生差异。这是由高铁开通这一事件导致的，即平行趋势假定满足。

---

① 为避免共线性，删掉 d_7。

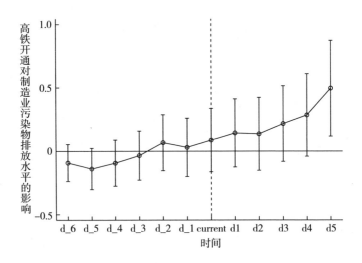

图6-1　高铁开通对制造业污染物排放水平影响的平行趋势检验

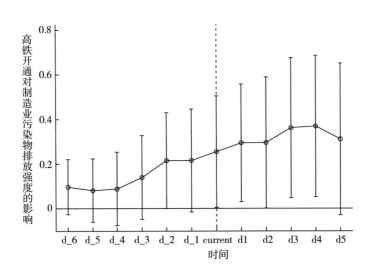

图6-2　高铁开通对制造业污染物排放强度影响的平行趋势检验

（二）工具变量回归

接着，采用工具变量法进一步降低高铁开通的内生性。地理成本的高低是决定高铁建设的重要因素，但由于其不随时间变化，故参考刘冲、周黎安的研究（刘冲、周黎安，2014），采用坡度与年份虚拟变量的乘积作为高铁开通的工具变量，并进行两阶段最小二乘估计。高铁开通对制造业环境效益影响的工具变量回归结果如表 6-5 所示。可以看到，在第一阶段回归中，坡度与年份虚拟变量交乘项的估计系数显著为负，且 F 值为 37.96，通过了弱工具变量检验；在第二阶段回归中，高铁开通显著降低了制造业污染物的排放水平和排放强度，证明了基准结果的稳健性。

表 6-5 高铁开通对制造业环境效益影响的工具变量回归

	(1) First	(2) Poll_l_iv	(2) Poll_i_iv
Hsr		1.0569*** (4.48)	1.1639** (2.32)
iv * 2005	−0.0594*** (−5.28)		
iv * 2006	−0.0486* (−1.96)		
iv * 2007	−0.1146*** (−8.27)		
iv * 2008	−0.1464*** (−9.40)		
iv * 2009	−0.1268*** (−6.72)		
iv * 2010	−0.1038*** (−4.98)		
iv * 2011	−0.1172*** (−5.28)		
iv * 2012	−0.1134*** (−5.14)		
iv * 2013	−0.0872*** (−4.42)		
_cons	−6.6120*** (−7.95)		
控制变量	控制	控制	控制
城市效应	控制	控制	控制
时间效应	控制	控制	控制

续表

	(1) First	(2) Poll_l_iv	(2) Poll_i_iv
N	4512	4512	4512
R^2	0.472	0.032	0.023

注：括号内为 t 值，＊＊＊、＊分别表示估计系数在1%、10%的显著性水平上显著。

（三）安慰剂检验

为了排除其他政策因素以及随机和不可观测因素的影响，增强结论的可靠性，需进一步运用安慰剂检验对高铁开通对制造业环境效益影响的稳健性进行验证。参考 P. Li 等的做法（Li et al.，2016），对各城市的高铁开通时间进行随机处理，并据此定义新的高铁开通虚拟变量，重复操作500次。图6-3和图6-4分别展示了高铁开通对沿线地区制造业污染物排放水平和排放强度影响的安慰剂检验结果。可以看出，基于随机样本得到的高铁开通对沿线城市制造业污染物排放水平和排放强度影响的估计系数的均值均在0附近，且500次安慰剂检验所得估计系数大于基准回归结果中估计系数的概率小于5%，表明高铁开通时间随机这一假定事实并不能够显著影响实验组城市制造业的环境效益，基准结果具有一定的稳健性。

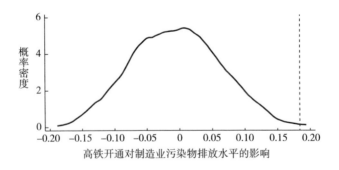

图6-3　高铁开通对制造业污染物排放水平影响的安慰剂检验

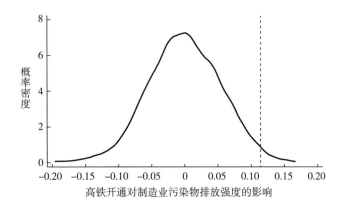

图 6-4　高铁开通对制造业污染物排放强度影响的安慰剂检验

（四）其他稳健性分析

本章还进行了其他稳健性测试，以进一步增强结论的可靠性。首先，考虑到直辖市、省会以及一线和新一线城市的政治地位、经济发展水平及交通通达程度与一般城市存在较大差异，分别将其从样本中剔除，重新对模型进行估计。估计结果如表 6-6 和表 6-7 的第（1）列和第（2）列所示。可以看到，无论是剔除直辖市和省会还是剔除一线和新一线城市，高铁开通对沿线地区制造业污染物排放水平和排放强度的影响均依然显著为正，证明了结果的稳健性。其次，为了消除其他客运交通运输方式的干扰，需要在模型中控制公路和航空等其他客运交通基础设施的影响。基于各地级城市的公路客运量和航空客运量指标，度量城市其他客运交通基础设施的发展水平。将以上两个变量纳入模型进行控制后的回归结果见表 6-6 和表 6-7 的第（3）列。结果显示，在控制了公路和航空运输方式的影响后，高铁开通依然显著降低了制造业污染物的排放水平和排放强度，而公路客运量对制造业污染物排放水平无显著影响，对制造业污染物排放强度的影响显著为负，航空客运量对制造业污染物排放水平的影响显著为负，对制造业污染物排放强度无显著影响，表明其他客运交通基础设施的改善对提升制造业环境效益的积极作用并不明显，甚至存在一定的阻碍作用。此外，进一步将核心解释变量——高铁开通虚拟变量替换为高铁站数量指标，并对模型进行重新估计，结果如表 6-6 和表 6-7 第（4）列所示。可以看到，在替换高铁开通度量指标后，高铁开通依然显著降低了沿线地区制造业污染物的排放水平和排放强度。

表 6-6　　高铁开通对制造业污染物排放水平影响的其他稳健性分析

	（1） 剔除直辖市和 省会	（2） 剔除一线和 新一线城市	（3） 剔除公路和 航空的影响	（4） 更换高铁 度量指标
Hsr	0.1458 ** (2.06)	0.1244 * (1.83)	0.1799 *** (2.75)	
Hsr_s				0.0709 *** (3.57)
Grp	−0.2278 ** (−2.23)	−0.2239 ** (−2.23)	−0.0256 (−0.25)	−0.0616 (−0.62)
Popu	−0.3266 (−0.94)	−0.5756 (−1.56)	−0.3812 (−1.18)	−0.4195 (−1.32)
Gov	−0.0436 (−0.29)	−0.0195 (−0.15)	−0.0649 (−0.50)	−0.0620 (−0.48)
Fdi	0.0407 *** (2.75)	0.0386 *** (2.81)	0.0473 *** (3.21)	0.0464 *** (3.19)
Depos	−0.3195 (−1.63)	−0.2497 (−1.37)	−0.2794 (−1.43)	−0.2684 (−1.43)
Hcap	0.0395 (1.42)	0.0377 (1.36)	0.0317 (1.12)	0.0321 (1.17)
Ind	0.2350 (0.50)	0.1727 (0.37)	−0.3644 (−0.78)	−0.3728 (−0.80)
Info	0.0069 (0.30)	0.0053 (0.23)	−0.0347 (−1.41)	−0.0256 (−1.10)
Wage	−0.1730 * (−1.77)	−0.0768 (−1.30)	−0.1239 * (−1.85)	−0.1229 * (−1.82)
Hw			−0.0109 (−0.79)	
Air			−0.0180 * (−1.82)	
_cons	20.3447 *** (5.77)	19.6113 *** (5.86)	17.6616 *** (5.06)	17.9598 *** (5.35)
城市效应	控制	控制	控制	控制
时间效应	控制	控制	控制	控制

续表

	（1）剔除直辖市和省会	（2）剔除一线和新一线城市	（3）剔除公路和航空的影响	（4）更换高铁度量指标
N	3968	4208	4512	4512
R²	0.227	0.215	0.235	0.248

注：括号内为 t 值，***、**、* 分别表示估计系数在 1%、5%、10% 的显著性水平上显著。

表 6-7　高铁开通对制造业污染物排放强度影响的其他稳健性分析

	（1）剔除直辖市和省会	（2）剔除一线和新一线城市	（3）剔除公路和航空的影响	（4）更换高铁度量指标
Hsr	0.1504** (2.40)	0.1430** (2.42)	0.1476*** (2.73)	
Hsr_s				0.0505** (2.48)
Grp	0.1875* (1.83)	0.1645* (1.71)	0.1478* (1.73)	0.1261 (1.44)
Popu	−0.0844 (−0.28)	−0.1079 (−0.32)	−0.0873 (−0.37)	−0.0778 (−0.32)
Gov	−0.1866 (−1.48)	−0.1582 (−1.43)	−0.1635 (−1.55)	−0.1639 (−1.54)
Fdi	0.0538** (2.30)	0.0495** (2.28)	0.0490** (2.24)	0.0475** (2.17)
Depos	0.0651 (0.31)	0.0601 (0.31)	0.0837 (0.44)	0.0720 (0.38)
Hcap	0.0159 (0.40)	0.0165 (0.42)	0.0170 (0.43)	0.0172 (0.44)
Ind	3.7344*** (5.87)	3.7479*** (6.15)	3.6509*** (6.33)	3.6472*** (6.27)
Info	0.0252 (0.71)	0.0222 (0.67)	0.0184 (0.58)	0.0235 (0.74)
Wage	−0.0257 (−0.31)	−0.0024 (−0.04)	−0.0071 (−0.12)	−0.0023 (−0.04)
Hw			−0.0253* (−1.95)	

续表

	（1） 剔除直辖市和省会	（2） 剔除一线和新一线城市	（3） 剔除公路和航空的影响	（4） 更换高铁度量指标
Air			−0.0008 （−0.11）	
_cons	6.1694 * （1.96）	6.2306 ** （2.04）	6.4261 ** （2.32）	6.5832 ** （2.39）
城市效应	控制	控制	控制	控制
时间效应	控制	控制	控制	控制
N	3968	4208	4512	4512
R^2	0.220	0.221	0.218	0.214

注：括号内为 t 值，＊＊＊、＊＊、＊分别表示估计系数在 1%、5%、10%的显著性水平上显著。

第三节 直接影响机制分析

基于理论剖析，高铁开通对制造业环境效益的直接影响机制不仅包括要素流动和市场一体化两个一般性机制，还包括绿色物流和旅游经济两个特有机制。由于高铁开通对沿线地区要素流动和市场一体化的影响在前文已经得到验证，而要素流动的加快和市场一体化程度的提升又能够为制造业企业的绿色技术创新活动提供高端要素、隐性知识和市场需求支撑，有利于增强企业绿色转型的意识和能力，有效改善制造业环境效益，故本章主要聚焦绿色物流发展和旅游经济发展两个绿色效益维度的特有机制进行验证和分析。与第五章类似，我们重点实证剖析高铁开通对沿线地区绿色物流和旅游经济发展的影响。

一 绿色物流机制

本部分对绿色物流机制进行验证。考虑到高铁开通会释放普通铁路的货运能力，促进高铁快运的发展，有利于增大铁路货运量，降低公路货运量，促进货物运输"公转铁"，从而推动绿色物流发展，本章用公路货运量和铁路货运量作为绿色物流发展的度量指标。高铁开通对沿线地区绿色物流发展的估计结果如表6-8所示,其中,第(1)列至第(3)列为双重差分模型估计结果,第(4)列至第(6)列为倾向得分匹配后的双重差分模型估计结果;第(1)列和第(2)列、第(4)列和第(5)列的被解释变量为铁路货运量,第(3)列和第(6)列的被解释变量为公路货运量;由于铁路货运量数据在2015年后缺失值较多,故第(2)列和第(5)列仅采用2003—2014年的样本进行估计。无论是否采用倾向得分匹配法,高铁开通对沿线地区的公路货运量均无显著影响,而且无论采用全样本数据还是部分样本数据,高铁开通均显著降低了沿线地区的铁路货运量。以上结论表明,截至2018年,中国高铁开通尚未能有效释放沿线既有线路的货运能力或其所带来的货运能力释放并没有被有效利用,加之受制于货运组织和基础设施,高铁快运的规模仍然较小,中国高铁开通对货物运输"公转铁"的影响还不足,绿色物流机制的潜力和空间有待进一步挖掘。

表6-8　　　　　　　　　　绿色物流机制

	(1) 铁路 DID 全样本	(2) 铁路 DID 2003— 2014 年	(3) 公路 DID 全样本	(4) 铁路 PSM+DID 全样本	(5) 铁路 PSM+DID 2003—2014 年	(6) 公路 PSM+DID 全样本
Hsr	−0.1802** (−2.55)	−0.1423** (−2.13)	0.0618 (1.32)	−0.1740** (−2.37)	−0.1244* (−1.86)	0.0612 (1.27)
Grp	0.1642* (1.89)	0.5427** (2.16)	−0.0298 (−0.50)	0.2370** (2.45)	0.5466** (2.16)	−0.0060 (−0.10)
$Popu$	−0.4007 (−0.89)	−0.1659 (−0.27)	0.5164* (1.96)	−0.3434 (−0.71)	−0.1736 (−0.25)	0.4929* (1.73)
Gov	0.0425 (0.35)	−0.0968 (−0.80)	0.3869*** (4.69)	0.0189 (0.15)	−0.1056 (−0.86)	0.3692*** (4.53)
Fdi	−0.0252 (−1.40)	−0.0136 (−0.67)	−0.0262** (−2.26)	−0.0248 (−1.38)	−0.0122 (−0.63)	−0.0242** (−2.01)
$Depos$	0.2626 (1.30)	0.1557 (0.65)	0.2917** (2.41)	0.2491 (1.22)	0.1733 (0.72)	0.2652** (2.18)
$Hcap$	0.0001 (0.00)	−0.0177 (−0.77)	−0.0162 (−0.63)	−0.0052 (−0.19)	−0.0194 (−0.85)	−0.0168 (−0.66)

续表

	（1）铁路 DID 全样本	（2）铁路 DID 2003—2014 年	（3）公路 DID 全样本	（4）铁路 PSM+DID 全样本	（5）铁路 PSM+DID 2003—2014 年	（6）公路 PSM+DID 全样本
Ind	0.2149 (0.49)	0.0004 (0.00)	0.6255** (2.07)	0.1957 (0.43)	0.0092 (0.02)	0.6219** (2.02)
Info	0.0591* (1.74)	0.0282 (1.25)	−0.0171 (−0.35)	0.0531 (1.63)	0.0251 (1.16)	−0.0164 (−0.33)
Wage	0.0756 (0.62)	0.1225 (1.05)	0.0754* (1.71)	0.0960 (0.77)	0.1215 (1.04)	0.0748 (1.65)
_cons	0.0814 (0.02)	−3.5755 (−0.65)	−4.3210* (−1.89)	−0.9276 (−0.24)	−3.7037 (−0.65)	−3.9299* (−1.66)
城市效应	控制	控制	控制	控制	控制	控制
时间效应	控制	控制	控制	控制	控制	控制
N	4336	3252	4512	4159	3172	4366
R^2	0.051	0.070	0.503	0.054	0.071	0.506

注：括号内为 t 值，***、**、*分别表示估计系数在 1%、5%、10%的显著性水平上显著。

二 旅游经济机制

本部分对旅游经济发展机制进行验证。本章采用旅游业人数和旅游业收入两个指标度量沿线地区旅游经济的发展状况，高铁开通对沿线地区旅游经济发展影响的估计结果如表 6-9 所示。其中，第（1）列和第（2）列为双重差分模型估计结果，第（3）列和第（4）列为倾向得分匹配后的双重差分模型估计结果；第（1）列和第（3）列的被解释变量为旅游业人数，第（2）列和第（4）列的被解释变量为旅游业收入。结果显示，高铁开通显著促进了沿线城市旅游业人数和旅游业收入的增加，倾向得分匹配后，估计系数虽有所下降，但依然显著为正，表明高铁开通能显著促进沿线地区旅游经济的发展，而旅游经济的发展又能够满足公众和政府的环境质量需求，加大政府生态环境保护和治理力度。这一方面有利于为制造业企业提供绿色转型的方向和重点领域，另一方面可以通过政策支持和压力鼓励或倒逼企业开展绿色技术研发，从而降低制造业环境污染程度，推动其实现绿色转型。

表 6-9   旅游经济发展机制

	（1） 旅游业人数 DID	（2） 旅游业收入 DID	（3） 旅游业人数 PSM+DID	（4） 旅游业收入 PSM+DID
Hsr	0.1287*** （6.29）	0.1458*** （5.96）	0.1159*** （5.84）	0.1286*** （5.36）
Grp	0.0567* （1.80）	0.1700*** （4.66）	0.0423 （1.29）	0.1469*** （3.91）
Popu	0.2624* （1.93）	0.3671** （2.21）	0.2688** （2.08）	0.3622** （2.25）
Gov	−0.0086 （−0.21）	−0.1161** （−2.43）	−0.0054 （−0.14）	−0.0952** （−2.06）
Fdi	0.0100 （1.57）	0.0031 （0.40）	0.0075 （1.27）	−0.0004 （−0.06）
Depos	0.1529** （2.23）	0.1121 （1.47）	0.1610** （2.41）	0.1344* （1.85）
Hcap	−0.0370*** （−4.59）	−0.0360*** （−3.74）	−0.0371*** （−4.75）	−0.0361*** （−3.92）
Ind	−0.0243 （−0.17）	−0.2843* （−1.70）	−0.0241 （−0.17）	−0.3025* （−1.80）
Info	−0.0232*** （−2.98）	−0.0266** （−2.06）	−0.0232*** （−3.07）	−0.0274** （−2.10）
Wage	0.0096 （0.39）	0.0005 （0.02）	0.0023 （0.09）	−0.0069 （−0.27）
_cons	−3.9142*** （−3.13）	−4.0206*** （−2.76）	−3.8157*** （−3.14）	−4.1360*** （−2.93）
城市效应	控制	控制	控制	控制
时间效应	控制	控制	控制	控制
N	4512	4512	4366	4366
R²	0.854	0.824	0.856	0.825

注：括号内为 t 值，***、**、*分别表示估计系数在 1%、5%、10%的显著性水平上显著。

第四节　时空效应分析

一　时间累积效应

考虑到高铁开通的经济效应可能随时间的延长逐步增加，所以需要对高铁开通影响制造业环境效益的时间累积效应进行剖析。将基准模型中的高铁开通虚拟变量更换为高铁累计开通时间变量，估计结果如表6-10所示。可以看到，无论是否添加控制变量，高铁累计开通时间对沿线城市制造业污染物排放水平均具有显著的正向影响，而高铁累计开通时间对制造业污染物排放强度的影响仅在引入控制变量的模型下显著为正，且显著性较低。综上，高铁开通对沿线制造业环境效益的影响具有显著的时间累积效应，尤其是污染物排放水平维度，即随着高铁开通时间的增加，高铁开通对沿线地区制造业环境效益的改善作用会逐渐增强。

表 6-10　　高铁开通对制造业污染物排放水平和排放强度影响的
时间累积效应

	（1）Poll_l	（2）Poll_l	（3）Poll_i	（4）Poll_i
Hsr1	0.1969 *** (3.39)	0.1985 *** (3.50)	0.0243 (0.53)	0.0790 * (1.94)
Grp		-0.0278 (-0.27)		0.1468 * (1.70)
Popu		-0.4392 (-1.36)		-0.0843 (-0.36)
Gov		-0.0789 (-0.62)		-0.1666 (-1.57)
Fdi		0.0473 *** (3.26)		0.0484 ** (2.22)
Depos		-0.2470 (-1.28)		0.0801 (0.43)
Hcap		0.0314 (1.09)		0.0169 (0.43)

续表

	（1） Poll_l	（2） Poll_l	（3） Poll_i	（4） Poll_i
Ind		−0.3506 （−0.76）		3.6405*** （6.28）
Info		−0.0289 （−1.18）		0.0225 （0.71）
Wage		−0.1212* （−1.83）		−0.0032 （−0.05）
_cons	8.8791*** （216.61）	17.4673*** （5.05）	9.5277*** （247.59）	6.2374** （2.28）
城市效应	控制	控制	控制	控制
时间效应	控制	控制	控制	控制
N	4512	4512	4512	4512
R^2	0.228	0.240	0.125	0.214

注：括号内为 t 值，***、**、*分别表示估计系数在 1%、5%、10%的显著性水平上显著。

二　空间溢出效应

在时间累积效应的基础上，进一步剖析高铁开通对沿线地区制造业环境效益影响的空间溢出效应。依然选取空间邻接矩阵、地理距离矩阵和经济距离矩阵三个空间权重矩阵进行分析。在污染物排放水平维度，首先，基于莫兰指数法进行空间相关性检验，结果如表 6-11 所示。可以看到，不同城市间的制造业污染物排放水平在所有空间权重矩阵下都具有显著的正向空间自相关性。其次，对空间模型的形式进行选择。LM 检验结果如表 6-12 所示。可以看到，仅空间误差模型在经济距离矩阵下的 LM 检验接受原假设，在其他模型和空间权重矩阵下，LM 检验均拒绝原假设，可以认为存在空间相关性，应采用空间模型进行分析。再次，通过 LR 检验确定空间杜宾模型是否可以退化，检验结果如表 6-13 所示。可以看到，所有情况均拒绝原假设，表明空间杜宾模型无法退化为空间误差模型或空间滞后模型，应采用空间杜宾模型进行后续分析。复次，通过 Hausman 检验确定是否需要采用固定效应模型，结果如表 6-14 所示。可以看到，在地理距离矩阵下，接受原假设，应采用随机效应模型；而在其余两个矩阵下，均拒绝原假设，应采用固定效应模型。最后，运用 LR 检验确定空间邻接矩阵和经济距离矩阵下固定效应的类型，检验结果如表 6-15 所示。可以看到，在两种空间权重矩阵下，两种固定效应均显著拒绝原假设，因此，应选取行业和时间双向固定效应模型进行分析。

表 6-11   制造业污染物排放水平面板数据的莫兰检验

矩阵	莫兰指数	标准差	Z 值	P 值
空间邻接矩阵	0.252	0.010	24.589	0.000
地理距离矩阵	0.096	0.002	48.019	0.000
经济距离矩阵	0.112	0.008	14.832	0.000

表 6-12   模型选择 LM 检验

模型	指标	空间邻接矩阵		地理距离矩阵		经济距离矩阵	
		统计量	P 值	统计量	P 值	统计量	P 值
空间误差模型	LM	424.819	0.000	911.591	0.000	0.025	0.875
	Robust LM	288.961	0.000	326.115	0.000	49.247	0.000
空间滞后模型	LM	139.346	0.000	611.081	0.000	10.344	0.001
	Robust LM	3.489	0.062	25.605	0.000	59.567	0.000

表 6-13   模型选择 LR 检验

模型	空间邻接矩阵		地理距离矩阵		经济距离矩阵	
	似然比	P 值	似然比	P 值	似然比	P 值
空间误差模型	35.60	0.0001	24.59	0.0062	49.86	0.0000
空间滞后模型	34.06	0.0002	23.61	0.0087	49.69	0.0000

表 6-14   Hausman 检验

空间邻接矩阵		地理距离矩阵		经济距离矩阵	
似然比	P 值	似然比	P 值	似然比	P 值
573.09	0.0000	5.66	0.8430	75.93	0.0000

表6-15 固定效应选择 LR 检验

模型	空间邻接矩阵		地理距离矩阵		经济距离矩阵	
	似然比	P 值	似然比	P 值	似然比	P 值
行业固定效应	342.94	0.0000	——	——	266.18	0.0000
时间固定效应	5919.51	0.0000	——	——	5895.99	0.0000

　　基于上述结论，最终高铁开通对制造业污染物排放水平影响的空间模型如式（6-2）所示①：

$$Poll\_l_{c,t} = \rho WPoll\_l_{c,t} + \beta HSR_{c,t} + \theta WHSR_{c,t} + \gamma X_{c,t} + \delta_c + \delta_t + u_{c,t} \qquad (6-2)$$

　　其中，$WPoll\_l_{c,t}$ 为被解释变量制造业污染物排放水平的空间滞后项；$WHSR_{c,t}$ 为解释变量高铁开通的空间滞后项，其他变量含义与基准模型一致。

　　高铁开通对制造业污染物排放水平的空间溢出效应估计结果如表6-16 所示。结果显示，在空间邻接矩阵下，高铁开通对沿线城市制造业污染物排放水平的直接效应显著为正，间接效应显著为负；在地理距离矩阵下，直接效应显著为正，间接效应不显著；在经济距离矩阵下，高铁开通对沿线城市制造业污染物排放水平的直接效应和间接效应均显著为正。这表明，高铁开通对沿线地区制造业污染物排放水平的影响具有一定的正向空间溢出效应，且主要表现为对经济距离邻近地区的溢出，对于地理距离邻近地区无显著空间溢出效应，而对于在地理上毗邻的地区甚至存在一定的负向外溢效应。这可能是由于经济发展水平相当的城市之间的联系和交流更为频繁，高铁开通促进了知识和技术的溢出，有利于绿色技术的转让、学习与合作研发，而高铁开通在地理距离邻近的地区之间可能产生了一定的污染转移效应，即由于经济的发展和产业结构的转型升级，高铁开通城市的地价不断上涨、环境规制政策趋严，促使部分高污染制造业迁移至邻近地区，从而增加了这些地区污染物的排放。

---

　　① 以空间邻接矩阵和经济距离矩阵下的双向固定效应模型为例。

表 6-16　　　　高铁开通对制造业污染物排放水平的空间溢出效应

	(1)	(2)	(3)	(4)	(5)	(6)
	空间邻接矩阵		地理距离矩阵		经济距离矩阵	
	直接效应	间接效应	直接效应	间接效应	直接效应	间接效应
Hsr	0.1668***	−0.1666***	0.1655***	−0.7490	0.1871***	0.3709***
	(4.89)	(−2.70)	(4.72)	(−1.46)	(5.49)	(4.15)
Grp	−0.0124	0.0976	−0.0911*	−0.0792	−0.0100	0.1090
	(−0.23)	(0.94)	(−1.71)	(−0.62)	(−0.19)	(0.65)
Popu	−0.2921*	1.2457***	−0.2518***	0.5507	−0.2704	0.2022
	(−1.69)	(3.24)	(−2.58)	(0.27)	(−1.58)	(0.44)
Gov	−0.0995	−0.3783***	−0.0991	−0.5487	−0.0936	0.1050
	(−1.39)	(−2.76)	(−1.41)	(−0.57)	(−1.31)	(0.47)
Fdi	0.0444***	−0.0298*	0.0398***	−0.5879**	0.0475***	0.0463*
	(4.95)	(−1.75)	(4.32)	(−2.53)	(5.32)	(1.76)
Depos	−0.2748***	0.0978	−0.4451***	0.8278	−0.2663***	0.5917**
	(−3.04)	(0.60)	(−5.91)	(0.73)	(−2.93)	(2.28)
Hcap	0.0267	−0.0023	0.0210	−0.0514	0.0308*	−0.0984
	(1.50)	(−0.07)	(1.18)	(−1.27)	(1.75)	(−1.47)
Ind	−0.4448**	−0.1288	−0.4970**	−2.2763	−0.4219**	−1.0583*
	(−2.12)	(−0.34)	(−2.44)	(−0.94)	(−2.02)	(−1.65)
Info	−0.0305	0.1300***	−0.0346*	0.9508**	−0.0415**	−0.2434***
	(−1.64)	(3.22)	(−1.77)	(2.36)	(−2.22)	(−3.56)
Wage	−0.1306**	0.0132	−0.1213**	0.4621	−0.1304**	−0.3449
	(−2.50)	(0.11)	(−2.26)	(0.57)	(−2.50)	(−1.45)
城市效应	控制	控制	控制	控制	控制	控制
时间效应	控制	控制	控制	控制	控制	控制
N	4512	4512	4512	4512	4512	4512
R²	0.022	0.022	0.334	0.334	0.212	0.212

注：括号内为 t 值，***、**、*分别表示估计系数在 1%、5%、10%的显著性水平上显著。

　　在制造业污染物排放强度维度，空间溢出效应的分析方法与前文类似。其一，进行空间自相关检验，结果如表 6-17 所示，在三种空间权重矩阵下，不同城市间的制造业污染物排放强度均具有显著的正向空间自相关性。其二，确定空间模型的形式，LM 检验、LR 检验、Hausman 检验以及固定效应 LR 检验结果如表 6-18 至表 6-21 所示。可以看到，对于三种空间权重矩阵下的空间误差模型和空间滞后模型来说，至少有一个 LM 检验拒绝原假设，因此认为空间模型优于非空间模型，而模型选择 LR 检验均拒绝原假设，表明空间杜宾模型无法退化。同时，Hausman 检验表明固定效应模型优于随机效应模型，固定效应选择 LR 检验均拒绝原假设，进一步表明应采用行业和时间双向固定效应模型。

表 6-17　　　　　制造业污染物排放强度面板数据的莫兰检验

矩阵	莫兰指数	标准差	Z 值	P 值
空间邻接矩阵	0.298	0.010	29.129	0.000
地理距离矩阵	0.104	0.002	52.051	0.000
经济距离矩阵	0.109	0.008	14.426	0.000

表 6-18　　　　　　　　　模型选择 LM 检验

模型	指标	空间邻接矩阵		地理距离矩阵		经济距离矩阵	
		统计量	P 值	统计量	P 值	统计量	P 值
空间误差模型	LM	396.472	0.000	1894.638	0.000	60.032	0.000
	Robust LM	347.145	0.000	806.954	0.000	16.261	0.000
空间滞后模型	LM	60.419	0.000	1091.133	0.003	46.035	0.000
	Robust LM	11.092	0.001	3.450	0.063	2.263	0.132

表 6-19　　　　　　　　　模型选择 LR 检验

模型	空间邻接矩阵		地理距离矩阵		经济距离矩阵	
	似然比	P 值	似然比	P 值	似然比	P 值
空间误差模型	38.93	0.0000	19.63	0.0330	27.67	0.0020
空间滞后模型	39.69	0.0000	18.81	0.0428	23.97	0.0077

表 6-20　　　　　　　　　　Hausman 检验

空间邻接矩阵		地理距离矩阵		经济距离矩阵	
似然比	P 值	似然比	P 值	似然比	P 值
251.20	0.0000	431.54	0.0000	23.41	0.0093

表6-21 固定效应选择 LR 检验

模型	空间邻接矩阵		地理距离矩阵		经济距离矩阵	
	似然比	P 值	似然比	P 值	似然比	P 值
行业固定效应	573.09	0.0000	137.28	0.0000	437.00	0.0000
时间固定效应	3710.44	0.0000	3517.60	0.0000	3568.25	0.0000

基于上述分析,高铁开通对制造业污染物排放强度的空间溢出效应估计模型如式(6-3)所示:

$$Poll\_i_{c,t}=\rho WPoll\_i_{c,t}+\beta HSR_{c,t}+\theta WHSR_{c,t}+\gamma X_{c,t}+\delta_c+\delta_t+u_{c,t} \qquad (6-3)$$

其中,$WPoll\_i_{c,t}$ 为被解释变量制造业污染物排放强度的空间滞后项;$WHSR_{c,t}$ 为解释变量高铁开通的空间滞后项,其他变量含义与基准模型一致。

高铁开通对制造业污染物排放强度的空间溢出效应估计结果如表6-22所示。可以看到,在三种空间权重矩阵下,高铁开通对沿线城市制造业污染物排放强度的直接效应均显著为正,但间接效应均不显著,即高铁开通对沿线地区制造业污染物排放强度的影响不具有空间溢出效应。这可能是因为,污染物排放强度与环境技术水平密切相关,同行业间污染物的排放强度越高代表环境技术水平越低,而一个地区的环境技术水平与经济发展水平、产业政策、创新能力等众多因素相关,其提升需要一个相对较长的过程,难以一蹴而就。高铁开通虽然加快了知识和技术溢出,有利于邻近地区间的知识交流与技术合作,但很难在短期内提高邻近地区的环境技术水平,因此对污染物排放强度无显著溢出效应。结合第五章的分析结果,高铁开通对经济效益层面制造业转型升级的溢出效应较环境效益层面制造业转型升级的溢出效应更为显著,这可能是由于相较于制造业生产率和盈利能力的提升,制造业绿色化发展对于制度、技术和资本等方面的要求更高,实现难度相对更大,其空间溢出效应的发挥需要更高的条件和更长的时间。

表6-22 高铁开通对制造业污染物排放强度的空间溢出效应

	(1)	(2)	(3)	(4)	(5)	(6)
	空间邻接矩阵		地理距离矩阵		经济距离矩阵	
	直接效应	间接效应	直接效应	间接效应	直接效应	间接效应
Hsr	0.1369***	−0.0328	0.1429***	−0.3657	0.1479***	0.0540
	(4.36)	(−0.57)	(4.56)	(−1.42)	(4.71)	(0.69)

续表

	（1）	（2）	（3）	（4）	（5）	（6）
	空间邻接矩阵		地理距离矩阵		经济距离矩阵	
	直接效应	间接效应	直接效应	间接效应	直接效应	间接效应
Grp	0.1560***	0.4366***	0.1537***	1.0003**	0.1587***	−0.2047
	（3.17）	（4.48）	（3.10）	（2.06）	（3.20）	（−1.39）
Popu	−0.1153	0.8739**	−0.0589	0.5107	−0.0702	0.1173
	（−0.73）	（2.41）	（−0.37）	（0.36）	（−0.45）	（0.29）
Gov	−0.1602**	−0.1155	−0.1587**	0.1974	−0.1846***	0.1615
	（−2.43）	（−0.89）	（−2.41）	（0.30）	（−2.79）	（0.82）
Fdi	0.0474***	0.0236	0.0480***	0.0274	0.0485***	0.0059
	（5.76）	（1.45）	（5.82）	（0.40）	（5.89）	（0.26）
Depos	0.0883	−0.2409	0.1032	−0.2567	0.0982	0.4080*
	（1.07）	（−1.58）	（1.24）	（−0.35）	（1.18）	（1.79）
Hcap	0.0143	0.0205	0.0148	0.2697**	0.0183	−0.0681
	（0.88）	（0.62）	（0.91）	（2.13）	（1.13）	（−1.16）
Ind	3.6541***	−0.6316*	3.6178***	−4.9580***	3.6507***	−2.1666***
	（18.96）	（−1.76）	（18.74）	（−2.79）	（18.96）	（−3.85）
Info	0.0223	0.0186	0.0254	0.1979	0.0200	−0.0221
	（1.30）	（0.49）	（1.48）	（1.49）	（1.17）	（−0.37）
Wage	−0.0041	0.1224	−0.0055	0.1762	−0.0023	0.0097
	（−0.09）	（1.10）	（−0.12）	（0.41）	（−0.05）	（0.05）
城市效应	控制	控制	控制	控制	控制	控制
时间效应	控制	控制	控制	控制	控制	控制
N	4512	4512	4512	4512	4512	4512
R²	0.020	0.020	0.073	0.073	0.105	0.105

注：括号内为 t 值，***、**、* 分别表示估计系数在 1%、5%、10% 的显著性水平上显著。

第五节　异质性分析

一　不同地理位置城市

本部分对不同地理位置城市的异质性效应进行分析。将全部样本划分为东部、中部和西部三大地区。高铁开通对不同地理位置城市制造业环境效益的异质性效应估计结果如表 6-23 所示。可以看到，高铁开通显著降低了东部和西部地区的制造业污染物排放水平，且对西部地区的影响系数要大于东部地区，对中部地区无显著影响；同时，高铁开通还显著降低了西部地区的制造业污染物排放强度，而对东部和中部地区无显著影响。这可能是由于东部地区工业分布密集，污染物排放水平较高，而西部地区承接了大量东中部地区的高排放、高耗能产业，加之其环境技术水平与中东部地区相比明显偏低，工业企业污染物的排放水平和排放强度均更高，而高铁的开通加快了要素流动、促进了知识和技术溢出以及旅游经济的发展，从而推动了绿色技术的研发和迭代，显著改善了东部和西部地区（尤其是西部地区）制造业的环境效益。

表 6-23　　高铁开通对不同地理位置城市制造业环境效益的异质性影响

	（1） Poll_l 东部地区	（2） Poll_l 中部地区	（3） Poll_l 西部地区	（4） Poll_i 东部地区	（5） Poll_i 中部地区	（6） Poll_i 西部地区
Hsr	0.2384** (2.43)	0.0356 (0.39)	0.4678** (2.49)	0.0847 (1.55)	0.0163 (0.21)	0.3489* (1.82)
Grp	0.2195 (1.49)	0.1580 (1.43)	−0.5294* (−1.91)	−0.0157 (−0.17)	0.2914*** (2.89)	0.2664 (0.85)
Popu	−0.3067 (−0.77)	−0.7808 (−1.60)	1.0537 (0.98)	−0.4035 (−1.39)	−0.1947 (−0.57)	1.1137 (1.10)
Gov	−0.1925 (−1.11)	−0.2803 (−0.94)	−0.0538 (−0.23)	−0.0175 (−0.18)	−0.0359 (−0.17)	−0.1851 (−0.96)
Fdi	0.0950*** (2.76)	0.0578** (2.12)	0.0033 (0.18)	0.0103 (0.54)	0.0702** (2.46)	0.0409 (1.30)
depos	−0.4452 (−1.59)	−0.4501* (−1.84)	0.0965 (0.21)	0.1991 (1.15)	0.0595 (0.26)	−0.4672 (−0.99)
Hcap	−0.0434 (−0.88)	0.0123 (0.27)	0.0076 (0.16)	−0.0253 (−0.73)	0.0330 (0.58)	−0.0018 (−0.03)
Ind	−2.1688*** (−2.96)	−1.4036** (−2.16)	0.8720 (0.90)	1.3756*** (3.71)	2.6257*** (3.84)	6.3666*** (4.23)
Info	−0.0395 (−1.09)	−0.0138 (−0.34)	−0.0269 (−0.29)	−0.0328** (−2.36)	0.1024** (2.23)	0.0903 (1.08)

续表

	（1） Poll_l 东部地区	（2） Poll_l 中部地区	（3） Poll_l 西部地区	（4） Poll_i 东部地区	（5） Poll_i 中部地区	（6） Poll_i 西部地区
Wage	−0.0211 （−0.34）	−0.4663** （−2.63）	−0.1295 （−1.43）	0.0244 （1.05）	−0.2209 （−1.08）	−0.0048 （−0.05）
_cons	17.3452*** （3.59）	25.8346*** （6.34）	11.0062 （1.24）	9.3378*** （2.64）	4.6469 （1.10）	4.0619 （0.61）
城市效应	控制	控制	控制	控制	控制	控制
时间效应	控制	控制	控制	控制	控制	控制
N	1616	1584	1312	1616	1584	1312
R^2	0.311	0.367	0.159	0.253	0.293	0.244

注：括号内为 t 值，***、**、* 分别表示估计系数在 1%、5%、10% 的显著性水平上显著。

二　不同人口规模城市

本部分剖析不同人口规模城市的异质性效应。按人口规模将全部样本城市划分超大城市、特大城市、大城市和中小城市。高铁开通对不同人口规模城市制造业环境效益的异质性效应估计结果如表 6-24 和表 6-25 所示。结果显示，高铁开通显著降低了沿线地区超大城市和大城市制造业污染物排放水平和排放强度，而对特大城市以及中小城市无显著影响。其中，高铁开通对超大城市制造业污染物排放水平影响的系数和显著性均明显高于大城市。一方面，受"虹吸效应"影响，高铁开通促进了人力资本等高端要素向规模较大城市的集聚，有利于产业结构转型升级和知识技术溢出，推动绿色技术创新，从而降低制造业污染物的排放水平和排放强度。其中，超大城市通常是工业强市，深圳、上海、重庆、北京、广州和天津等超大城市的工业产值均位于全国前列，其制造业污染物的排放水平相对较高，而大城市的区位优势相对较弱，高端要素规模可能限制了其绿色技术水平的提升，高铁开通对这两类城市制造业环境效益改善的作用较为突出。另一方面，受"扩散效应"影响，高铁开通也在一定程度上促进了高耗能、高污染企业从大规模城市向中小城市的转移，从而有利于降低大城市尤其是超大城市制造业污染物的排放水平和排放强度。

表 6-24　高铁开通对不同人口规模城市制造业污染物排放水平的
异质性影响

	（1） 超大城市	（2） 特大城市	（3） 大城市	（4） 中小城市
Hsr	0.8208*** (3.71)	0.0579 (0.54)	0.1701** (2.08)	-0.0120 (-0.07)
Grp	0.3054 (0.80)	0.4199*** (2.89)	-0.2840** (-2.25)	-0.1403 (-0.59)
Popu	4.6014 (1.31)	-0.7944 (-0.74)	-0.3202 (-0.85)	0.0145 (0.16)
Gov	0.7906 (0.84)	-0.1564 (-0.57)	0.0206 (0.14)	-1.1085** (-2.88)
Fdi	0.6877** (2.99)	0.1013 (1.42)	0.0299** (2.34)	0.0276 (0.68)
Depos	1.0012 (0.34)	-0.5018* (-1.83)	-0.2867 (-1.06)	0.3540 (1.38)
Hcap	1.0187 (1.57)	-0.0514 (-0.51)	0.0766** (2.36)	0.0357 (1.19)
Ind	-8.6652** (-2.97)	-1.3877 (-1.28)	-0.1172 (-0.23)	-1.3851 (-1.81)
Info	-0.3622* (-2.05)	-0.0324 (-0.43)	-0.0028 (-0.12)	0.1559* (2.29)
Wage	-1.9869 (-1.40)	-0.5274* (-1.87)	-0.0899 (-1.38)	0.6645 (0.84)
_cons	-48.5162 (-0.84)	21.9510** (2.55)	19.2604*** (4.40)	11.8719* (2.17)
城市效应	控制	控制	控制	控制
时间效应	控制	控制	控制	控制
N	144	1376	2800	128
R^2	0.646	0.352	0.209	0.423

注:括号内为 t 值,***、**、*分别表示估计系数在1%、5%、10%的显著性水平上显著。

表 6-25　高铁开通对不同人口规模城市制造业污染物排放强度的
异质性影响

	（1） 超大城市	（2） 特大城市	（3） 大城市	（4） 中小城市
Hsr	0.1279** (2.75)	0.0692 (0.93)	0.1870** (2.56)	0.1229 (0.45)

续表

	（1） 超大城市	（2） 特大城市	（3） 大城市	（4） 中小城市
Grp	-0.1043***	0.1650*	0.1408	0.5938
	(-3.53)	(1.81)	(1.07)	(1.03)
Popu	1.1652**	-0.4408	0.0814	0.6970
	(2.54)	(-0.94)	(0.26)	(1.45)
Gov	0.0652	0.1149	-0.1805	-1.4465**
	(0.59)	(0.69)	(-1.26)	(-2.53)
Fdi	0.1880***	0.0573	0.0505*	-0.0598
	(5.31)	(1.07)	(1.92)	(-0.64)
Depos	0.2485	-0.1421	0.1280	-0.8307
	(0.60)	(-0.90)	(0.45)	(-1.18)
Hcap	0.1493	0.0645	0.0606	0.1448
	(1.83)	(0.66)	(1.65)	(1.27)
Ind	-0.6146	3.0568***	3.2211***	0.8793
	(-1.32)	(4.41)	(6.42)	(0.44)
Info	-0.0280	0.0207	0.0277	-0.1687
	(-1.17)	(0.53)	(0.69)	(-0.89)
Wage	-0.1434	-0.1642	-0.0337	1.1831
	(-0.77)	(-1.46)	(-0.57)	(1.07)
_*cons*	-2.9842	9.5374**	4.9449	16.2768
	(-0.34)	(2.49)	(1.30)	(1.61)
城市效应	控制	控制	控制	控制
时间效应	控制	控制	控制	控制
N	144	1376	2800	128
R²	0.690	0.260	0.215	0.439

注：括号内为 t 值，***、**、* 分别表示估计系数在1%、5%、10%的显著性水平上显著。

三　不同人力资本规模城市

本部分从影响机制出发，剖析不同人力资本规模城市的异质性效应。基于城市信息传输、计算机服务和软件业，科学研究、技术服务和地质勘查业以及金融业的从业人数的对数形式度量人力资本规模，并分别按人力资本规模的三分位数和四分位数将全部样本进行分组①。高铁开通对

---

① 在制造业污染物排放水平维度，按四分位数分组时各组差异不突出，故分为三组进行分析。

不同人力资本规模城市制造业环境效益的异质性影响估计结果如表 6-26
和表 6-27 所示。可以看到,与经济效益类似,高铁开通对沿线城市制造
业污染物排放水平和排放强度的影响分别在人力资本规模较小和人力资
本规模最小的一组存在,对其余组别样本中均无显著影响。无论是污染
物排放水平还是污染物排放强度,城市自身的人力资本规模越小,对于
高铁开通带来的人力资本要素流动加快和重新配置的依赖越强,高铁开
通对制造业环境效益的改善作用也就越强。

表 6-26   高铁开通对不同人力资本规模城市制造业污染物
排放水平的异质性影响

	(1) 大	(2) 中	(3) 小
Hsr	0.1912 (1.58)	0.0030 (0.03)	0.2252* (1.77)
Grp	0.3789** (2.07)	-0.4157** (-2.17)	-0.2130* (-1.69)
Popu	-0.9598 (-1.66)	0.1466 (0.20)	-0.6478 (-1.47)
Gov	-0.2614 (-1.05)	0.0729 (0.35)	0.1048 (0.55)
Fdi	0.1196 (1.63)	0.0821** (2.62)	0.0153 (1.10)
Depos	-0.0745 (-0.23)	-0.6643 (-1.50)	0.0014 (0.01)
Hcap	-0.0335 (-0.47)	0.1639 (0.88)	0.0533* (1.78)
Ind	-1.4609 (-1.26)	0.4188 (0.48)	0.6482 (1.15)
Info	-0.0669 (-0.95)	0.0414 (1.01)	0.0197 (0.73)
Wage	-0.0243 (-0.36)	-0.7510** (-2.30)	-0.0385 (-0.71)
_cons	13.0990** (2.01)	27.6914*** (3.51)	14.3451*** (4.22)
城市效应	控制	控制	控制

续表

	（1） 大	（2） 中	（3） 小
时间效应	控制	控制	控制
N	1504	1504	1504
R^2	0.338	0.287	0.146

注：括号内为 t 值，＊＊＊、＊＊、＊分别表示估计系数在 1%、5%、10%的显著性水平上显著。

表 6-27　　高铁开通对不同人力资本规模城市制造业污染物
排放强度的异质性影响

	（1） 最大	（2） 较大	（3） 较小	（4） 最小
Hsr	0.0631	0.0173	−0.0463	0.4146＊
	(1.32)	(0.21)	(−0.58)	(1.93)
Grp	0.0628	0.1854	−0.1603	0.6929＊＊＊
	(0.85)	(1.39)	(−1.12)	(2.69)
Popu	−0.1602	−1.2323＊＊	−1.0419＊	0.3642
	(−0.95)	(−2.56)	(−1.87)	(0.49)
Gov	0.0465	0.0017	0.0837	−0.2653
	(0.64)	(0.01)	(0.31)	(−0.97)
Fdi	0.0262	0.0782＊	0.0171	0.0704＊＊
	(1.38)	(1.67)	(0.67)	(2.15)
Depos	0.0985	0.0486	0.2925	−0.0649
	(0.66)	(0.26)	(0.72)	(−0.15)
Hcap	0.0029	−0.1140	0.0429	0.0537
	(0.15)	(−0.93)	(1.40)	(0.81)
Ind	1.1694＊＊	3.0648＊＊＊	2.1092＊＊＊	6.0267＊＊＊
	(2.20)	(5.25)	(3.12)	(4.08)
Info	−0.0114	−0.0616	0.0683	0.0458
	(−0.47)	(−1.27)	(1.36)	(0.82)
Wage	0.0060	−0.0137	−0.1179	0.0033
	(0.29)	(−0.06)	(−0.76)	(0.03)
_cons	7.0107＊＊＊	12.8575＊＊＊	11.4914＊＊	−2.3293
	(3.34)	(2.87)	(2.04)	(−0.41)
城市效应	控制	控制	控制	控制

续表

	（1） 最大	（2） 较大	（3） 较小	（4） 最小
时间效应	控制	控制	控制	控制
N	1120	1136	1120	1136
R^2	0.285	0.331	0.286	0.262

注：括号内为 t 值，***、**、* 分别表示估计系数在 1%、5%、10% 的显著性水平上显著。

四 不同研发资本规模城市

本部分进一步剖析不同研发资本规模城市的异质性效应。采用城市政府科技支出的对数形式度量研发资本规模，并基于该指标的四分位数将全部样本分为四组。高铁开通对不同研发资本规模城市制造业环境效益的异质性效应估计结果如表 6-28 与表 6-29 所示。高铁开通对不同研发资本规模城市制造业污染物排放水平和排放强度的影响仅在研发资本规模最小的一组显著为正，在其他组别均不显著，与人力资本规模异质性效应的结果类似，研发资本规模较小的城市从交通条件改善带来的研发资本要素流动和重新配置中获益更多。

表 6-28　　　高铁开通对不同研发资本投入城市制造业污染物
排放水平的异质性影响

	（1） 最大	（2） 较大	（3） 较小	（4） 最小
Hsr	0.1267 （1.17）	0.0161 （0.13）	0.1556 （1.25）	0.2651* （1.79）
Grp	0.5676** （2.55）	-0.4008 （-1.66）	-0.3384* （-1.77）	-0.2339 （-1.56）
Popu	-1.1310* （-1.71）	-0.7238 （-1.28）	0.7657 （0.98）	-0.5401 （-0.65）
Gov	-0.4226* （-1.73）	-0.6736** （-2.50）	0.4636 （1.66）	0.0975 （0.50）
Fdi	0.4383*** （3.94）	0.0461 （1.38）	0.0108 （0.32）	0.0195 （1.52）

续表

	（1） 最大	（2） 较大	（3） 较小	（4） 最小
Depos	−0.3799 （−0.75）	−0.0018 （−0.01）	−0.8986** （−2.46）	0.0234 （0.11）
Hcap	−0.1053 （−1.40）	0.2485 （0.96）	0.0536 （1.12）	0.0443 （1.34）
Ind	−4.9921*** （−4.11）	0.5119 （0.55）	0.7572 （0.94）	0.4793 （0.74）
Info	−0.1171* （−1.72）	−0.0306 （−1.24）	−0.0215 （−0.30）	0.0906*** （2.84）
Wage	−0.6892 （−1.64）	0.0000 （0.00）	−0.4719** （−2.18）	−0.0194 （−0.37）
_cons	23.4875*** （3.04）	25.8648*** （3.08）	20.8309*** （3.76）	12.9380*** （3.06）
城市效应	控制	控制	控制	控制
时间效应	控制	控制	控制	控制
N	1120	1136	1120	1136
R^2	0.427	0.254	0.272	0.172

注：括号内为 t 值，***、**、* 分别表示估计系数在 1%、5%、10% 的显著性水平上显著。

表 6-29   高铁开通对不同研发资本投入城市制造业污染物排放强度的异质性影响

	（1） 最大	（2） 较大	（3） 较小	（4） 最小
Hsr	0.0240 （0.85）	−0.0335 （−0.45）	0.1693 （1.52）	0.3507* （1.70）
Grp	0.1730*** （3.10）	0.0332 （0.33）	−0.0537 （−0.30）	0.4858* （1.86）
Popu	−0.2847* （−1.80）	−0.3790 （−1.17）	0.1124 （0.16）	0.4799 （0.31）
Gov	0.0332 （0.52）	−0.2717 （−1.60）	0.1660 （0.87）	−0.3246 （−1.19）

续表

	（1） 最大	（2） 较大	（3） 较小	（4） 最小
Fdi	0.0916 ***	0.0593 *	−0.0008	0.0717 **
	(3.53)	(1.85)	(−0.02)	(2.37)
Depos	0.0966	0.3259	−0.3627	−0.0649
	(0.77)	(1.24)	(−1.12)	(−0.13)
Hcap	−0.0229	0.0450	−0.0778	0.0491
	(−1.06)	(0.52)	(−1.23)	(0.99)
Ind	0.3946	2.7015 ***	3.3263 ***	5.4978 ***
	(1.04)	(4.47)	(5.07)	(3.84)
Info	−0.0096	−0.0451 **	−0.0630	0.1837 ***
	(−0.66)	(−2.36)	(−0.98)	(3.21)
Wage	0.0087	0.0831	−0.1571	0.0297
	(0.08)	(0.30)	(−0.73)	(0.30)
_cons	5.9799 ***	7.5454 *	13.9619 ***	−0.7726
	(2.87)	(1.79)	(2.73)	(−0.09)
城市效应	控制	控制	控制	控制
时间效应	控制	控制	控制	控制
N	1120	1136	1120	1136
R^2	0.419	0.296	0.297	0.253

注：括号内为 t 值，***、**、* 分别表示估计系数在 1%、5%、10%的显著性水平上显著。

五 不同市场规模城市

本部分剖析不同市场规模的异质性效应。采用城市生产总值的对数形式度量市场规模，并基于市场规模的四分位数将全部样本划分为四组。高铁开通对不同市场规模城市制造业污染物排放水平和排放强度的异质性影响如表 6-30 和表 6-31 所示。可以看到，高铁开通对沿线城市制造业污染物排放水平和排放强度的影响均在市场规模最小的一组中显著为正，在其余组别均不显著。这主要是因为，地区生产总值较小的城市对外部市场需求的依赖度较高，因而从高铁开通带来的市场扩大中受益更多，制造业环境效益的改善也更明显。

表 6-30　高铁开通对不同市场规模城市制造业污染物排放水平的
异质性影响

	（1） 最大	（2） 较大	（3） 较小	（4） 最小
Hsr	0.1930 （1.43）	0.1806 （1.55）	−0.0390 （−0.32）	0.3903* （1.98）
Grp	0.4070* （1.77）	−0.3786* （−1.68）	−0.3932** （−2.20）	−0.2144* （−1.85）
Popu	−0.9373 （−1.35）	−1.5319*** （−3.06）	0.9578 （1.59）	−0.5764 （−1.36）
Gov	−0.8079** （−2.06）	0.0676 （0.29）	0.1013 （0.45）	0.1103 （0.50）
Fdi	0.3412*** （3.18）	0.0823** （2.28）	0.0111 （0.35）	0.0112 （0.85）
Depos	0.6525 （1.19）	−0.7436* （−1.77）	−0.2739 （−1.29）	−0.2334 （−0.91）
Hcap	0.2301 （0.86）	−0.0007 （−0.02）	0.0916 （1.46）	0.0238 （0.80）
Ind	−2.8391** （−2.15）	−0.0513 （−0.05）	1.2419 （1.65）	0.3250 （0.52）
Info	−0.0283 （−0.28）	−0.0586 （−0.97）	−0.0065 （−0.11）	0.0215 （0.73）
Wage	−0.2158 （−0.39）	−0.3490 （−0.88）	−0.0537 （−0.67）	−0.0437 （−0.83）
_cons	4.7944 （0.53）	37.3846*** （4.68）	11.4917** （2.31）	17.4981*** （5.17）
城市效应	控制	控制	控制	控制
时间效应	控制	控制	控制	控制
N	1120	1136	1120	1136
R^2	0.416	0.282	0.228	0.176

　　注：括号内为 t 值，＊＊＊、＊＊、＊分别表示估计系数在 1%、5%、10% 的显著性水平上
显著。

表 6-31　　高铁开通对不同市场规模城市制造业污染物排放强度的
异质性影响

	（1） 最大	（2） 较大	（3） 较小	（4） 最小
Hsr	-0.0082 (-0.21)	0.0613 (0.96)	-0.0388 (-0.42)	0.5269** (2.05)
Grp	0.1649*** (3.49)	0.0455 (0.45)	-0.0696 (-0.46)	0.4209 (1.63)
Popu	-0.2669 (-1.45)	-0.7957*** (-3.28)	0.4280 (0.79)	-0.0699 (-0.09)
Gov	-0.0386 (-0.31)	0.0233 (0.18)	0.1128 (0.67)	-0.3573 (-1.05)
Fdi	0.0601* (1.96)	0.0559* (1.99)	0.0248 (0.94)	0.0573 (1.64)
Depos	0.4008 (1.55)	0.1779 (1.06)	0.1676 (0.81)	-0.3904 (-0.69)
Hcap	0.0793 (1.16)	-0.0074 (-0.41)	0.0664 (0.97)	0.0160 (0.28)
Ind	0.5038 (1.10)	1.9909*** (3.89)	3.5653*** (4.94)	5.8959*** (4.10)
Info	0.0366 (0.94)	-0.0412 (-1.08)	-0.0431 (-0.79)	0.0504 (0.77)
Wage	0.1002 (0.82)	-0.1338 (-0.57)	-0.0128 (-0.23)	0.0123 (0.12)
_cons	0.0263 (0.01)	11.1073*** (3.13)	2.3927 (0.52)	9.6357 (1.44)
城市效应	控制	控制	控制	控制
时间效应	控制	控制	控制	控制
N	1120	1136	1120	1136
R^2	0.381	0.326	0.329	0.238

注：括号内为 t 值，***、**、* 分别表示估计系数在 1%、5%、10% 的显著性水平上显著。

六　不同旅游经济发展水平城市

考虑到旅游经济发展也是高铁开通改善制造业环境效益的重要机制，本部分进一步剖析不同旅游经济发展水平城市的异质性效应。按照城市旅游业收入的四分位数将全部样本划分为四组，高铁开通对不同旅游经济发展水平城市制造业环境效益影响的异质性估计结果如表6-32和表6-33所示。可以看到，无论是制造业污染物排放水平还是排放强度，高铁开通对制造业环境效益改善的正向影响仅在旅游经济发展水平最高的一组中显著为正，即对于沿线城市来说，旅游资源和产业基础越好，高铁开通带来的人口流动加快对旅游业发展的带动作用就越强，对旅游业人数和收入增加的影响就越大，对制造业环境效益改善的积极影响也会越大。

表6-32　　高铁开通对不同旅游经济发展水平城市制造业污染物排放水平的异质性影响

	（1）最高	（2）较高	（3）较低	（4）最低
Hsr	0.2238 * (1.85)	−0.0988 (−0.78)	0.0355 (0.29)	0.2084 (1.05)
Grp	0.5381 ** (2.32)	−0.1523 (−0.78)	−0.4606 *** (−2.65)	−0.4475 ** (−2.50)
Popu	−0.8615 (−1.26)	−1.2447 ** (−2.11)	−0.7248 (−0.70)	−0.1114 (−0.25)
Gov	−0.2139 (−0.51)	−0.0568 (−0.24)	0.2203 (0.96)	−0.0775 (−0.29)
Fdi	0.2009 ** (2.21)	0.0559 * (1.95)	0.0334 (1.07)	0.0201 (1.09)
Depos	0.1004 (0.15)	−0.2084 (−0.57)	−0.4002 * (−1.89)	−0.4285 (−1.16)
Hcap	0.0154 (0.18)	0.0856 (0.51)	0.0871 * (1.77)	0.0393 (1.29)
Ind	−3.2885 ** (−2.32)	0.5392 (0.85)	0.2138 (0.29)	0.5987 (0.67)
Info	−0.1885 ** (−2.02)	0.1193 * (1.90)	−0.0380 ** (−2.03)	0.0443 (1.23)

续表

	（1）最高	（2）较高	（3）较低	（4）最低
Wage	-0.4216	-0.1165	0.0031	-0.2750
	（-0.84）	（-1.39）	（0.06）	（-1.37）
_cons	11.1566	20.5392***	22.6925***	25.1374***
	（1.14）	（3.76）	（3.89）	（3.59）
城市效应	控制	控制	控制	控制
时间效应	控制	控制	控制	控制
N	1120	1136	1120	1136
R^2	0.368	0.275	0.310	0.172

注：括号内为 t 值，***、**、*分别表示估计系数在 1%、5%、10%的显著性水平上显著。

表6-33　　　高铁开通对不同旅游经济发展水平城市制造业污染物
排放强度的异质性影响

	（1）最高	（2）较高	（3）较低	（4）最低
Hsr	0.1345**	-0.0430	0.0439	0.2617
	（2.24）	（-0.62）	（0.46）	（1.08）
Grp	0.1608	0.2016	-0.0144	0.3602**
	（1.65）	（1.09）	（-0.08）	（2.23）
Popu	-0.1501	-0.6593*	-0.3159	0.1195
	（-0.81）	（-1.99）	（-0.46）	（0.25）
Gov	0.0346	-0.0890	0.1543	-0.6314**
	（0.24）	（-0.71）	（0.91）	（-2.09）
Fdi	-0.0060	0.0460**	0.0121	0.0768***
	（-0.21）	（2.13）	（0.31）	（2.88）
Depos	0.0430	0.4266*	0.0070	-0.4039
	（0.18）	（1.72）	（0.03）	（-0.89）
Hcap	0.0111	-0.0333	0.1246**	0.0004
	（0.26）	（-0.41）	（2.03）	（0.01）
Ind	0.8919	2.7391***	3.4453***	5.2366***
	（1.08）	（4.90）	（4.16）	（3.57）

续表

	（1） 最高	（2） 较高	（3） 较低	（4） 最低
Info	0.0056 （0.16）	0.0489 （1.02）	−0.0663*** （−3.13）	0.1281** （2.21）
Wage	0.2296 （1.03）	−0.1615*** （−4.18）	0.0514 （0.77）	0.0872 （0.35）
_cons	4.5243 （1.58）	4.6081 （0.93）	7.1063 （1.39）	11.8089* （1.97）
城市效应	控制	控制	控制	控制
时间效应	控制	控制	控制	控制
N	1050	1065	1050	1065
R^2	0.127	0.099	0.046	0.088

　　注：括号内为 t 值，***、**、* 分别表示估计系数在 1%、5%、10%的显著性水平上显著。

第六节　本章小结

　　本章从环境效益视角出发，实证研究了高铁开通对沿线城市制造业污染物排放水平和排放强度的影响。其一，基于双重差分模型估计了高铁开通对沿线城市制造业环境效益的平均效应。结果显示，高铁开通显著降低了沿线地区工业企业三大污染物的排放水平和排放强度，并且该模型通过了各种稳健性检验，具有一定的稳健性。其二，实证剖析高铁开通对沿线城市制造业环境效益的直接影响机制。由于要素流动机制和市场一体化机制已在前文进行过验证，本章仅聚焦高铁开通对制造业环境效益改善的特有机制（即绿色物流机制和旅游经济发展机制）进行分析。研究发现，高铁开通显著促进了沿线地区旅游经济的发展，但对绿色物流发展无显著影响，高铁开通对于货运能力的释放和强化仍有较大提升空间。其三，分析了高铁开通对沿线城市制造业环境效益的时间累积效应和空间溢出效应。可以发现，高铁开通对沿线地区制造业环境效益的影响具有显著的时间累积效应，高铁开通对沿线制造业污染物排放水平的影响具有一定的正向空间溢出效应，主要表现为对经济距离邻近地区的溢出，而对于地理距离邻近地区无显著正向溢出，甚至存在一定负向溢出；高铁开通对制造业污染物排放强度的影响则不具有空间溢出效应。其四，从不同地理位置、人口规模、人力资本规模、研发资本规模、市场规模、旅游经济发展水平等维度对影响的异质性进行剖析。研究发现，高铁开通对东西部地区城市、人口规模超大城市和大城市、人力资本规模最小城市、研发资本规模最小城市、市场规模最小城市以及旅游经济发展水平最高城市的制造业环境效益改善的促进作用更为突出。

第七章 综合效率视角下高铁开通对制造业转型升级的影响

第五章和第六章分别从经济效益和环境效益层面实证研究了高铁开通对制造业转型升级的影响，发现高铁开通不仅显著提升了沿线地区制造业的经济效益，还有助于改善制造业的环境效益。为了从更综合的角度剖析高铁开通对制造业转型升级的政策效应，本章从综合效率视角出发，同时纳入经济因素和环境因素构建投入产出指标体系，计算各地级城市的工业绿色全要素生产率增长率，并据此进行实证检验。与前文类似，本章的主要研究内容包括高铁开通对制造业综合效率的影响、影响的时空效应及异质性效应。

第一节 研究设计

一 模型选择

与前文类似，本章依然基于多期双重差分模型评估高铁开通对制造业综合效率的影响，如式（7-1）所示：

$$Up\_eff_{c,t}=\beta_0+\beta_1 HSR_{c,t}+\gamma X_{c,t}+\delta_c+\delta_t+u_{c,t} \tag{7-1}$$

其中，被解释变量 $Up\_eff_{c,t}$ 表示城市 c 在 t 年的制造业综合效率视角下的转型升级状况，用工业绿色全要素生产率增长率指标度量；核心解释变量 $HSR_{c,t}$ 表示城市 c 在 t 年是否开通高铁，若开通高铁则取 1，否则取 0，开通高铁城市为实验组，未开通高铁城市为控制组；β_1 为核心解释变量的估计系数，如果 β_1 显著大于 0，则表明高铁开通显著促进了沿线城市制造业综合效率的改善，有助于其实现转型升级，反之则阻碍了制造业的转型升级；$X_{c,t}$ 为一系列城市层面的控制变量，包括城市经济规模、人口规模、政府支持力度、对外开放程度、金融发展水平、人力资本规模、产业结构、信息水平以及收入水平；δ_c 为城市固定效应；δ_t 为时间固定效应。标准误聚类在城市层面。

二 变量与数据

（一）变量构建

1. 被解释变量

本章的被解释变量为地级城市综合效率层面的制造业转型升级状况，基于非径向非角度的 SBM 方向距离函数的 ML 指数测算各地级城市工业绿色全要素生产率增长率，代表沿线地区制造业的综合效率情况。

2. 解释变量

以高铁开通与否的虚拟变量作为核心解释变量，若某城市在某年开通了高铁，则该变量取 1，否则取 0。同时，以城市高铁站数量、高铁累计开通时间等变量作为高铁开通的替代变量，进行稳健性检验和时间累积效应分析。

3. 控制变量

本章的控制变量包括城市经济规模、城市人口规模、政府支持力度、城市对外开放程度、城市金融发展水平、城市人力资本规模、城市产业结构、城市信息化水平以及城市收入水平，主要变量的定义如表 7-1 所示。为消除离群值影响，对部分变量进行对数处理，表 7-2 为主要变量的描述性分析结果。

表 7-1　　　　　　　　　　主要变量的符号和定义

变量符号	变量名称	变量定义
Hsr	高铁开通	若该城市开通了高铁，则定义为 1，否则为 0
Hsr_t	高铁累计开通时间	样本期各年份减去高铁开通年份
Hsr_s	高铁站数量	某城市的高铁站数量
Up_eff	制造业综合效率	工业绿色全要素生产率增长率
Grp	城市经济规模	城市生产总值
$Popu$	城市人口规模	城市总人口
Gov	政府支持力度	政府科教支出
Fdi	城市对外开放程度	实际利用外资额

续表

变量符号	变量名称	变量定义
Dep	城市金融发展水平	年末金融机构存款余额
Hcap	城市人力资本规模	高校教师数
Ind	城市产业结构	第二产业占比
Info	城市信息化水平	国际互联网用户数
Wage	城市收入水平	平均工资

表 7-2　　　　　　　　　　主要变量的描述性分析

变量	均值	标准差	最小值	最大值
Hsr	0.3175	0.4656	0.0000	1.0000
Hsr_t	0.5004	0.7947	0.0000	2.8332
Hsr_s	1.0591	2.2341	0.0000	23.0000
Up_eff	0.9990	0.0468	0.7374	1.1478
Grp	16.0469	1.0556	12.7643	19.6049
Popu	5.8672	0.6900	2.8769	8.1330
Gov	12.5308	1.0911	6.8967	16.4906
Fdi	11.3839	2.3557	0.0000	16.8347
Dep	16.2696	1.2154	12.7533	21.1749
Hcap	7.6002	1.6141	0.0000	13.5241
Ind	0.4831	0.1097	0.0266	0.9097
Info	12.6724	1.2520	0.0000	17.7617
Wage	10.3985	0.5682	8.5090	12.6780

（二）数据来源

本章所使用的城市数据来自《中国城市统计年鉴》[①]；高铁数据来自国家铁路局网站和《中国铁路年鉴》，经笔者手工收集整理得到；城市邻接数据为笔者根据公开地理信息手工整理得到。

---

① 由于本章的被解释变量为增长率指标，故样本期为 2004—2018 年。

第二节 基本实证分析

一 基本实证结果

高铁开通对沿线城市制造业综合效率影响的估计结果如表 7-3 所示,其中,第(1)列至第(4)列分别采用最小二乘法、固定效应模型和双重差分模型估计,并逐步引入控制变量以及城市和时间固定效应,第(5)列为倾向得分匹配后的双重差分模型估计结果。可以看到,在各种模型下,高铁开通对沿线地区制造业综合效率的影响均显著为正,表明高铁开通显著促进了沿线城市制造业综合效率的提升,有利于制造业转型升级。表 7-4展示了倾向得分匹配后实验组和控制组协变量均值的差异性检验,结果显示,实验组和控制组城市的协变量均值在匹配后不存在显著差异,具有较强的可比性,同时如表 7-3 第(5)列所示,倾向得分匹配后,高铁开通对制造业综合效率的估计系数依然显著为正,表明高铁开通对制造业综合效率的促进作用具有一定的稳健性。

表 7-3 高铁开通对制造业综合效率影响的基本实证结果

	(1) Gtfp_g OLS	(2) Gtfp_g OLS	(3) Gtfp_g FE	(4) Gtfp_g DID	(5) Gtfp_g PSM+DID
Hsr	0.0156*** (7.79)	0.0105*** (3.91)	0.0094*** (3.28)	0.0084*** (2.78)	0.0109*** (3.08)
Grp		-0.0071*** (-3.20)	-0.0063*** (-2.62)	-0.0004 (-0.11)	0.0045 (0.83)
Popu		0.0139** (2.35)	0.0265 (1.10)	0.0229 (0.87)	0.0025 (0.12)
Gov		-0.0044 (-0.94)	-0.0028 (-0.56)	-0.0015 (-0.26)	-0.0056 (-0.85)
Fdi		0.0008 (1.08)	0.0011 (1.33)	0.0013 (1.47)	0.0018 (1.47)
Depos		-0.0042 (-0.85)	0.0050 (0.66)	-0.0016 (-0.18)	0.0044 (0.41)

续表

	（1） Gtfp_g OLS	（2） Gtfp_g OLS	（3） Gtfp_g FE	（4） Gtfp_g DID	（5） Gtfp_g PSM+DID
Hcap		0.0005 （0.71）	0.0002 （0.35）	−0.0003 （−0.22）	0.0036 （0.83）
Ind		−0.0181 （−1.46）	−0.0422** （−2.44）	−0.0341 （−1.61）	−0.0193 （−0.76）
Info		0.0003 （0.22）	−0.0004 （−0.27）	−0.0004 （−0.30）	0.0000 （0.02）
Wage		0.0219*** （2.79）	0.0085 （1.52）	0.0055 （0.75）	0.0026 （0.23）
_cons	0.9941*** （546.20）	0.9215*** （27.97）	0.8210*** （6.10）	0.8684*** （7.43）	0.8565*** （4.67）
城市效应	未控制	未控制	控制	控制	控制
时间效应	未控制	未控制	未控制	控制	控制
N	4230	4230	4230	4230	2448
R^2			0.041	0.066	0.053

注：括号内为 t 值，***、**分别表示估计系数在 1%、5%的显著性水平上显著。

表 7-4　　　　　　　　　PSM 协变量均值比较

变量	实验组	控制组	差异 P 值
Grp	16.432	16.444	0.751
Popu	5.933	5.9685	0.240
Gov	14.745	14.75	0.862
Fdi	11.92	11.807	0.174
Depos	16.761	16.77	0.810
Hcap	7.6871	7.6485	0.441
Ind	0.48119	0.47542	0.216
Info	13.308	13.312	0.923
Wage	10.778	10.779	0.935

二 稳健性检验

（一）平行趋势检验

依然采用多期双重差分模型的事件研究法进行平行趋势检验。具体来说，定义虚拟变量 d_1—d_7，代表高铁开通前的 1—7 年；类似的，定义 current、d1—d5 分别代表高铁开通当年和高铁开通后的 1—5 年，将以上虚拟变量纳入基本回归模型中进行估计。综合效率维度的平行趋势检验结果如图 7-1 所示。可以看到，d_2—d_7 在统计意义上均不显著[①]，current、d2—d5 均显著为正，表明开通高铁城市与未开通高铁城市的制造业综合效率在高铁开通前不存在显著差异，具有共同的发展趋势，即平行趋势假定满足。

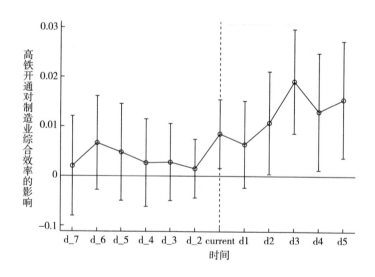

图7-1　高铁开通对制造业综合效率影响的平行趋势检验

（二）工具变量回归

基于地理成本构建工具变量对模型的稳健性进行再检验，以更好地缓解高铁开通的内生性问题。参考刘冲、周黎安的研究（刘冲、周黎安，2014），引入坡度与年份虚拟变量的乘积作为高铁开通的工具变量，进行两阶段最小二乘估计，结果如表 7-5 所示。可以看到，在第一阶段回归

---

① 为避免共线性，删掉 d_1。

中，坡度与年份虚拟变量交乘项的估计系数显著为负，符合预期，且联合 F 检验和 CD Wald 检验均表明不存在弱工具变量问题；在第二阶段回归中，高铁开通显著促进了沿线地区工业绿色全要素生产率增长率的提升，改善了制造业综合效率，证明了结果的稳健性。

表 7-5　　　　高铁开通对制造业综合效率影响的工具变量回归

	(1) *First*	(2) *Gtfp_iv*
Hsr		0.0238* (1.85)
iv ∗ 2006	−0.0895*** (−7.91)	
iv ∗ 2007	−0.1245*** (−9.20)	
iv ∗ 2008	−0.1048*** (−5.89)	
iv ∗ 2009	−0.0847*** (−4.17)	
iv ∗ 2010	−0.1034*** (−4.71)	
iv ∗ 2011	−0.1024*** (−4.71)	
iv ∗ 2012	−0.0786*** (−4.03)	
_cons	−6.9268*** (−7.99)	
控制变量	控制	控制
城市效应	控制	控制
时间效应	控制	控制
N	4230	4230
R^2	0.465	0.030

注：括号内为 t 值，***、*分别表示估计系数在 1%、10%的显著性水平上显著。

（三）安慰剂检验

进一步采用安慰剂检验消除其他因素的干扰。参考 P. Li 等的做法（Li et al., 2016），将高铁在各城市的开通时间进行随机处理，并据此定义高铁开通虚拟变量，并重复操作 500 次。制造业综合效率维度的安慰剂检验结果如图 7-2 所示。可以看到，基于随机样本得到的高铁开通对制造业综合效率影响的估计系数的均值在 0 附近，且 500 次安慰剂检验所得估计系数大于基准回归结果中估计系数的概率小于 5%，表明高铁开通时间随机这一假定事实并不能够显著影响实验组城市的制造业综合效率，高铁开通对制造业综合效率的正向影响并非由随机因素和不可观测因素导致，证明了结果的稳健性。

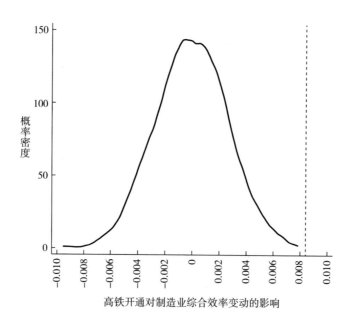

图 7-2　高铁开通对制造业综合效率影响的安慰剂检验

（四）其他稳健性分析

本章还进行了其他稳健性测试，以增强结论的可靠性。首先，分别在样本中剔除直辖市和省会、一线和新一线城市。估计结果如表 7-6 的第（1）列和第（2）列所示，在剔除这些样本后，高铁开通对沿线地区制造业综合效率的影响依然显著为正，证明了结果的稳健性。其次，控制公路和航空等其他交通运输方式的影响。构建各地级城市公路客运量和航空客运量指标，作为其他客运交通运输方式的度量指标，并将其引入模型进行控制。回归结果见表7-6的第（3）列，在控制了其他客运交通基础设施的影响后，高铁开通对制造业综合效率仍具有显著的促进作用。最后，进一步构建城市高铁站数量指标作为高铁开通的替代变量，并将其纳入模型重新估计。结果如表7-6的第（4）列所示，替换指标后，估计系数依然显著为正，表明结论具有稳健性。

表 7-6　　　高铁开通对制造业综合效率影响的其他稳健性分析

	（1） 剔除直辖市和 省会	（2） 剔除一线和 新一线城市	（3） 剔除公路和 航空的影响	（4） 更换高铁 度量指标
Hsr	0.0083 *** (2.88)	0.0095 *** (3.07)	0.0083 *** (2.78)	
Hsr_s				0.0016 *** (2.63)
Grp	−0.0008 (−0.18)	0.0002 (0.04)	−0.0003 (−0.09)	−0.0016 (−0.40)
Popu	0.0365 (1.17)	−0.0062 (−0.38)	0.0230 (0.87)	0.0232 (0.90)
Gov	−0.0049 (−0.73)	−0.0030 (−0.51)	−0.0015 (−0.26)	−0.0013 (−0.23)
Fdi	0.0016 * (1.85)	0.0013 (1.43)	0.0013 (1.47)	0.0012 (1.42)
Depos	0.0021 (0.22)	0.0032 (0.38)	−0.0018 (−0.20)	−0.0015 (−0.17)
Hcap	0.0001 (0.04)	−0.0008 (−0.57)	−0.0003 (−0.24)	−0.0002 (−0.16)
Ind	−0.0329 (−1.53)	−0.0424 ** (−1.99)	−0.0344 (−1.65)	−0.0346 (−1.64)
Info	0.0004 (0.23)	−0.0002 (−0.10)	−0.0004 (−0.30)	−0.0001 (−0.06)
Wage	0.0050 (0.66)	0.0087 (1.35)	0.0055 (0.75)	0.0055 (0.76)
Hw			0.0004 (0.69)	

续表

	（1）剔除直辖市和省会	（2）剔除一线和新一线城市	（3）剔除公路和航空的影响	（4）更换高铁度量指标
Air			0.0000 （0.09）	
_cons	0.7760*** （5.95）	0.9518*** （7.65）	0.8665*** （7.34）	0.8761*** （7.55）
城市效应	控制	控制	控制	控制
时间效应	控制	控制	控制	控制
N	3720	3945	4230	4230
R^2	0.062	0.061	0.066	0.066

注：括号内为 t 值，***、**、* 分别表示估计系数在 1%、5%、10% 的显著性水平上显著。

第三节　时空效应分析

一　时间累积效应

考虑到高铁等跨区域重大交通基础设施的效应发挥需要一定时间，故需进一步剖析高铁开通对沿线地区制造业综合效率影响的时间累积效应。将实证模型中的高铁开通虚拟变量替换为高铁累计开通时间变量对模型重新进行估计，结果如表 7-7 所示。无论在哪种模型设定下，高铁开通对沿线城市制造业综合效率均具有显著的正向时间累积效应，即随着累计开通时间的增加，高铁对沿线地区制造业综合效率的影响逐渐增加。

表 7-7　　　高铁开通对制造业综合效率影响的时间累积效应

	（1） *Gtfp_t*	（2） *Gtfp_t*	（3） *Gtfp_t*	（4） *Gtfp_t*
*Hsr*1	0.0107*** （7.75）	0.0083*** （3.95）	0.0081*** （3.39）	0.0074*** （2.86）

续表

	（1） Gtfp_t	（2） Gtfp_t	（3） Gtfp_t	（4） Gtfp_t
Grp		−0.0070*** （−3.14）	−0.0060** （−2.49）	−0.0012 （−0.31）
Popu		0.0137** （2.34）	0.0233 （0.95）	0.0199 （0.75）
Gov		−0.0036 （−0.77）	−0.0022 （−0.44）	−0.0016 （−0.28）
Fdi		0.0009 （1.15）	0.0013 （1.48）	0.0013 （1.50）
Depos		−0.0055 （−1.07）	0.0037 （0.47）	−0.0006 （−0.07）
Hcap		0.0005 （0.77）	0.0003 （0.42）	−0.0001 （−0.07）
Ind		−0.0122 （−0.95）	−0.0332* （−1.89）	−0.0323 （−1.53）
Info		0.0005 （0.35）	−0.0001 （−0.07）	0.0000 （0.03）
Wage		0.0202*** （2.62）	0.0067 （1.23）	0.0061 （0.84）
_cons	0.9936*** （528.44）	0.9411*** （27.90）	0.8568*** （6.29）	0.8702*** （7.40）
城市效应	未控制	未控制	控制	控制
时间效应	未控制	未控制	未控制	控制
N	4230	4230	4230	4230
R²			0.044	0.068

注：括号内为 t 值，***、**、* 分别表示估计系数在 1%、5%、10% 的显著性水平上显著。

二　空间溢出效应

进一步剖析高铁开通对沿线地区制造业综合效率影响的空间溢出效应，依然选取空间邻接矩阵、地理距离矩阵和经济距离矩阵三个空间权重矩阵进行分析。在进行空间计量分析之前，首先，基于莫兰指数法对制造业综合效率的空间相关性进行检验，检验结果如表 7-8 所示，无论在哪一个空间权重矩阵下，各城市的制造业综合效率均具有显著的正向空间自相关性，表明采用空间计量方法构建回归模型具有科学性。其次，基于 LM 检验和 LR 检验等方法确定空间计量模型的形式。空间模型选择的 LM 检验结果如表 7-9 所示，在空间邻接矩阵和地理距离矩阵下，空间误差模型和空间滞后模型的 LM 检验和 Robust LM 检验均拒绝原假设，在经济距离矩阵下，两个模型的 LM 检验拒绝原假设，Robust LM 检验接受原假设，可以认为在三种矩阵下均存在一定的空间相关性，应采用空间模型进行分析。再次，空间模型类型选择的 LR 检验结果如表 7-10 所示。可以看到，在三种空间权重矩阵下，两个模型的 LR 检验均在 10% 的显著性水平下拒绝原假设，即空间杜宾模型无法退化为空间误差模型与空间滞后模型，应采用空间杜宾模型进行分析。复次，固定效应选择的 Hausman 检验如表 7-11 所示。可以看到，原假设在所有情况下均被拒绝，应选择固定效应模型。最后，基于 LR 模型对固定效应的形式进行选择，结果如表 7-12 所示。可以看到，在三种空间权重矩阵下，两种固定效应均显著拒绝原假设，应选取双向固定效应模型进行分析。

表 7-8　　　　　　　　　制造业综合效率面板数据的莫兰检验

矩阵	莫兰指数	标准差	Z 值	P 值
空间邻接矩阵	0.086	0.011	8.159	0.000
地理距离矩阵	0.044	0.002	21.201	0.000
经济距离矩阵	0.042	0.008	5.458	0.000

表 7-9　　　　　　　　　　模型选择 LM 检验

模型	指标	空间邻接矩阵		地理距离矩阵		经济距离矩阵	
		统计量	P 值	统计量	P 值	统计量	P 值
空间误差模型	LM	30.642	0.000	98.073	0.000	5.545	0.019
	Robust LM	14.689	0.000	4.345	0.037	0.328	0.567
空间滞后模型	LM	38.042	0.000	100.347	0.000	6.238	0.013
	Robust LM	22.090	0.000	6.619	0.010	1.022	0.312

表 7-10　　　　　　　　　　　模型选择 LR 检验

模型	空间邻接矩阵		地理距离矩阵		经济距离矩阵	
	似然比	P 值	似然比	P 值	似然比	P 值
空间误差模型	32.19	0.0004	17.08	0.0726	17.93	0.0562
空间滞后模型	32.08	0.0004	17.24	0.0692	18.15	0.0525

表 7-11　　　　　　　　　　　Hausman 检验

空间邻接矩阵		地理距离矩阵		经济距离矩阵	
似然比	P 值	似然比	P 值	似然比	P 值
37.56	0.0000	36.43	0.0001	22.04	0.0149

表 7-12　　　　　　　　　　　固定效应选择 LR 检验

模型	空间邻接矩阵		地理距离矩阵		经济距离矩阵	
	似然比	P 值	似然比	P 值	似然比	P 值
行业固定效应	101.79	0.0000	72.46	0.0000	109.90	0.0000
时间固定效应	1430.59	0.0000	1418.28	0.0000	1393.88	0.0000

综合上述检验结果，高铁开通对制造业综合效率影响的空间模型确定为式（7-2）所示形式：

$$Up\_eff_{c,t} = \rho WUp\_eff_{c,t} + \beta HSR_{c,t} + \theta WHSR_{c,t} + \gamma X_{c,t} + \delta_c + \delta_t + u_{c,t} \qquad (7-2)$$

其中，$WUp\_eff_{c,t}$ 为被解释变量制造业综合效率的空间滞后项；$WHSR_{c,t}$ 为解释变量高铁开通的空间滞后项，其他变量含义与基准模型一致。

高铁开通对制造业综合效率的空间溢出效应估计结果如表 7-13 所示。可以看到，无论在哪一个空间权重矩阵下，高铁开通对沿线城市制造业综合效率的直接效应均显著为正，而间接效应均不显著，即高铁开通对沿线地区制造业综合效率的影响不具有空间溢出效应。这可能是由于，制造业综合效率水平同时反映了制造业的经济效益和环境效益，尽管高铁开通对制造业经济效益的影响具有一定的正向空间溢出效应，但对制造业环境效益的正向溢出效应较弱，甚至存在一定的负向溢出效应，加之制造业综合效率不仅包含经济和环境方面的产出因素，还包括各种类型的投入因素，因而更为复杂多变，与本地资源禀赋条件、发展基础、配套政策密切相关，地区间的空间溢出可能较为困难。

表 7-13　　　　　　　高铁开通对制造业综合效率的空间溢出效应

	(1)	(2)	(3)	(4)	(5)	(6)
	空间邻接矩阵		地理距离矩阵		经济距离矩阵	
	直接效应	间接效应	直接效应	间接效应	直接效应	间接效应
Hsr	0.0079***	−0.0066	0.0087***	−0.0029	0.0089***	−0.0022
	(3.63)	(−1.55)	(4.02)	(−0.12)	(4.11)	(−0.40)
Grp	−0.0000	0.0011	−0.0005	−0.0176	−0.0009	0.0082
	(−0.00)	(0.15)	(−0.14)	(−0.38)	(−0.27)	(0.79)
$Popu$	0.0232**	0.0062	0.0243**	−0.1830	0.0245**	0.0948***
	(2.08)	(0.22)	(2.15)	(−1.35)	(2.19)	(3.26)
Gov	−0.0019	0.0118	−0.0010	0.1191*	−0.0010	0.0001
	(−0.41)	(1.18)	(−0.22)	(1.86)	(−0.21)	(0.00)
Fdi	0.0012**	−0.0010	0.0013**	−0.0013	0.0014**	0.0007
	(1.98)	(−0.81)	(2.11)	(−0.19)	(2.24)	(0.38)
$Depos$	0.0000	0.0100	0.0001	0.0181	−0.0012	−0.0191
	(0.01)	(0.85)	(0.02)	(0.26)	(−0.20)	(−1.13)
$Hcap$	−0.0004	−0.0004	−0.0002	0.0147	−0.0003	0.0079*
	(−0.30)	(−0.13)	(−0.16)	(1.15)	(−0.27)	(1.75)
Ind	−0.0307**	−0.1304***	−0.0351**	−0.5440***	−0.0340**	0.0308
	(−2.21)	(−4.72)	(−2.51)	(−2.98)	(−2.43)	(0.75)
$Info$	0.0002	0.0046	−0.0001	0.0053	−0.0005	−0.0044
	(0.11)	(1.46)	(−0.08)	(0.40)	(−0.37)	(−0.96)
$Wage$	0.0059	−0.0066	0.0063	−0.0481	0.0056	−0.0044
	(1.06)	(−0.57)	(1.12)	(−0.70)	(0.99)	(−0.23)
城市效应	控制	控制	控制	控制	控制	控制
时间效应	控制	控制	控制	控制	控制	控制
N	4230	4230	4230	4230	4230	4230
R^2	0.012	0.012	0.023	0.023	0.008	0.008

注：括号内为 t 值，***、**、*分别表示估计系数在 1%、5%、10%的显著性水平上显著。

第四节 异质性分析

一 不同地理位置城市

本部分对不同地理位置城市的异质性进行剖析。表 7-14 展示了高铁开通对东部、中部、西部地区制造业综合效率影响的异质性估计结果。可以看到，高铁开通显著提升了沿线东部和中部地区的制造业综合效率，对西部地区无显著影响。这可能是由于西部地区制造业的发展水平相对落后，经济效益和环境效益均有待改善，高铁开通对西部地区制造业转型升级的正向影响更多表现为促进其各方面发展水平的提升，对综合效率的影响可能相对滞后，而东部和中部地区制造业的发展水平相对较高，高铁开通带来的要素流动和市场一体化等机制更可能通过优化资源要素的供给与配置促进其综合效率的改善。

表 7-14   高铁开通对不同地理位置城市制造业综合效率的异质性影响

	（1）东部地区	（2）中部地区	（3）西部地区
Hsr	0.0134** (2.15)	0.0074* (1.71)	−0.0003 (−0.07)
Grp	0.0103 (1.19)	0.0123** (2.08)	−0.0152** (−2.37)
$Popu$	0.0495 (0.74)	−0.0019 (−0.11)	0.0144 (0.48)
Gov	0.0023 (0.20)	0.0001 (0.01)	−0.0053 (−0.78)
Fdi	−0.0027 (−0.99)	0.0001 (0.08)	0.0018* (1.81)
$Depos$	−0.0251 (−1.02)	0.0099 (1.05)	0.0016 (0.16)
$Hcap$	0.0065 (0.58)	−0.0008 (−0.62)	−0.0016 (−1.21)

续表

	（1） 东部地区	（2） 中部地区	（3） 西部地区
Ind	-0.0040 （-0.07）	-0.0553* （-1.93）	-0.0406 （-1.49）
Info	-0.0032** （-2.42）	0.0050 （1.22）	0.0038 （1.34）
Wage	-0.0184 （-0.49）	0.0087 （0.75）	0.0143** （2.41）
_cons	1.1016*** （3.92）	0.5623*** （3.22）	1.0195*** （5.03）
城市效应	控制	控制	控制
时间效应	控制	控制	控制
N	1515	1485	1230
R²	0.066	0.136	0.065

注：括号内为 t 值，***、**、* 分别表示估计系数在 1%、5%、10%的显著性水平上显著。

二 不同人口规模城市

本部分对不同人口规模城市的异质性效应进行分析。表 7-15 展示了高铁开通对不同人口规模城市制造业综合效率的异质性影响估计结果。结果显示，高铁开通显著提升了沿线特大城市和大城市的制造业综合效率，对超大城市以及中小城市无显著影响。这可能是由于超大城市的产业体系较为成熟，制造业综合效率较高，提升空间相对有限，且其交通较为发达，制造业综合效率提升对于高铁开通的依赖性较低，而中小城市受"虹吸效应"影响，制造业经济效益、环境效益和综合效率均未有明显改善。

表 7-15　　　高铁开通对不同人口规模城市制造业综合效率的
异质性影响

	（1） 超大城市	（2） 特大城市	（3） 大城市	（4） 中小城市
Hsr	-0.0363 （-1.72）	0.0111** （2.47）	0.0083** （2.19）	-0.0095 （-0.47）

续表

	（1） 超大城市	（2） 特大城市	（3） 大城市	（4） 中小城市
Grp	0.0145 (0.86)	0.0063 (0.99)	-0.0020 (-0.42)	-0.0148 (-0.55)
Popu	-0.1252 (-1.11)	-0.0488 (-1.12)	0.0453 (1.27)	-0.0005 (-0.02)
Gov	0.0662 (0.99)	-0.0034 (-0.41)	0.0029 (0.36)	-0.0898 (-1.51)
Fdi	0.0093 (1.27)	0.0040** (2.10)	0.0003 (0.35)	-0.0011 (-0.17)
Depos	-0.0757 (-1.08)	0.0097 (1.11)	-0.0122 (-0.89)	0.0604 (1.27)
Hcap	-0.0271 (-0.74)	-0.0087** (-2.51)	0.0011 (0.54)	-0.0003 (-0.07)
Ind	0.0904 (0.64)	-0.0407 (-0.91)	-0.0391 (-1.46)	0.0197 (0.19)
Info	-0.0098 (-0.85)	-0.0029 (-0.79)	0.0005 (0.28)	0.0261** (2.91)
Wage	-0.0949 (-1.44)	-0.0044 (-0.47)	0.0092 (0.97)	0.0996 (0.95)
_cons	3.1005* (2.10)	1.2211*** (3.29)	0.8312*** (5.77)	0.1859 (0.17)
城市效应	控制	控制	控制	控制
时间效应	控制	控制	控制	控制
N	135	1320	2595	120
R^2	0.239	0.110	0.064	0.152

注：括号内为 t 值，***、**、*分别表示估计系数在 1%、5%、10%的显著性水平上显著。

三　不同人力资本规模城市

本部分剖析不同人力资本规模城市的异质性效应，采用与前文类似的方式对样本进行分组。表 7-16 展示了高铁开通对不同人力资本规模城市制造业综合效率的异质性效应估计结果。高铁开通对沿线城市制造业综合效率的促进作用仅在人力资本规模较小的一组存在，在其余三组样本中影响均不显著。这可能是由于人力资本规模较大的样本城市对高铁开通的依赖性较弱，这与前文一致，而人力资本规模最小的城市发展水平较低，故高铁开通可能更多地提升了其制造业的发展水平。

表 7-16　　高铁开通对不同人力资本规模城市制造业综合效率的
异质性影响

	（1）最大	（2）较大	（3）较小	（4）最小
Hsr	0.0054 (1.03)	0.0094 (1.58)	0.0083 ** (2.10)	0.0030 (0.46)
Grp	0.0057 (0.74)	0.0023 (0.28)	0.0052 (0.63)	−0.0094 (−1.10)
Popu	0.0462 (0.89)	0.0028 (0.06)	−0.0336 (−1.62)	0.0365 (1.37)
Gov	0.0077 (0.79)	0.0018 (0.14)	−0.0237 ** (−2.43)	0.0041 (0.32)
Fdi	−0.0014 (−0.59)	0.0003 (0.13)	0.0013 (1.35)	0.0030 ** (2.22)
Depos	−0.0282 (−1.22)	−0.0138 (−0.70)	0.0213 (1.55)	0.0160 (1.06)
Hcap	0.0042 (0.31)	0.0162 (0.96)	−0.0026 (−1.11)	−0.0009 (−0.98)
Ind	0.0206 (0.38)	0.0276 (0.48)	−0.0661 ** (−2.09)	−0.0641 ** (−2.52)
Info	−0.0022 (−0.60)	0.0017 (0.52)	0.0033 (0.86)	−0.0009 (−0.66)
Wage	−0.0236 (−0.64)	0.0136 (0.52)	0.0028 (0.43)	0.0130 * (1.80)
_cons	1.1943 *** (4.32)	0.8444 * (1.91)	1.0766 *** (7.09)	0.5612 *** (2.91)
城市效应	控制	控制	控制	控制
时间效应	控制	控制	控制	控制
N	1050	1065	1050	1065
R^2	0.147	0.074	0.076	0.087

注：括号内为 t 值，***、**、* 分别表示估计系数在 1%、5%、10% 的显著性水平上显著。

四　不同研发资本规模城市

本部分对不同研发资本规模城市的异质性效应进行研究，依然基于研发资本规模将全部样本分为四组。高铁开通对不同研发资本规模城市制造业综合效率的异质性效应估计结果如表 7-17 所示。结果显示，高铁开通对不同研发资本投入城市制造业综合效率的影响在第二组和第三组样本中显著为正，即规模较大和较小两组，而在最大和最小的两组样本中不显著。与人力资本规模异质性效应的估计结果类似，研发资本规模最大的城市从高铁开通带来的要素加快流动和重新配置中的获益相对较少，而研发资本规模最小的城市在高铁开通后获得了更为多样的资本来源，资本匮乏的情况得以大大缓解。这会首先改善其经济效益和环境效益，提升制造业发展水平，而对综合效率提升的影响可能较为滞后。

表 7-17　　高铁开通对不同研发资本投入城市制造业综合效率的
异质性影响

	(1) 最大	(2) 较大	(3) 较小	(4) 最小
Hsr	−0.0058 (−1.06)	0.0131* (1.94)	0.0098** (2.39)	0.0097 (1.11)
Grp	−0.0044 (−0.56)	0.0002 (0.04)	−0.0013 (−0.12)	−0.0023 (−0.32)
Popu	0.0610 (1.32)	0.0044 (0.22)	−0.0261 (−0.80)	0.0472 (0.84)
Gov	−0.0026 (−0.26)	0.0205 (1.12)	−0.0140 (−1.66)	0.0062 (0.57)
Fdi	0.0031 (0.98)	0.0005 (0.34)	0.0012 (0.94)	0.0024* (1.86)
Depos	−0.0462* (−1.80)	−0.0117 (−0.62)	0.0170 (1.22)	0.0217 (1.51)
Hcap	0.0149 (1.01)	0.0158 (1.03)	−0.0097*** (−5.52)	−0.0002 (−0.17)
Ind	−0.0373 (−0.57)	0.0451 (0.99)	0.0106 (0.35)	−0.1171*** (−3.84)

续表

	(1) 最大	(2) 较大	(3) 较小	(4) 最小
Info	−0.0000 (−0.00)	0.0007 (0.30)	0.0008 (0.23)	0.0002 (0.05)
Wage	−0.0071 (−0.17)	−0.0048 (−0.19)	0.0118 (0.97)	0.0110 (1.59)
_cons	1.3922*** (3.69)	0.7799** (2.37)	1.0250*** (4.72)	0.3278 (1.07)
城市效应	控制	控制	控制	控制
时间效应	控制	控制	控制	控制
N	1050	1065	1050	1065
R^2	0.157	0.064	0.088	0.082

注:括号内为 t 值,***、**、*分别表示估计系数在1%、5%、10%的显著性水平上显著。

五 不同市场规模城市

本部分对不同市场规模城市的异质性效应进行剖析。基于市场规模对样本进行分组,高铁开通对不同市场规模城市制造业综合效率的异质性效应估计结果如表7-18所示。可以看到,高铁开通对沿线城市制造业综合效率的影响在第二组(即市场规模较大的一组)显著为正,在其余组别中均不显著。与不同要素规模城市的异质性效应类似,市场规模较小的组别虽然在高铁开通带来的市场范围扩大中获得了更多红利,但由于其发展基础较差,与综合效率的改善相比,高铁开通对这些城市制造业发展水平的影响可能更为突出。

表7-18　　　　高铁开通对不同市场规模城市制造业综合效率的
异质性影响

	(1) 最大	(2) 较大	(3) 较小	(4) 最小
Hsr	0.0048 (0.52)	0.0111** (2.22)	0.0045 (0.79)	0.0103 (1.34)
Grp	0.0047 (0.63)	0.0068 (1.02)	0.0002 (0.02)	−0.0027 (−0.32)

续表

	（1） 最大	（2） 较大	（3） 较小	（4） 最小
Popu	0.0589 (1.09)	-0.0025 (-0.10)	-0.0062 (-0.15)	0.0134 (0.62)
Gov	0.0158 (1.08)	-0.0016 (-0.23)	-0.0072 (-0.77)	-0.0055 (-0.39)
Fdi	0.0033 (0.99)	-0.0003 (-0.23)	0.0020 (0.88)	0.0018 (1.59)
Depos	-0.0784** (-2.19)	0.0140 (1.15)	0.0158* (1.78)	0.0184 (1.01)
Hcap	0.0265 (1.49)	-0.0016 (-0.87)	-0.0050* (-1.85)	-0.0001 (-0.14)
Ind	-0.0134 (-0.18)	-0.0119 (-0.47)	-0.0169 (-0.39)	-0.0929*** (-3.10)
Info	0.0010 (0.23)	0.0005 (0.23)	0.0005 (0.10)	-0.0002 (-0.10)
Wage	0.0067 (0.16)	-0.0111 (-0.73)	-0.0049 (-0.37)	0.0129** (2.12)
_cons	1.2807*** (3.92)	0.8330*** (3.18)	0.9444*** (4.14)	0.6794*** (3.94)
城市效应	控制	控制	控制	控制
时间效应	控制	控制	控制	控制
N	1120	1136	1120	1136
R^2	0.381	0.326	0.329	0.238

注：括号内为 t 值，***、**、*分别表示估计系数在1%、5%、10%的显著性水平上显著。

六 不同旅游经济发展水平城市

本部分对不同旅游经济发展水平城市的异质性效应进行剖析。按照旅游业收入对样本城市进行分组，高铁开通对不同旅游经济发展水平城市制造业综合效率的异质性效应结果如表7-19所示。在旅游经济发展水平从高到低的四个组别中，高铁开通仅显著地促进了第二组制造业综合效率的增长，在其余组别中均不显著。这可能是由于，对于旅游经济发展水平最高的一组城市来说，高铁开通通过加速人员流动增大了本地的客流量和旅游收入,增加了公众和政府的环境关注度和环境质量需求,加大了地区环境保护和治理力度,从而主要提高了制造业的环境效益,对经济效益及综合效率的影响可能较弱。

表 7-19 高铁开通对不同旅游经济发展水平城市制造业
综合效率的异质性影响

	(1) 最高	(2) 较高	(3) 较低	(4) 最低
Hsr	-0.0054 (-0.96)	0.0138** (2.32)	0.0054 (0.74)	-0.0018 (-0.17)
Grp	-0.0038 (-0.62)	-0.0236* (-1.85)	-0.0028 (-0.22)	-0.0107 (-1.46)
Popu	-0.0628** (-2.33)	-0.1425** (-2.54)	0.1553* (1.96)	0.0574 (0.88)
Gov	0.0227 (1.43)	-0.0081 (-0.75)	0.0100 (0.71)	-0.0136** (-2.36)
Fdi	-0.0011 (-0.58)	0.0040* (1.95)	-0.0003 (-0.17)	0.0014 (1.12)
Depos	0.0280 (1.24)	-0.0215 (-0.84)	-0.0428 (-1.39)	0.0131 (1.18)
Hcap	0.0011 (0.08)	0.0175* (1.79)	0.0022 (0.32)	-0.0009 (-0.91)
Ind	0.0400 (0.81)	-0.0211 (-0.40)	0.0127 (0.29)	-0.0566* (-1.74)
Info	0.0004 (0.09)	-0.0025 (-0.93)	-0.0039 (-0.98)	-0.0018 (-1.03)
Wage	-0.0231 (-0.48)	0.0073 (0.27)	-0.0031 (-0.26)	0.0078 (1.64)
_cons	0.8807** (2.04)	2.4101*** (4.07)	0.7149 (1.12)	0.7778** (2.03)
城市效应	控制	控制	控制	控制
时间效应	控制	控制	控制	控制
N	1056	1058	1057	1058
R^2	0.117	0.086	0.052	0.062

注:括号内为 t 值,***、**、*分别表示估计系数在1%、5%、10%的显著性水平上显著。

第五节　本章小结

本章从综合效率视角出发，实证研究了高铁开通对沿线城市制造业综合效率的影响。首先，基于双重差分模型估计了高铁开通对沿线城市制造业综合效率的平均效应。结果显示，高铁开通显著提升了沿线地区制造业综合效率，并且该模型通过了各种稳健性检验，具有一定的稳健性。其次，剖析高铁开通对沿线城市制造业综合效率的时间累积效应和空间溢出效应。研究发现，高铁开通对沿线城市制造业综合效率的影响具有显著的时间累积效应，但不存在空间溢出效应。最后，从不同地理位置、人口规模、人力资本规模、研发资本规模、市场规模、旅游经济发展水平等维度对影响的异质性进行剖析。研究发现，高铁开通对东中部地区城市、人口规模特大城市和大城市、人力资本规模较小城市、研发资本规模较大和较小城市、市场规模较大城市以及旅游经济发展水平较高城市的制造业综合效率的改善作用更为突出。值得注意的是，与经济效益和环境效益层面的异质性分析不同，由于综合效率层面的制造业转型升级状况采用增长率指标度量，在机制层面的异质性分析中，高铁开通的影响往往在要素规模、市场规模以及旅游经济发展水平居中的组别中更为突出。这可能是由于，水平最高组别的综合效率提升空间相对较小，而水平最低组别则会首先在高铁开通后实现发展水平的提升，而不是综合效率的改善。

第八章 "两业融合"视角下高铁开通对制造业转型升级的间接作用机制

在第五至第七章，本书分别从经济效益、环境效益以及综合效率三个维度实证剖析了高铁开通对制造业转型升级的影响，并对经济效益和环境效益层面的直接影响机制进行了验证。由于本书聚焦"两业融合"视角剖析高铁开通对制造业转型升级的影响，本章将对该视角下的间接作用机制进行研究，系统验证高铁开通通过生产性服务业发展、生产性服务业集聚，以及生产性服务业与制造业协同集聚对制造业转型升级的影响。具体来说，本章的研究内容包括生产性服务业发展视角下的间接作用机制、生产性服务业集聚视角下的间接作用机制以及生产性服务业与制造业协同集聚视角下的间接作用机制。在每个部分，均对基准结论和异质性效应进行剖析，以深入挖掘"两业融合"视角下的间接作用路径。

第一节 高铁开通、生产性服务业发展与制造业转型升级

一 研究设计

（一）模型选择

本部分依然基于多期双重差分模型评估高铁开通对生产性服务业发展的影响，如式（8-1）所示：

$$Ps_{c,t} = \beta_0 + \beta_1 HSR_{c,t} + \gamma X_{c,t} + \delta_c + \delta_t + u_{c,i,t} \tag{8-1}$$

其中，被解释变量 $Ps_{c,t}$ 表示城市 c 在 t 年的生产性服务业发展水平；核心解释变量 $HSR_{c,t}$ 表示城市 c 在 t 年是否开通高铁，若开通高铁则取 1，否则取 0，开通高铁城市为实验组，未开通高铁城市为控制组；β_1 为核心

解释变量的估计系数，如果 β_1 显著大于 0，则表明高铁开通显著促进了沿线城市生产性服务业的发展，反之则阻碍了生产性服务业的发展；$X_{c,t}$ 为一系列城市层面的控制变量，包括城市经济规模、人口规模、政府支持力度、对外开放程度、金融发展水平、人力资本规模、产业结构、信息水平以及收入水平；δ_c 为城市固定效应；δ_t 为时间固定效应。标准误聚类在城市层面。

（二）变量与数据

1. 被解释变量

本部分的被解释变量为生产性服务业发展水平，采用生产性服务业从业人员数度量，包括"交通运输、仓储和邮政业""信息传输、计算机服务和软件业""租赁和商务服务业""金融业""科学研究、技术服务和地质勘查业"。在分行业研究中，将交通运输、仓储和邮政业划分为功能型生产性服务业，将其余四个子行业划分为知识密集型生产性服务业，并构建对应的发展水平指标。

2. 解释变量

与前文类似，以高铁开通与否的虚拟变量作为核心解释变量。

3. 控制变量

本部分的控制变量与其他章节相同，包括城市经济规模、城市人口规模、政府支持力度、城市对外开放程度、城市金融发展水平、城市人力资本规模、城市产业结构、城市信息化水平、城市收入水平，主要变量的定义如表 8-1 所示。为消除离群值影响，对部分变量进行对数处理，表 8-2 为主要变量的描述性分析结果。

本章所使用数据的来源在前文已进行过介绍，此处不再赘述。

表 8-1　　　　　　　　主要变量的符号和定义

变量符号	变量名称	变量定义
Hsr	高铁开通	若该城市开通了高铁则为 1，否则为 0
Ps	生产性服务业发展水平	生产性服务业从业人数
$Ps1$	功能型生产性服务业发展水平	交通运输、仓储和邮政业从业人数
$Ps2$	知识密集型生产性服务业发展水平	对应四个行业的从业人数
$Info$	信息传输、计算机服务和软件业发展水平	信息传输、计算机服务和软件业从业人数

续表

变量符号	变量名称	变量定义
Fin	金融业发展水平	金融业从业人数
Lea	租赁和商务服务业发展水平	租赁和商务服务业从业人数
Sci	科学研究、技术服务和地质勘查业发展水平	科学研究、技术服务和地质勘查业从业人数
Grp	城市经济规模	城市生产总值
Popu	城市人口规模	城市总人口
Gov	政府支持力度	政府科教支出
Fdi	城市对外开放程度	实际利用外资额
Dep	城市金融发展水平	年末金融机构存款余额
Hcap	城市人力资本规模	高校教师数
Ind	城市产业结构	第二产业占比
Info	城市信息化水平	国际互联网用户数
Wage	城市收入水平	平均工资

表 8-2　　　　　　　　　　主要变量描述性分析

变量	均值	标准差	最小值	最大值
Hsr	0.2990	0.4579	0.0000	1.0000
Hsr_t	0.4701	0.7788	0.0000	2.8332
Hsr_s	0.9949	2.1781	0.0000	23.0000
Ps	10.4736	0.9627	7.4390	15.0738
Ps1	9.2914	1.0374	5.9940	13.4138
Ps2	10.0724	0.9627	7.0909	14.8862
Info	8.1235	1.0220	4.6151	13.6415
Fin	9.2767	0.8542	6.3986	13.2120
Lea	8.1784	1.3571	4.2485	13.6907
Sci	8.3149	1.1503	4.6151	13.4830
Grp	15.9759	1.0832	12.6690	19.6049
Popu	5.8635	0.6899	2.8547	8.1330
Gov	12.4311	1.1413	6.7696	16.4906
Fdi	11.3081	2.4184	0.0000	16.8347
Dep	16.1898	1.2447	12.7451	21.1749

续表

变量	均值	标准差	最小值	最大值
Hcap	7.5297	1.6726	0.0000	13.5241
Ind	0.4814	0.1101	0.0266	0.9097
Info	12.5782	1.3269	0.0000	17.7617
Wage	10.3303	0.6303	2.3805	12.6780

二 基本实证结果

表 8-3 展示了高铁开通对沿线地区生产性服务业发展影响的估计结果，其中，第（1）列和第（2）列为最小二乘估计结果，第（3）列为固定效应估计结果，第（4）列为双重差分估计结果，第（5）列为倾向得分匹配后的双重差分估计结果。结果显示，高铁开通显著促进了沿线地区生产性服务业的发展。尽管在严格的双重差分模型下，估计系数的大小和显著性均有所下降，但依然显著为正，表明高铁开通加快了高端要素的流动，推动了统一大市场的形成和发展，可以更好地满足生产性服务业发展的需要。倾向得分匹配后结论依然成立，表明基准结论具有一定的稳健性。

表 8-3   高铁开通对生产性服务业发展影响的基本实证结果

	（1） *Ps* OLS	（2） *Ps* OLS	（3） *Ps* FE	（4） *Ps* DID	（5） *Ps* PSM+DID
Hsr	0.3664 *** （19.25）	0.0578 *** （2.89）	0.0788 *** （3.88）	0.0413 * （1.93）	0.0422 * （1.95）
Grp		0.0670 *** （3.88）	0.0369 ** （2.29）	0.1149 *** （3.69）	0.1049 *** （3.08）
Popu		0.4066 *** （8.43）	0.4320 *** （2.79）	0.4593 *** （2.92）	0.3809 ** （2.54）
Gov		−0.3045 *** （−6.53）	−0.1587 *** （−3.96）	−0.1174 *** （−3.03）	−0.1144 *** （−2.97）
Fdi		0.0067 （1.32）	−0.0016 （−0.30）	−0.0000 （−0.01）	0.0000 （0.01）
Depos		0.6630 *** （12.68）	0.4055 *** （7.49）	0.2794 *** （4.30）	0.2873 *** （4.24）

续表

	(1) Ps OLS	(2) Ps OLS	(3) Ps FE	(4) Ps DID	(5) Ps PSM+DID
Hcap		0.0033 (0.63)	−0.0097** (−1.98)	−0.0023 (−0.22)	−0.0033 (−0.31)
Ind		−0.4653*** (−3.79)	−0.4467*** (−3.32)	−0.2879** (−2.05)	−0.2425* (−1.68)
Info		−0.0238*** (−3.03)	−0.0221*** (−3.08)	−0.0236*** (−3.13)	−0.0234*** (−3.07)
Wage		−0.1306** (−2.20)	−0.0166 (−0.62)	−0.0238 (−0.70)	−0.0183 (−0.54)
_cons	10.3640*** (202.24)	2.3297*** (6.43)	3.7534*** (4.65)	3.8161*** (3.44)	4.1821*** (3.87)
城市效应	未控制	未控制	控制	控制	控制
时间效应	未控制	未控制	未控制	控制	控制
N	4512	4512	4512	4512	4366
R²			0.481	0.527	0.511

注:括号内为 t 值,***、**、* 分别表示估计系数在 1%、5%、10%的显著性水平上显著。

考虑到平行趋势假定是双重差分模型最主要的限定条件,本部分基于多期双重差分模型的事件研究法对基本回归结果的平行趋势进行检验,以增强实证结果的稳健性。具体来说,分别定义虚拟变量 d_1—d_7、current 以及 d1—d5,代表高铁开通前的 1—7 年、高铁开通当年以及高铁开通后的 1—5 年。以 d_7 为基准,将以上虚拟变量纳入基本回归模型进行重新估计,高铁开通对沿线地区生产性服务业发展影响的平行趋势检验结果如图 8-1 所示。可以看到,d_1—d_6 在统计意义上均不显著,而 d5 显著为正,表明开通高铁的城市与未开通高铁的城市的生产性服务业发展水平在高铁开通前不存在显著差异,具有共同发展趋势,而高铁开通后二者的差异是由高铁开通这一事件导致的,即平行趋势假定满足。

三 异质性分析

(一)不同子行业

高铁开通对生产性服务业不同子行业发展的异质性效应估计结果如

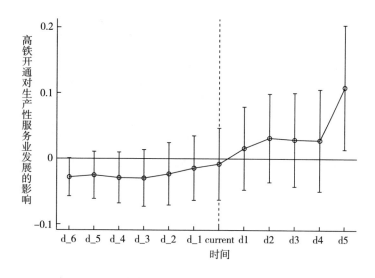

图 8-1 高铁开通对生产性服务业发展影响的平行趋势检验

表 8-4 所示。结果显示，高铁开通对功能型生产性服务业和知识密集型生产性服务业均具有显著的促进作用。从知识密集型生产性服务业内部的子行业来看，高铁开通的影响具有显著的异质性，表现为高铁开通仅促进了金融业的发展，显著增加了其从业人员数量，而对信息传输、计算机服务和软件业，租赁和商务服务业，以及科学研究、技术服务和地质勘查业的发展均无显著正向影响。一方面，中国金融业在样本期内实现了快速发展与扩张，对人才的需求量较大，高铁开通极大地便利了人员流动，促进了沿线地区金融业从业人员的增加；另一方面，大部分金融业从业人员不掌握核心技术，可替代性较强，因而具有较高的流动性。郑联盛等指出，金融部门与高铁发展存在广泛联系，其一，高速铁路的修建过程需要大量金融资源；其二，高铁开通提升了地区经济开放度，促进了金融业从业人员的增加（郑联盛等，2022）。

表 8-4　　　高铁开通对生产性服务业不同子行业发展的影响

	(1) Ps1	(2) Ps2	(3) Info	(4) Fin	(5) Lea	(6) Sci
Hsr	0.0561* (1.79)	0.0328* (1.69)	-0.0038 (-0.14)	0.0406** (2.28)	0.0623 (1.16)	-0.0037 (-0.13)

续表

	（1） Ps1	（2） Ps2	（3） Info	（4） Fin	（5） Lea	（6） Sci
Grp	0.0771* (1.81)	0.1373*** (4.62)	0.1783*** (3.65)	0.0932*** (3.48)	0.1959** (2.45)	0.1739*** (4.73)
Popu	0.5143*** (2.76)	0.4547*** (3.08)	0.5966** (2.54)	0.3811*** (3.47)	0.4187 (1.58)	0.3626* (1.92)
Gov	−0.1658*** (−2.92)	−0.0863** (−2.33)	−0.0826 (−1.20)	−0.0146 (−0.45)	−0.1676 (−1.55)	−0.1433*** (−2.77)
Fdi	0.0016 (0.23)	−0.0012 (−0.25)	0.0186** (2.31)	−0.0036 (−0.76)	0.0045 (0.35)	−0.0126** (−2.22)
Depos	0.3453*** (3.61)	0.2370*** (3.99)	0.1708** (1.97)	0.1516*** (2.74)	0.5466*** (3.31)	0.1495** (1.99)
Hcap	−0.0012 (−0.07)	−0.0006 (−0.07)	−0.0001 (−0.01)	−0.0133* (−1.92)	0.0310 (1.37)	0.0229* (1.70)
Ind	−0.4046** (−2.11)	−0.2424* (−1.82)	−0.5405** (−2.58)	−0.2297* (−1.90)	0.1375 (0.40)	−0.3035 (−1.43)
Info	−0.0079 (−0.70)	−0.0295*** (−3.38)	−0.0471*** (−3.54)	−0.0250** (−2.43)	−0.0336* (−1.81)	0.0195* (1.89)
Wage	−0.0053 (−0.14)	−0.0333 (−0.97)	−0.0261 (−0.76)	−0.0137 (−0.72)	−0.0580 (−0.85)	−0.0528 (−0.97)
_cons	2.3841 (1.59)	3.3818*** (3.10)	0.9235 (0.54)	3.9996*** (3.93)	−3.0749 (−1.17)	3.2743** (2.23)
城市效应	控制	控制	控制	控制	控制	控制
时间效应	控制	控制	控制	控制	控制	控制
N	4512	4512	4512	4512	4512	4512
R^2	0.234	0.612	0.431	0.539	0.316	0.424

注：括号内为 t 值，***、**、*分别表示估计系数在 1%、5%、10%的显著性水平上显著。

（二）不同地理位置城市

高铁开通对不同地理位置城市生产性服务业的异质性效应估计结果如表 8-5 所示。可以看到，高铁开通显著促进了中部地区生产性服务业的发展，对东部和西部地区无显著影响。究其原因，生产性服务业的知识密集度较高，对高端要素的需求较大，高铁开通加快了高端要素流动，与西部地区相比，中东部地区发展基础更高，配套设施也更为完善，可能在高铁开通后实现了更多高端要素的流入，有利于本地区生产性服务业规模的扩大，但考虑到东部地区集聚了大量高水平人才和资源，可能存在拥挤效应，激烈的市场竞争会在一定程度上对生产性服务业的规模扩张产生一定抑制效应，从而阻碍其正向影响的发挥。

表 8-5　　高铁开通对不同地理位置城市生产性服务业发展的影响

	(1) 东部地区	(2) 中部地区	(3) 西部地区
Hsr	0.0202 (0.62)	0.0608* (1.67)	0.0174 (0.43)
Grp	0.1972*** (4.79)	0.0377 (0.54)	0.0939** (2.51)
Popu	0.5637* (1.95)	0.3929* (1.67)	0.3929 (1.11)
Gov	-0.1257** (-2.39)	0.0144 (0.14)	-0.0908* (-1.85)
Fdi	0.0110 (0.85)	-0.0023 (-0.23)	0.0119** (2.02)
Depos	0.3218*** (3.19)	0.2484* (1.84)	0.1747** (2.33)
Hcap	0.0189 (0.76)	0.0112 (0.50)	-0.0035 (-0.27)
Ind	-0.6925** (-2.61)	0.5370* (1.86)	-0.4702** (-2.48)
Info	-0.0201** (-2.46)	-0.0215 (-1.41)	-0.0227 (-1.24)
Wage	-0.0250 (-0.41)	-0.0116 (-0.14)	-0.0121 (-0.54)
_cons	1.3266 (0.62)	3.6313* (1.97)	5.3923** (2.50)
城市效应	控制	控制	控制
时间效应	控制	控制	控制
N	1616	1584	1312
R²	0.706	0.371	0.581

注：括号内为 t 值，***、**、*分别表示估计系数在 1%、5%、10%的显著性水平上显著。

(三) 不同人口规模城市

高铁开通对不同人口规模城市生产性服务业的异质性效应估计结果如表8-6所示。结果显示,高铁开通显著促进了超大城市生产性服务业的发展,显著阻碍了中小城市生产性服务业的发展,对特大城市和大城市无显著影响。这与不同地理位置城市的异质性效应类似,超大城市具有显著的发展优势,对高端要素的吸引力更强,所以高铁开通极大地提升了其区域可达性,加快了高端要素流动,在一定程度上产生了"虹吸效应",促进了高端要素从中小城市向大规模城市的转移,为大规模城市(特别是超大城市)生产性服务业的规模扩大创造了条件,同时也导致中小城市生产性服务业的发展规模有所萎缩。

表8-6　　高铁开通对不同人口规模城市生产性服务业发展的影响

	(1) 超大城市	(2) 特大城市	(3) 大城市	(4) 中小城市
Hsr	0.2251* (1.98)	0.0426 (1.40)	0.0327 (1.12)	-0.2313* (-1.97)
Grp	0.0885 (1.17)	0.1557*** (3.32)	0.1091** (2.53)	0.3052 (0.87)
Popu	4.1593** (2.48)	-0.3143 (-0.48)	0.6187*** (3.29)	-0.0272 (-0.19)
Gov	-0.3840 (-1.13)	-0.1336** (-2.18)	-0.1155** (-2.21)	-0.1734 (-0.91)
Fdi	-0.0069 (-0.16)	0.0005 (0.03)	-0.0051 (-1.08)	0.0142 (0.69)
Depos	0.8064** (2.47)	0.2874** (2.59)	0.2424*** (3.15)	0.5016* (2.09)
Hcap	0.0060 (0.05)	0.0156 (0.89)	0.0047 (0.33)	-0.0291 (-0.99)
Ind	0.3652 (0.52)	-0.2102 (-0.69)	-0.1958 (-1.16)	-0.5566 (-0.75)
Info	-0.0933 (-1.67)	-0.0082 (-0.42)	-0.0212** (-2.60)	0.1688* (2.06)
Wage	0.2292 (0.86)	-0.0453 (-0.58)	-0.0134 (-0.38)	-1.0025 (-1.62)

续表

	（1） 超大城市	（2） 特大城市	（3） 大城市	（4） 中小城市
_cons	−28.2802** （−2.78）	8.1499** （2.10）	3.3269** （2.30）	8.1596 （1.77）
城市效应	控制	控制	控制	控制
时间效应	控制	控制	控制	控制
N	144	1376	2800	128
R²	0.815	0.636	0.471	0.708

注：括号内为 t 值，***、**、* 分别表示估计系数在 1%、5%、10%的显著性水平上显著。

（四）不同知识溢出条件城市

由于生产性服务业发展对隐性知识的要求较高，故需进一步对不同知识溢出条件城市的异质性效应进行研究。考虑到知识传播是高等学校的重要功能，加之人流是知识流的重要载体，本章采用地级城市高等院校学生数代表城市的知识溢出条件，并基于知识溢出条件的四分位数将全部样本城市划分为四组。高铁开通对不同知识溢出条件城市生产性服务业的异质性效应估计结果如表 8-7 所示。结果表明，高铁开通仅对知识溢出条件最好的一组城市的生产性服务业发展产生了显著的正向影响，而对其他组别无显著影响。高铁开通便利了沿线城市间知识的传递和交流，较大规模的高校学生为知识溢出提供了充足的载体，能更好地促进知识的沟通和交流，为本地生产性服务业的发展壮大奠定了良好的基础。

表 8-7　高铁开通对不同知识溢出条件城市生产性服务业发展的影响

	（1） 最好	（2） 较好	（3） 较差	（4） 最差
Hsr	0.0593* （1.87）	0.0222 （0.49）	−0.0272 （−0.61）	0.0079 （0.17）
Grp	0.1744*** （3.06）	0.0856 （1.45）	0.0685 （0.62）	0.0529 （1.31）

续表

	（1） 最好	（2） 较好	（3） 较差	（4） 最差
Popu	0.8586***	−0.0534	0.1426	0.5744**
	(4.36)	(−0.19)	(0.68)	(2.20)
Gov	−0.0996	−0.0241	−0.1692	−0.0969
	(−1.10)	(−0.48)	(−1.42)	(−1.28)
Fdi	−0.0191**	−0.0171	−0.0132	0.0137**
	(−2.00)	(−1.01)	(−1.39)	(2.15)
Depos	0.2274*	0.2544*	0.2511	0.2744***
	(1.87)	(1.95)	(1.47)	(3.81)
Hcap	0.0276*	0.0687	−0.0906*	0.0082
	(1.98)	(1.10)	(−1.86)	(0.87)
Ind	−0.7393**	−0.1577	0.2398	−0.0339
	(−2.25)	(−0.47)	(0.58)	(−0.15)
Info	−0.0275	−0.0110	0.0010	−0.0058
	(−1.14)	(−0.54)	(0.06)	(−0.79)
Wage	0.0103	−0.1392	−0.0380	−0.0211
	(0.42)	(−0.97)	(−0.54)	(−0.64)
_cons	1.3848	7.0641***	7.5259***	3.1244*
	(0.74)	(3.38)	(2.85)	(1.83)
城市效应	控制	控制	控制	控制
时间效应	控制	控制	控制	控制
N	1120	1136	1120	1136
R^2	0.733	0.506	0.454	0.449

注：括号内为 t 值，***、**、* 分别表示估计系数在 1%、5%、10% 的显著性水平上显著。

（五）不同工业发展水平城市

由于生产性服务业主要为制造业提供中间产品和服务，故其发展在一定程度上依赖于本地制造业的发展水平，但制造业占比过高也会挤压生产性服务业的发展空间。因此，需进一步对不同工业发展水平城市的异质性效应进行分析。采用城市工业增加值占地区生产总值的比重代表城市的工业发展水平，并根据各城市工业发展水平的三分位数对全部样本进行三等分。高铁开通对不同工业发展水平城市生产性服务业发展的异质性效应估计结果如表8-8所示。可以看到，高铁开通对工业发展水平高的一组城市的生产性服务业发展无显著影响，但促进了其余两组城市生产性服务业的发展，这表明生产性服务业虽然需要制造业提供市场需求支撑，但过高的制造业占比也会抑制生产性服务业的发展规模。

表8-8 高铁开通对不同工业发展水平城市生产性服务业发展的影响

	(1) 高	(2) 中	(3) 低
Hsr	−0.0103 (−0.27)	0.0596* (1.81)	0.0688* (1.85)
Grp	0.1734*** (3.65)	0.0476 (0.60)	0.1386*** (3.66)
Popu	0.3255** (2.15)	0.3703 (1.26)	0.7680 (1.52)
Gov	−0.0948 (−1.21)	−0.0157 (−0.17)	−0.1133** (−2.30)
Fdi	0.0014 (0.13)	−0.0146 (−1.42)	0.0079 (1.14)
Depos	0.2061** (2.31)	0.3510*** (2.81)	0.3210*** (2.74)
Hcap	0.0171 (1.50)	−0.0260* (−1.68)	−0.0208 (−0.76)
Ind	−0.8075*** (−3.22)	−0.0010 (−0.00)	0.0987 (0.51)
Info	−0.0087 (−0.53)	−0.0238** (−2.14)	−0.0383*** (−3.52)
Wage	−0.2668 (−1.55)	−0.1982 (−1.52)	0.0186 (1.01)
_cons	6.6875*** (3.66)	4.8075** (2.18)	0.7195 (0.28)
城市效应	控制	控制	控制
时间效应	控制	控制	控制
N	1504	1504	1504
R²	0.580	0.520	0.534

注：括号内为t值，***、**、*分别表示估计系数在1%、5%、10%的显著性水平上显著。

第二节　高铁开通、生产性服务业集聚与制造业转型升级

一　研究设计

（一）模型选择

基于多期双重差分模型评估高铁开通对生产性服务业集聚的影响，如式（8-2）所示：

$$Ps\_agg_{c,t} = \beta_0 + \beta_1 HSR_{c,t} + \gamma X_{c,t} + \delta_c + \delta_t + u_{c,i,t} \qquad (8-2)$$

其中，被解释变量 $Ps\_agg_{c,t}$ 表示城市 c 在 t 年的生产性服务业集聚水平，包括专业化集聚和多样化集聚水平；核心解释变量 $HSR_{c,t}$ 表示城市 c 在 t 年是否开通高铁，若开通高铁则取 1，否则取 0，开通高铁城市为实验组，未开通高铁城市为控制组；β_1 为核心解释变量的估计系数，如果 β_1 显著大于 0，则表明高铁开通显著促进了沿线城市生产性服务业的集聚，反之则阻碍了生产性服务业的集聚；$X_{c,t}$ 为城市层面控制变量，包括城市经济规模、人口规模、政府支持力度、对外开放程度、金融发展水平、人力资本规模、产业结构、信息水平以及收入水平；δ_c 为城市固定效应；δ_t 为时间固定效应。标准误聚类在城市层面。

（二）变量与数据

1. 被解释变量

本部分的被解释变量为生产性服务业集聚水平，包括专业化集聚水平和多样化集聚水平两个度量指标，具体的构建方式已在第三章进行说明。在分行业研究中，将交通运输、仓储和邮政业划分为功能型生产性服务业，将其余四个子行业划分为知识密集型生产性服务业，并构建对应的专业化集聚指标。

2. 解释变量

与前文类似，以高铁开通与否的虚拟变量作为核心解释变量。

3. 控制变量

本章的控制变量与其他章节相同，包括城市经济规模、城市人口规模、政府支持力度、城市对外开放程度、城市金融发展水平、城市人力资本规模、城市产业结构、城市信息化水平、城市收入水平，主要变量

的定义如表8-9所示。为消除离群值影响，对部分变量进行对数处理，表8-10为主要变量的描述性分析结果。

本章所使用数据的来源在前文已进行过介绍，此处不再赘述。

表8-9　　　　　　　　　　主要变量的符号和定义

变量符号	变量名称	变量定义
Hsr	高铁开通	若该城市开通了高铁则为1，否则为0
P_agg	生产性服务业专业化集聚	构建方式见第三章
D_agg	生产性服务业多样化集聚	构建方式见第三章
P_agg1	功能型生产性服务业专业化集聚	构建方式见第三章
P_agg2	知识密集型生产性服务业专业化集聚	构建方式见第三章
Info_agg	信息传输、计算机服务和软件业专业化集聚	构建方式见第三章
Fin_agg	金融业专业化集聚	构建方式见第三章
Lea_agg	租赁和商务服务业专业化集聚	构建方式见第三章
Sci_agg	科学研究、技术服务和地质勘查业专业化集聚	构建方式见第三章
Grp	城市经济规模	城市生产总值
Popu	城市人口规模	城市总人口
Gov	政府支持力度	政府科教支出
Fdi	城市对外开放程度	实际利用外资额
Dep	城市金融发展水平	年末金融机构存款余额
Hcap	城市人力资本规模	高校教师数
Ind	城市产业结构	第二产业占比
Info	城市信息化水平	国际互联网用户数
Wage	城市收入水平	平均工资

表8-10　　　　　　　　　　主要变量描述性分析

变量	均值	标准差	最小值	最大值
Hsr	0.2990	0.4579	0.0000	1.0000
Hsr_t	0.4701	0.7788	0.0000	2.8332

续表

变量	均值	标准差	最小值	最大值
Hsr_s	0.9949	2.1781	0.0000	23.0000
P_agg	0.0608	0.0263	0.0124	0.5481
D_agg	0.1228	0.0728	0.0132	1.8403
P_agg1	0.0189	0.0137	0.0000	0.1792
P_agg2	0.0419	0.0209	0.0046	0.5197
$Info\_agg$	0.0073	0.0066	0.0000	0.0806
Fin_agg	0.0132	0.0088	0.0000	0.1143
Lea_agg	0.0102	0.0093	0.0000	0.0948
Sci_agg	0.0112	0.0100	0.0000	0.4702
Grp	15.9759	1.0832	12.6690	19.6049
$Popu$	5.8635	0.6899	2.8547	8.1330
Gov	12.4311	1.1413	6.7696	16.4906
Fdi	11.3081	2.4184	0.0000	16.8347
Dep	16.1898	1.2447	12.7451	21.1749
$Hcap$	7.5297	1.6726	0.0000	13.5241
Ind	0.4814	0.1101	0.0266	0.9097
$Info$	12.5782	1.3269	0.0000	17.7617
$Wage$	10.3303	0.6303	2.3805	12.6780

二 基本实证结果

表8-11展示了高铁开通对沿线城市生产性服务业专业化集聚和多样化集聚影响的估计结果，其中，第（1）列、第（2）列、第（4）列和第（5）列为双重差分模型估计结果，第（3）列和第（6）列为倾向得分匹配后的双重差分模型估计结果。结果显示，高铁开通显著促进了沿线城市生产性服务业的专业化集聚，无论是否加入控制变量以及采用倾向得分匹配法，结果均成立；而高铁开通对生产性服务业多样化集聚的影响在双重差分模型下不显著，但在对样本进行倾向得分匹配后，这一影响变得显著为正，但显著性系数较低，表明高铁开通对沿线城市生产

性服务业的多样化集聚具有一定的促进作用，但与专业化集聚相比影响较弱。究其原因，专业化集聚形式出现较早，随着劳动力分工逐渐细化，不同产业才开始在特定地理空间上聚集，产生多样化集聚形式，与专业化集聚相比，多样化集聚（尤其是高水平多样化集聚）依赖成熟的产业体系支撑和多元化的知识、技术和人才储备，需要较长时期的产业发展、要素积累和政策谋划，实现难度相对较高。高铁开通带来的要素流动和市场扩大等机制可以强化沿线地区生产性服务业的专业化发展优势，促进产业专业化集聚，但难以全面强化多元化产业的发展基础，对产业多样化集聚的影响相对有限。

表 8-11　　高铁开通对生产性服务业集聚影响的基本实证结果

	(1) P_agg DID	(2) P_agg DID	(3) P_agg PSM+DID	(4) D_agg DID	(5) D_agg DID	(6) D_agg PSM+DID
Hsr	0.4435*** (2.84)	0.4619*** (2.98)	0.4015** (2.27)	0.5747 (1.16)	0.5832 (1.22)	0.8963* (1.85)
Grp		-0.1976 (-0.99)	-0.1315 (-0.54)		0.1712 (0.25)	0.4673 (0.51)
Popu		-0.5480 (-0.63)	-0.8523 (-0.76)		1.2836 (0.57)	5.8449 (1.51)
Gov		0.2710 (1.00)	0.0894 (0.25)		-0.6400 (-0.83)	-2.0151** (-1.98)
Fdi		-0.0184 (-0.52)	0.0007 (0.01)		-0.0477 (-0.45)	0.1389 (0.79)
Depos		0.1269 (0.31)	0.5726 (0.96)		2.1921 (1.59)	1.5184 (0.94)
Hcap		-0.1279* (-1.78)	-0.3391** (-1.98)		-0.0016 (-0.00)	0.2079 (0.46)
Ind		0.9104 (0.90)	1.9996 (1.53)		2.1649 (0.60)	7.0716 (1.59)
Info		-0.0134 (-0.20)	-0.0923 (-0.79)		0.3236* (1.89)	0.4006 (1.28)
Wage		-0.0467 (-0.38)	0.3531 (0.76)		-1.2680 (-1.62)	-0.8567 (-0.52)
_cons	4.9384*** (53.70)	6.9401 (0.96)	1.3969 (0.16)	10.8581*** (25.45)	-16.2690 (-0.75)	-32.2527 (-1.06)

续表

	（1） P_agg DID	（2） P_agg DID	（3） P_agg PSM+DID	（4） D_agg DID	（5） D_agg DID	（6） D_agg PSM+DID
城市效应	控制	控制	控制	控制	控制	控制
时间效应	控制	控制	控制	控制	控制	控制
N	4512	4512	2512	4512	4512	2512
R^2	0.253	0.257	0.239	0.071	0.077	0.133

注：括号内为 t 值，***、**、* 分别表示估计系数在 1%、5%、10% 的显著性水平上显著。

接着，对基准模型的平行趋势进行检验。依然采用多期双重差分模型的事件研究法进行平行趋势检验，方法与前文相似。高铁开通对生产性服务业专业化集聚和多样化集聚影响的平行趋势检验结果分别如图 8-2和图 8-3 所示。可以看到，无论是生产性服务业专业化集聚还是多样化集聚，d_1—d_6 均在统计意义上不显著①，而 d1—d5 则不止一个显著为正。这表明实验组城市与控制组城市的生产性服务业专业化集聚水平和多样化集聚水平在高铁开通前均不存在显著差异，发展趋势基本一致，而高铁开通后二者在生产性服务业集聚水平方面的差异是由高铁开通这一事件导致的，即平行趋势假定满足。

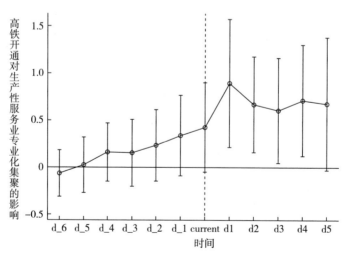

图 8-2　高铁开通对生产性服务业专业化集聚影响的平行趋势检验

---

① 为避免共线性，删掉 d_7。

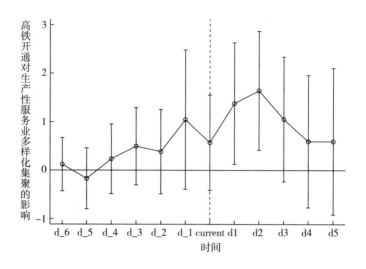

图 8-3 高铁开通对生产性服务业多样化集聚影响的平行趋势检验

三 异质性分析

（一）不同子行业

表 8-12 展示了行业异质性效应的分析结果。可以看到，高铁开通对沿线城市功能型生产性服务业和知识密集型生产性服务业的专业化集聚均有一定促进作用，但对知识密集型生产性服务业集聚的促进作用更强。在知识密集型生产性服务业行业内部，高铁开通对信息传输、计算机服务和软件业以及科学研究、技术服务和地质勘查业专业化集聚的促进作用更为突出。与生产性服务业发展维度形成对比，高铁开通虽然对沿线信息传输、计算机服务和软件业，科学研究、技术服务和地质勘查业的发展规模未产生显著影响，却提升了二者的集聚程度。这可能是由于，一方面，高铁开通促进了高端要素的流动，大量资源、知识和技术可获得性的增加极大地提升了沿线知识密集型行业的发展优势；另一方面，信息传输、计算机服务和软件业，科学研究、技术服务和地质勘查业的专业技术门槛较高，人员流动性较低，行业从业人员规模的扩张对高铁开通的敏感性相对较弱。

表 8-12　　　　　　　高铁开通对生产性服务业不同子行业集聚的影响

	（1） P_agg1	（2） P_agg2	（3） Info_agg	（4） Fin_agg	（5） Lea_agg	（6） Sci_agg
Hsr	0.1918**	0.2701**	0.0722**	0.0933	−0.0085	0.1132*
	(2.04)	(2.39)	(2.23)	(1.43)	(−0.14)	(1.67)
Grp	0.0699	−0.2675	0.0872	−0.1420	−0.1327*	−0.0800
	(0.64)	(−1.55)	(1.29)	(−1.49)	(−1.89)	(−1.43)
Popu	−0.9686*	0.4207	0.2788	0.3063	0.0436	−0.2081
	(−1.83)	(0.73)	(1.20)	(0.94)	(0.15)	(−0.83)
Gov	0.1709	0.1001	0.1416	0.1447	−0.1256	−0.0607
	(0.99)	(0.48)	(1.38)	(1.12)	(−1.14)	(−0.78)
Fdi	−0.0294	0.0110	−0.0080	0.0202	−0.0046	0.0034
	(−1.38)	(0.41)	(−1.28)	(1.42)	(−0.23)	(0.35)
Depos	0.2499	−0.1230	−0.0194	−0.0669	0.0526	−0.0893
	(0.86)	(−0.42)	(−0.22)	(−0.32)	(0.34)	(−0.82)
Hcap	−0.0580	−0.0698	0.0054	−0.0397	−0.0177	−0.0178
	(−1.23)	(−1.41)	(0.29)	(−1.39)	(−0.88)	(−1.50)
Ind	0.5498	0.3607	−0.4931**	0.3797	−0.0311	0.5051
	(0.92)	(0.44)	(−1.98)	(0.95)	(−0.07)	(1.30)
Info	−0.0064	−0.0070	−0.0308	0.0069	0.0217	−0.0048
	(−0.16)	(−0.15)	(−1.39)	(0.30)	(1.03)	(−0.27)
Wage	−0.0509	0.0042	−0.0644	0.1409	−0.0472	−0.0251
	(−0.42)	(0.04)	(−1.49)	(1.41)	(−1.10)	(−0.56)
_cons	1.5799	5.3602	−2.8363	−1.2379	3.7591	5.6754**
	(0.35)	(0.99)	(−1.40)	(−0.34)	(1.53)	(2.42)
城市效应	控制	控制	控制	控制	控制	控制
时间效应	控制	控制	控制	控制	控制	控制
N	4512	4512	4512	4512	4512	4512
R^2	0.026	0.345	0.445	0.162	0.128	0.019

注：括号内为 t 值，** 、* 分别表示估计系数在 5%、10%的显著性水平上显著。

（二）不同地理位置城市

表 8-13 展示了不同地理位置城市异质性效应的分析结果。结果显示，高铁开通显著促进了沿线东部和中部地区城市生产性服务业的专业化集聚，显著促进了中部地区生产性服务业的多样化集聚，显著阻碍了西部地区生产性服务业的多样化集聚。综上所述，高铁开通对沿线城市

生产性服务业集聚的影响存在显著的地区差异，主要表现为高铁开通对东部和中部地区的生产性服务业集聚存在正向影响，其中，高铁开通对中部地区生产性服务业集聚的正向影响最为突出。究其原因，知识密集型生产性服务业更倾向于在发达地区布局，高铁开通降低了生产性服务业的交易成本，会推动生产性服务业向人力资本等高端要素更为密集的东中部地区集聚（陈建军、陈菁菁，2011），降低西部地区的集聚程度。

表 8-13　　高铁开通对不同地理位置城市生产性服务业集聚的影响

	（1）P_agg 东部地区	（2）P_agg 中部地区	（3）P_agg 西部地区	（4）D_agg 东部地区	（5）D_agg 中部地区	（6）D_agg 西部地区
Hsr	0.6051** (2.46)	0.6970** (2.33)	0.0164 (0.06)	0.8811 (1.27)	1.8209** (2.29)	-1.6546* (-1.78)
Grp	0.2425 (0.62)	-0.5775 (-1.54)	-0.3702 (-1.37)	2.5778** (2.19)	-0.6029 (-0.51)	-1.2069 (-0.93)
$Popu$	-0.7319 (-0.65)	-1.3675 (-1.03)	2.3745 (1.25)	-2.5834 (-0.91)	4.4169 (1.11)	1.2170 (0.33)
Gov	-0.0741 (-0.15)	-0.4173 (-0.78)	0.9875** (2.39)	-0.5932 (-0.42)	-2.0861 (-1.14)	0.1942 (0.15)
Fdi	-0.0690 (-0.65)	0.0032 (0.05)	0.0063 (0.16)	-0.5884 (-1.49)	0.0122 (0.06)	0.0354 (0.29)
$Depos$	1.1417 (1.34)	-0.2505 (-0.40)	0.1351 (0.22)	-0.6458 (-0.20)	2.7306* (1.67)	3.3483 (1.16)
$Hcap$	-0.2876* (-1.88)	0.0605 (0.65)	-0.1615 (-1.61)	0.2207 (0.34)	-0.0233 (-0.07)	0.0157 (0.02)
Ind	-0.1284 (-0.06)	4.2042** (2.11)	0.6365 (0.49)	6.7745 (0.91)	12.2816** (2.31)	-8.0698 (-1.37)
$Info$	-0.0158 (-0.17)	0.0969 (0.70)	0.0373 (0.26)	0.3025* (1.79)	0.1854 (0.50)	0.6793 (1.65)
$Wage$	-0.0435 (-0.21)	0.1328 (0.29)	-0.0874 (-0.78)	-1.7719 (-1.02)	0.5768 (0.33)	-1.2495 (-1.40)
$\_cons$	-7.7346 (-0.71)	25.4190** (2.21)	-15.9359 (-1.19)	18.1093 (0.37)	-32.8225 (-0.98)	-20.8504 (-0.64)
城市效应	控制	控制	控制	控制	控制	控制
时间效应	控制	控制	控制	控制	控制	控制

续表

	（1） P_agg 东部地区	（2） P_agg 中部地区	（3） P_agg 西部地区	（4） D_agg 东部地区	（5） D_agg 中部地区	（6） D_agg 西部地区
N	1616	1584	1312	1616	1584	1312
R²	0.374	0.200	0.275	0.142	0.100	0.080

注：括号内为 t 值，＊＊、＊分别表示估计系数在 5%、10%的显著性水平上显著。

（三）不同人口规模城市

表 8-14 和表 8-15 展示了不同人口规模城市异质性效应的估计结果。结果显示，高铁开通显著促进了沿线大城市生产性服务业的专业化集聚和多样化集聚，对其他人口规模城市的生产性服务业集聚无显著影响。与生产性服务业规模扩大不同，生产性服务业集聚程度的提升代表该地区在生产性服务业发展方面竞争实力的增强。高铁开通促进了高端要素向大规模城市的流入，同时降低了生产性服务业的交易成本，有利于推动其向高端要素密集的大规模城市转移和布局，但与大城市相比，中国超大城市和特大城市的服务业占比较高，生产性服务业发展的实力和优势较强，高铁开通对其集聚发展的影响可能相对较弱，而中小城市的人才和资本等高端要素匮乏，产业基础和发展环境较差，生产性服务业在此布局的意愿较低。因此，高铁开通对大城市生产性服务业集聚的影响更为明显。

表 8-14　高铁开通对不同人口规模城市生产性服务业专业化集聚的影响

	（1） 超大城市	（2） 特大城市	（3） 大城市	（4） 中小城市
Hsr	1.7449 （1.74）	-0.0103 （-0.05）	0.6289＊＊＊ （2.92）	-1.2726 （-1.00）
Grp	-0.0265 （-0.03）	-0.6491 （-1.58）	-0.1412 （-0.65）	-0.4861 （-0.38）
Popu	22.0098＊＊ （2.40）	-5.5491＊ （-1.77）	0.4827 （0.67）	-1.9759 （-1.53）
Gov	4.0217 （1.60）	-0.2157 （-0.47）	0.6166＊ （1.74）	-1.1997 （-0.55）

续表

	（1）超大城市	（2）特大城市	（3）大城市	（4）中小城市
Fdi	0.3039	0.0576	−0.0596*	0.2806
	(0.55)	(0.49)	(−1.72)	(1.20)
Depos	−5.3339	−0.1993	0.0441	2.6126
	(−1.17)	(−0.43)	(0.08)	(1.38)
Hcap	−0.6844	−0.1003	−0.0979	−0.2011
	(−0.27)	(−0.67)	(−1.19)	(−1.49)
Ind	−12.1415	0.0681	1.9876*	−8.3357
	(−1.41)	(0.04)	(1.66)	(−1.46)
Info	−0.5446	−0.0101	0.0375	0.8657
	(−1.35)	(−0.06)	(0.63)	(0.81)
Wage	1.6568	0.2131	−0.0959	−0.7922
	(0.41)	(0.38)	(−0.71)	(−0.24)
_cons	−1.2e+02	54.5144**	−3.1379	−1.5667
	(−1.44)	(2.44)	(−0.47)	(−0.03)
城市效应	控制	控制	控制	控制
时间效应	控制	控制	控制	控制
N	144	1376	2800	128
R^2	0.598	0.403	0.223	0.461

注：括号内为 t 值，**、*分别表示估计系数在5%、10%的显著性水平上显著。

表 8-15　高铁开通对不同人口规模城市生产性服务业多样化集聚的影响

	（1）超大城市	（2）特大城市	（3）大城市	（4）中小城市
Hsr	0.3466	−0.3348	1.4852**	−8.7922
	(0.26)	(−0.69)	(2.32)	(−1.65)
Grp	−1.7869	−0.1960	1.3015	−1.0679
	(−1.26)	(−0.21)	(1.58)	(−0.20)
Popu	−11.1786	3.6130	1.1438	11.3187*
	(−1.35)	(0.61)	(0.43)	(1.90)
Gov	−3.6467	−0.6505	−1.0033	−4.4604
	(−0.64)	(−0.62)	(−1.03)	(−0.50)
Fdi	0.0560	0.1844	−0.1110	1.1406
	(0.07)	(0.61)	(−1.03)	(1.76)

续表

	（1） 超大城市	（2） 特大城市	（3） 大城市	（4） 中小城市
Depos	3.7755 (0.65)	4.2394 *** (2.90)	0.6260 (0.35)	5.9536 (0.45)
Hcap	−2.2571 (−1.26)	0.4015 (0.76)	−0.4909 (−0.72)	1.4491 (1.53)
Ind	14.2322 (0.88)	−0.7465 (−0.16)	4.1361 (0.93)	−4.4745 (−0.48)
Info	1.0703 * (1.91)	0.9201 *** (2.75)	0.2073 (1.13)	1.8433 ** (2.37)
Wage	−0.1471 (−0.03)	0.0182 (0.02)	−0.9330 (−1.32)	−24.6126 ** (−2.73)
_cons	105.5903 (1.30)	−84.0178 ** (−2.30)	−2.3206 (−0.09)	144.1413 (1.08)
城市效应	控制	控制	控制	控制
时间效应	控制	控制	控制	控制
N	144	1376	2800	128
R^2	0.296	0.267	0.084	0.353

注：括号内为 t 值，***、**、* 分别表示估计系数在 1%、5%、10% 的显著性水平上显著。

（四）不同知识溢出条件城市

不同知识溢出条件城市的异质性效应估计结果如表 8-16 和表 8-17 所示。采用城市高等院校学生数代表城市的知识溢出条件，并基于知识溢出条件将样本城市分为四组。结果显示，高铁开通对知识溢出条件最好的一组城市的生产性服务业专业化集聚产生了显著正向影响，对知识溢出条件最好和较好两组城市的生产性服务业多样化集聚产生了显著正向影响，对知识溢出条件最差的城市均无显著影响，与发展水平维度的结论一致。知识溢出条件也是影响生产性服务业空间布局的重要因素。

表8-16　　　　　高铁开通对不同知识溢出条件城市生产性
服务业专业化集聚的影响

	（1） 最好	（2） 较好	（3） 较差	（4） 最差
Hsr	0.7927** （2.60）	0.3258 （1.17）	0.1086 （0.42）	0.7803 （1.65）
Grp	0.0918 （0.14）	−0.3138 （−0.83）	−0.0943 （−0.24）	−0.3377 （−1.01）
Popu	−0.5401 （−0.29）	0.3186 （0.42）	−2.4746 （−1.43）	0.0843 （0.04）
Gov	0.3547 （0.41）	0.5532** （2.15）	0.4309 （0.53）	0.3813 （0.64）
Fdi	−0.0682 （−0.85）	−0.0381 （−0.40）	−0.0440 （−0.57）	−0.0164 （−0.33）
Depos	−1.4219 （−1.50）	−0.0813 （−0.12）	1.3357 （1.30）	0.0326 （0.04）
Hcap	−0.1504 （−1.13）	−0.2642 （−0.91）	−0.6279** （−2.47）	−0.0832 （−1.02）
Ind	−3.5174 （−1.09）	0.2430 （0.11）	0.7177 （0.37）	2.6847* （1.79）
Info	−0.1611 （−0.61）	−0.0505 （−0.40）	−0.1002 （−0.77）	0.0675 （1.18）
Wage	0.0665 （0.54）	−0.7804 （−0.82）	−0.0860 （−0.69）	−0.1097 （−0.21）
_cons	30.2895 （1.53）	12.1975 （1.11）	1.1907 （0.11）	4.0868 （0.31）
城市效应	控制	控制	控制	控制
时间效应	控制	控制	控制	控制
N	1120	1136	1120	1136
R^2	0.246	0.312	0.425	0.195

注：括号内为t值，**、*分别表示估计系数在5%、10%的显著性水平上显著。

表 8-17　　　　　高铁开通对不同知识溢出条件城市生产性
服务业多样化集聚的影响

	（1）最好	（2）较好	（3）较差	（4）最差
Hsr	0.8181 **	1.5203 **	−0.1305	−0.9240
	(2.62)	(2.25)	(−0.15)	(−0.60)
Grp	−0.7063	1.3886	−0.4519	1.2014
	(−0.67)	(1.20)	(−0.33)	(0.66)
$Popu$	−2.0992	−1.9105	−3.0144	13.9091 **
	(−0.73)	(−0.41)	(−0.75)	(2.13)
Gov	2.2134	0.7646	−0.0366	−1.5239
	(1.62)	(0.78)	(−0.02)	(−0.66)
Fdi	−0.0306	−0.6577 **	0.1279	0.0559
	(−0.15)	(−2.02)	(0.54)	(0.34)
$Depos$	1.9933	2.3869	−0.0536	3.9014
	(1.16)	(1.39)	(−0.02)	(1.06)
$Hcap$	0.3775	1.5046	−5.3676	0.5505
	(1.32)	(1.14)	(−1.49)	(1.66)
Ind	−3.2279	4.1311	−2.8991	7.1038
	(−0.69)	(0.72)	(−0.45)	(1.11)
$Info$	0.7842 ***	−0.4438	0.6877	0.4836
	(2.71)	(−0.97)	(1.50)	(1.53)
$Wage$	0.0410	−9.5901 *	−0.2981	−4.7690
	(0.16)	(−1.94)	(−0.68)	(−1.20)
$\_cons$	−39.6848	43.8512	64.9220 **	−81.7941
	(−1.32)	(0.86)	(2.19)	(−1.58)
城市效应	控制	控制	控制	控制
时间效应	控制	控制	控制	控制
N	1120	1136	1120	1136
R^2	0.196	0.233	0.204	0.073

注：括号内为 t 值，***、**、* 分别表示估计系数在 1%、5%、10% 的显著性水平上
显著。

（五）不同工业发展水平城市

不同工业发展水平城市的异质性效应分析结果如表 8-18 和表 8-19
所示。采用城市工业增加值占地区生产总值的比重代表城市的工业发展

水平，并按照工业发展水平对全部样本城市进行四等分。可以看到，与生产性服务业发展水平维度的异质性估计结果不同，高铁开通对工业发展水平最高和较高的两组城市的生产性服务业专业化集聚具有显著正向影响，对工业发展水平最高的一组城市的生产性服务业多样化集聚具有显著正向影响。工业发展水平是影响生产性服务业空间布局的重要因素，制造业市场需求对生产性服务业的集聚发展具有重要影响，较高的工业发展水平可能会挤占生产性服务业的发展规模，但强大的制造业需求可以为生产性服务业提供持续的市场反馈，有利于其提升发展实力，增加集聚程度。

表 8-18　　　　　高铁开通对不同工业发展水平城市生产性
服务业专业化集聚的影响

	（1） 最高	（2） 较高	（3） 较低	（4） 最低
Hsr	0.6849* (1.72)	0.4557* (1.71)	0.0615 (0.27)	0.4979 (1.39)
Grp	−0.8049** (−2.05)	−1.2914** (−2.30)	−1.6022* (−1.81)	0.9612* (1.81)
Popu	−0.5409 (−0.58)	−2.6826* (−1.74)	−1.3523 (−0.47)	2.4010 (0.88)
Gov	0.2171 (0.31)	0.0785 (0.14)	0.2506 (0.89)	0.2587 (0.35)
Fdi	−0.0007 (−0.01)	−0.0386 (−0.53)	−0.0798 (−0.92)	0.0417 (1.19)
Depos	0.9036 (0.84)	0.8862 (1.14)	0.2372 (0.27)	−0.5473 (−1.16)
Hcap	−0.0583 (−0.64)	−0.1111 (−1.13)	−0.1100 (−0.66)	−0.1537 (−1.07)
Ind	3.0903 (1.20)	1.2068 (0.39)	2.0951 (0.76)	−0.9498 (−0.49)
Info	−0.0342 (−0.25)	−0.1062 (−0.64)	0.1570 (0.77)	−0.0798 (−0.84)
Wage	−0.1478 (−0.14)	−0.3764 (−0.41)	1.0294 (1.05)	−0.0746 (−0.69)
_cons	4.0892 (0.40)	31.4859** (2.44)	19.2334 (0.73)	−15.6782 (−1.05)

续表

	（1）最高	（2）较高	（3）较低	（4）最低
城市效应	控制	控制	控制	控制
时间效应	控制	控制	控制	控制
N	1128	1128	1128	1128
R^2	0.121	0.187	0.264	0.418

注：括号内为 t 值，**、* 分别表示估计系数在 5%、10% 的显著性水平上显著。

表 8-19　　　　　高铁开通对不同工业发展水平城市生产性
服务业多样化集聚的影响

	（1）最高	（2）较高	（3）较低	（4）最低
Hsr	2.5172* (1.82)	-0.2143 (-0.32)	-0.3385 (-0.45)	0.8962 (1.27)
Grp	0.1026 (0.04)	3.3157 (1.11)	4.0507* (1.79)	-2.5079 (-0.54)
Popu	5.7492 (1.11)	12.4244 (0.93)	-4.0420 (-0.49)	23.4409*** (2.70)
Gov	-7.0554* (-1.80)	-0.9346 (-0.54)	-0.9006 (-0.94)	0.2319 (0.21)
Fdi	0.3365 (0.84)	-0.0810 (-0.22)	0.0505 (0.23)	-0.1413 (-0.53)
Depos	0.2573 (0.05)	-1.4628 (-0.44)	1.5623 (0.55)	1.5082 (1.57)
Hcap	-1.2597 (-0.82)	0.8742 (1.28)	-0.9310 (-1.04)	0.0547 (0.07)
Ind	16.7503 (1.13)	-9.1838 (-0.84)	-17.5772* (-1.72)	19.3300** (2.18)
Info	0.4940 (0.73)	-0.5786 (-0.75)	1.1739* (1.92)	-0.2394 (-0.33)
Wage	4.4120 (0.89)	-6.7495 (-1.64)	4.4004 (1.59)	-0.1421 (-0.14)
_cons	6.0507 (0.10)	-12.0207 (-0.23)	-78.4781 (-1.28)	-1.2e+02 (-1.52)

续表

	（1）最高	（2）较高	（3）较低	（4）最低
城市效应	控制	控制	控制	控制
时间效应	控制	控制	控制	控制
N	699	684	677	452
R^2	0.127	0.282	0.276	0.151

注：括号内为 t 值，***、**、* 分别表示估计系数在 1%、5%、10%的显著性水平上显著。

第三节　高铁开通、生产性服务业和制造业协同集聚与制造业转型升级

一　研究设计

（一）模型选择

高铁开通对生产性服务业与制造业协同集聚的多期双重差分模型如式（8-3）所示：

$$Ps\_coagg_{c,t} = \beta_0 + \beta_1 HSR_{c,t} + \gamma X_{c,t} + \delta_c + \delta_t + u_{c,i,t} \tag{8-3}$$

其中，被解释变量 $Ps\_coagg_{c,t}$ 表示城市 c 在 t 年的生产性服务业与制造业协同集聚水平；核心解释变量 $HSR_{c,t}$ 表示城市 c 在 t 年是否开通高铁，若开通高铁则取 1，否则取 0，开通高铁城市为实验组，未开通高铁城市为控制组；β_1 为核心解释变量的估计系数，如果 β_1 显著大于 0，则表明高铁开通显著促进了沿线城市生产性服务业与制造业协同集聚，反之则阻碍了二者协同集聚；$X_{c,t}$ 为一系列城市层面的控制变量，包括城市经济规模、人口规模、政府支持力度、对外开放程度、金融发展水平、人力资本规模、产业结构、信息水平以及收入水平；δ_c 为城市固定效应；δ_t 为时间固定效应。标准误聚类在城市层面。

（二）变量与数据

1. 被解释变量

本部分的被解释变量为生产性服务业与制造业协同集聚水平，具体的构建方式已在第三章进行说明，采用类似方法分别对功能型生产性服

务业、知识密集型生产性服务业及其各子行业与制造业的协同集聚水平进行测度。

2. 解释变量

与前文类似，以高铁开通与否的虚拟变量作为核心解释变量。

3. 控制变量

本章的控制变量与其他章节相同，包括城市经济规模、城市人口规模、政府支持力度、城市对外开放程度、城市金融发展水平、城市人力资本规模、城市产业结构、城市信息化水平、城市收入水平，主要变量的定义如表8-20所示。为消除离群值影响，对部分变量进行对数处理，表8-21为主要变量的描述性分析结果。

本章所使用数据的来源在以上章节已进行过介绍，此处不再赘述。

表8-20　　　　　　　　　　主要变量的符号和定义

变量符号	变量名称	变量定义
Hsr	高铁开通	0—1虚拟变量
Ps_coagg	生产性服务业与制造业协同集聚	见第三章
Ps_coagg1	功能型生产性服务业与制造业协同集聚	见第三章
Ps_coagg2	知识密集型生产性服务业与制造业协同集聚	见第三章
$Info\_coagg$	信息传输、计算机服务和软件业与制造业协同集聚	见第三章
Fin_coagg	金融业与制造业协同集聚	见第三章
Lea_coagg	租赁和商务服务业与制造业协同集聚	见第三章
Sci_coagg	科学研究、技术服务和地质勘查业与制造业协同集聚	见第三章
Grp	城市经济规模	城市生产总值
$Popu$	城市人口规模	城市总人口
Gov	政府支持力度	政府科教支出
Fdi	城市对外开放程度	实际利用外资额
Dep	城市金融发展水平	年末金融机构存款余额
$Hcap$	城市人力资本规模	高校教师数
Ind	城市产业结构	第二产业占比
$Info$	城市信息化水平	国际互联网用户数
$Wage$	城市收入水平	平均工资

表 8-21   主要变量描述性分析

变量	均值	标准差	最小值	最大值
Hsr	0.2990	0.4579	0.0000	1.0000
Hsr_t	0.4701	0.7788	0.0000	2.8332
Hsr_s	0.3919	0.6662	0.0000	3.1781
Ps_coagg	2.4054	0.5419	0.6342	5.4760
Ps_coagg1	2.3884	0.6163	0.5724	5.8886
Ps_coagg2	2.4071	0.5492	0.5846	6.9271
$Info\_coagg$	2.3020	0.6250	0.5698	5.9031
Fin_coagg	2.6149	0.6016	0.7452	5.1460
Lea_coagg	2.1269	0.7336	0.3611	5.7844
Sci_coagg	2.2513	0.7370	0.5416	24.1703
Grp	15.9759	1.0832	12.6690	19.6049
$Popu$	5.8635	0.6899	2.8547	8.1330
Gov	14.0895	1.1091	10.4058	18.2405
Fdi	0.4814	0.1101	0.0266	0.9097
Dep	10.3303	0.6303	2.3805	12.6780
$Hcap$	7.5297	1.6726	0.0000	13.5241
Ind	16.1898	1.2447	12.7451	21.1749
$Info$	11.3081	2.4184	0.0000	16.8347
$Wage$	12.5782	1.3269	0.0000	17.7617

二 基本实证结果

高铁开通对沿线城市生产性服务业与制造业协同集聚影响的双重差分模型估计结果如表 8-22 所示。其中，第（1）列和第（2）列为最小二乘估计结果，第（3）列为固定效应估计结果，第（4）列为双重差分模型估计结果，第（5）列为倾向得分匹配后的双重差分模型估计结果。结果显示，在各种模型下，高铁开通对沿线城市生产性服务业与制造业协同集聚的影响均不存在显著的正向影响，在双重差分模型以及倾向得分匹配后的双重差分模型下，高铁开通对沿线城市生产性服务业与制造业的协同集聚均无显著影响，表明高铁开通对二者协同集聚同时存在"促进效应"与"抑制效应"，且二者影响程度相当。

表 8-22　　　高铁开通对生产性服务业与制造业协同集聚
影响的基本实证结果

	（1） Coagg OLS	（2） Coagg OLS	（3） Coagg FE	（4） Coagg DID	（5） Coagg PSM+DID
Hsr	−0.0670*** （−3.55）	0.0022 （0.11）	0.0057 （0.27）	−0.0055 （−0.26）	0.0025 （0.11）
Grp		−0.0088 （−0.60）	−0.0338** （−2.32）	−0.0637** （−2.16）	−0.0372 （−1.09）
Popu		0.0963** （2.30）	0.0981 （1.00）	0.1240 （1.23）	0.1159 （1.01）
Gov		−0.2333*** （−6.86）	−0.1268*** （−3.89）	−0.0784** （−2.15）	−0.0952* （−1.92）
Fdi		0.0102* （1.74）	0.0031 （0.51）	0.0031 （0.53）	0.0080 （1.03）
Depos		0.2631*** （6.78）	0.1166*** （2.77）	0.1267** （2.43）	0.1457** （2.21）
Hcap		−0.0018 （−0.37）	−0.0072 （−1.47）	0.0018 （0.16）	−0.0083 （−0.40）
Ind		0.5106*** （4.12）	0.4547*** （3.53）	0.4831*** （3.30）	0.3991** （2.33）
Info		0.0023 （0.22）	0.0004 （0.04）	0.0010 （0.10）	0.0371** （2.15）
Wage		−0.0585** （−2.21）	−0.0099 （−0.58）	0.0076 （0.46）	−0.0472 （−0.73）
_cons	2.4255*** （76.63）	1.2364*** （4.27）	2.1650*** （3.92）	1.5065 （1.62）	1.2512 （1.03）
城市效应	未控制	未控制	控制	控制	控制
时间效应	未控制	未控制	未控制	控制	控制
N	4512	4512	4512	4512	2512
R^2			0.068	0.085	0.057

注：括号内为 t 值，***、**、* 分别表示估计系数在 1%、5%、10%的显著性水平上显著。

三 异质性分析①

（一）不同地理位置城市

表 8-23 展示了高铁开通对不同地理位置城市产业协同集聚的异质性效应估计结果。可以看到，高铁开通显著促进了沿线西部地区生产性服务业与制造业的分离式集聚，对其他地区二者的协同集聚无显著影响。究其原因，西部地区的交通条件欠发达，高铁开通极大地提升了区域可达性，加快了资源和要素的流动，降低了生产性服务业的贸易成本，为二者的分离式集聚创造了条件；同时，前文已证实高铁开通对西部地区生产性服务业企业的布局无显著促进作用，且高铁开通在一定程度上提升了沿线城市的人员、土地等要素价格，增大了制造业（尤其是西部地区众多劳动密集型制造业）的生产成本，降低了制造业企业的布局意愿。因此，高铁开通对西部地区产业协同集聚的"抑制效应"大于"促进效应"。

表 8-23 高铁开通对不同地理位置城市生产性服务业与制造业协同集聚的影响

	（1）东部地区	（2）中部地区	（3）西部地区
Hsr	0.0114 (0.39)	0.0087 (0.24)	−0.0946** (−2.02)
Grp	−0.1140** (−2.54)	−0.0286 (−0.57)	0.0135 (0.25)
Popu	0.3835* (1.84)	−0.0308 (−0.24)	−0.1148 (−0.46)
Gov	−0.0536 (−0.87)	−0.0418 (−0.51)	−0.0861 (−1.58)
Fdi	−0.0041 (−0.35)	−0.0067 (−0.63)	0.0063 (0.85)
Depos	0.1271 (1.27)	0.2157** (2.43)	−0.0080 (−0.09)
Hcap	−0.0042 (−0.26)	0.0185 (0.89)	0.0011 (0.07)

---

① 由于高铁开通对各个细分行业与制造业协同集聚程度的影响均不显著，故未展示。

续表

	（1）东部地区	（2）中部地区	（3）西部地区
Ind	0.4952	0.6379 ***	0.3799 *
	（1.39）	（2.74）	（1.74）
Info	−0.0127	0.0082	0.0403 *
	（−1.26）	（0.44）	（1.78）
Wage	0.0019	−0.0836	0.0290
	（0.07）	（−1.01）	（1.60）
_cons	0.9718	0.6892	3.0575
	（0.56）	（0.39）	（1.57）
城市效应	控制	控制	控制
时间效应	控制	控制	控制
N	1616	1584	1312
R^2	0.125	0.125	0.136

注：括号内为 t 值，***、**、* 分别表示估计系数在 1%、5%、10% 的显著性水平上显著。

（二）不同级别城市

考虑到制造业和服务业的布局偏好存在一定差异，进一步对不同级别城市的异质性效应进行分析。将全部城市划分为一线城市、二线城市、三线城市和四线城市四个组别①。高铁开通对不同级别城市生产性服务业与制造业协同集聚的异质性效应估计结果如表 8-24 所示。结果显示，高铁开通仅显著促进了一线城市生产性服务业与制造业的协同集聚。具体来看，由于生产性服务业对高端要素的需求较大，其更偏好在经济发达

---

① 其中，一线城市为北京市、广州市、上海市、深圳市、成都市、重庆市、杭州市、西安市、武汉市、苏州市、郑州市、南京市、天津市、长沙市、东莞市、宁波市、佛山市、合肥市、青岛市；二线城市为昆明市、沈阳市、济南市、无锡市、厦门市、福州市、温州市、金华市、哈尔滨市、大连市、贵阳市、南宁市、泉州市、石家庄市、长春市、南昌市、惠州市、常州市、嘉兴市、徐州市、南通市、太原市、保定市、珠海市、中山市、兰州市、临沂市、潍坊市、烟台市、绍兴市；三线城市为台州市、海口市、乌鲁木齐市、洛阳市、廊坊市、汕头市、湖州市、咸阳市、盐城市、济宁市、呼和浩特市、扬州市、赣州市、阜阳市、唐山市、镇江市、邯郸市、银川市、南阳市、菏泽市、漳州市、周口市、沧州市、信阳市、衡阳市、镇江市、三亚市、上饶市、邢台市、莆田市、柳州市、宿迁市、九江市、襄阳市、驻马店市、宜昌市、岳阳市、肇庆市、滁州市、威海市、德州市、泰安市、安阳市、荆州市、运城市、安庆市、潮州市、清远市、开封市、宿州市、株洲市、蚌埠市、许昌市、宁德市、六安市、宜春市、聊城市、渭南市；四线城市为其他地级城市。

的一线城市布局，而制造业（尤其是劳动密集型制造业）通常需要较大的生产场地，出于节省生产成本的考虑，其更倾向于在欠发达地区布局，仅有知识密集型制造业多在发达的一线城市布局。因此，一线城市二者的协同集聚应表现为生产性服务业与知识密集型制造业的协同集聚。

表 8-24　　　　　高铁开通对不同级别城市生产性服务业与
制造业协同集聚的影响

	（1） 一线城市	（2） 二线城市	（3） 三线城市	（4） 四线城市
Hsr	0.0928* (1.77)	0.0217 (0.48)	-0.0117 (-0.30)	-0.0042 (-0.13)
Grp	-0.3245 (-1.41)	-0.1612** (-2.22)	-0.2554*** (-3.74)	0.0118 (0.29)
Popu	0.1622 (1.06)	1.0632 (1.22)	-0.4674 (-1.16)	0.1342 (1.11)
Gov	0.1035 (0.46)	0.0624 (0.32)	0.0206 (0.19)	-0.0999** (-2.47)
Fdi	-0.0642 (-1.29)	-0.0239* (-1.70)	-0.0045 (-0.30)	0.0066 (1.10)
Depos	0.0586 (0.20)	-0.3580 (-1.62)	0.2535** (2.21)	0.1092* (1.73)
Hcap	0.0550 (0.39)	0.0148 (0.66)	0.0260 (0.90)	-0.0027 (-0.21)
Ind	0.1412 (0.13)	0.2585 (0.49)	0.7421** (2.16)	0.3370* (1.96)
Info	-0.0374 (-0.81)	0.0264 (0.79)	-0.0081 (-0.23)	-0.0043 (-0.52)
Wage	0.0999 (0.29)	0.4372** (2.15)	0.0230 (0.72)	-0.0110 (-0.43)
_cons	5.0773 (0.98)	-0.3834 (-0.08)	4.6051 (1.50)	1.0290 (0.97)
城市效应	控制	控制	控制	控制
时间效应	控制	控制	控制	控制
N	304	480	896	2832
R²	0.173	0.407	0.132	0.078

注：括号内为 t 值，***、**、* 分别表示估计系数在 1%、5%、10% 的显著性水平上显著。

（三）不同知识溢出条件城市

高铁开通不同知识溢出条件城市生产性服务业与制造业协同集聚的异质性效应估计结果如表 8-25 所示。采用城市高等院校学生数代表城市的知识溢出条件，同样基于知识溢出条件将全部样本城市划分为四组。可以看到，与生产性服务业发展与集聚的异质性效应结论一致，高铁开通仅对知识溢出条件最好的一组城市的生产性服务业与制造业协同集聚产生了显著正向影响，对其他组别无显著影响，表明知识溢出条件也是影响二者协同集聚的重要因素。

表 8-25　　高铁开通对不同知识溢出条件城市生产性服务业与
制造业协同集聚的影响

	(1) 最好	(2) 较好	(3) 较差	(4) 最差
Hsr	0.0454 * (1.72)	0.0105 (0.26)	−0.0507 (−1.24)	0.0600 (0.97)
Grp	−0.0951 (−1.61)	−0.1093 * (−1.71)	0.0366 (0.55)	−0.0077 (−0.14)
$Popu$	0.3882 * (1.88)	0.1621 (1.36)	0.1135 (0.55)	0.1929 (0.61)
Gov	0.0256 (0.25)	−0.0949 * (−1.75)	−0.1517 * (−1.87)	−0.0794 (−0.93)
Fdi	−0.0186 (−1.39)	−0.0036 (−0.30)	−0.0122 (−1.14)	0.0190 ** (2.59)
$Depos$	0.0142 (0.13)	0.1750 * (1.92)	0.3051 *** (2.90)	−0.0128 (−0.12)
$Hcap$	−0.0171 (−0.76)	0.0294 (0.64)	0.0977 *** (2.75)	−0.0170 (−1.41)
Ind	0.1408 (0.42)	0.6319 * (1.95)	0.1070 (0.37)	0.4989 ** (2.03)
$Info$	0.0004 (0.02)	−0.0019 (−0.10)	0.0052 (0.29)	−0.0226 ** (−2.46)
$Wage$	−0.0046 (−0.26)	0.1009 (1.24)	−0.0156 (−0.25)	−0.0101 (−0.38)
$\_cons$	1.8706 (0.95)	0.4362 (0.28)	−1.8467 (−0.93)	2.4325 (1.32)

	(1) 最好	(2) 较好	(3) 较差	(4) 最差
城市效应	控制	控制	控制	控制
时间效应	控制	控制	控制	控制
N	1120	1136	1120	1136
R^2	0.256	0.117	0.121	0.105

注：括号内为 t 值，***、**、* 分别表示估计系数在 1%、5%、10% 的显著性水平上显著。

第四节 本章小结

本章主要对"两业融合"视角下高铁开通对制造业转型升级的间接作用机制进行研究，剖析高铁开通通过生产性服务业发展、生产性服务业集聚以及生产性服务业与制造业协同集聚对制造业转型升级的影响。首先，剖析了高铁开通对生产性服务业发展的影响。基准回归结论表明，高铁开通对生产性服务业发展具有显著的正向影响，且结论具有一定的稳健性。异质性分析发现，高铁开通对金融业以及中部地区城市、人口规模超大城市、知识溢出条件最好城市，以及工业发展水平中等城市的生产性服务业发展的促进作用更强。其次，分析了高铁开通对生产性服务业集聚的影响。基准回归结论表明，高铁开通对生产性服务业集聚具有显著的正向影响，包括专业化集聚和多样化集聚，且高铁开通对专业化集聚的影响较多样化集聚更为显著，结论具有一定的稳健性。异质性分析发现，高铁开通对知识密集型生产性服务业集聚的促进作用较功能型行业更高，在知识密集型行业内部，高铁开通对信息传输、计算机服务和软件业以及科学研究、技术服务和地质勘查业集聚的促进作用更为突出；高铁开通对东部和中部地区城市、人口规模大城市、知识溢出条件最好城市、工业发展水平最高城市生产性服务业集聚的促进作用更为突出。最后，研究了高铁开通对生产性服务业与制造业协同集聚的影响。基准回归结论表明，高铁开通对生产性服务业与制造业协同集聚无显著影响，高铁开通对产业协同集聚的"促进效应"和"抑制效应"并存。

异质性分析结果显示，高铁开通显著促进了沿线西部地区生产性服务业与制造业的分离式集聚，促进了一线城市以及知识溢出条件最好城市生产性服务业与制造业的协同集聚。

第九章　研究结论与政策建议

第一节　主要研究结论

近年来，中国高铁建设蓬勃发展，制造业转型升级迫在眉睫，同时生产性服务业在支撑和壮大实体经济方面的作用愈加突出，而现有研究对于高铁开通的制造业转型升级效应以及生产性服务业发展和集聚在高铁开通影响制造业转型升级中的机制效应仍然关注不足。基于此，本书将高铁、生产性服务业和制造业纳入同一框架，研究高铁开通对制造业转型升级的影响以及"两业融合"视角下的间接作用机制，主要研究结论如下。

关于中国高铁开通、生产性服务业发展及集聚和制造业转型升级的现状，研究发现有三。第一，样本期内中国累计开通高铁线路数量和城市数量均逐年增加，且二者存在显著的地区差异，东部地区占据绝对优势，中部地区次之，西部地区最低，截至样本期末，广东省开通高铁的城市数量最多，宁夏和西藏仍没有城市开通高铁。第二，样本期内中国生产性服务业的发展水平不断提高，且以知识密集型行业为主，其中金融业增速最快，水平最高。分地区来看，东部地区生产性服务业的发展水平高于中西部地区。样本期内中国生产性服务业的专业化集聚水平和多样化集聚水平均呈整体上升态势，其中，知识密集型行业具有显著优势。从地区差异来看，东部地区的专业化集聚水平较高，但多样化集聚水平较低；样本期内中国生产性服务业与制造业的协同集聚水平总体呈下降趋势。从子行业来看，金融业与制造业的协同集聚水平最高。分地区来看，东部地区的产业协同集聚水平最高。第三，样本期内中国制造业的经济效益呈上升趋势，东部地区显著高于中西部地区；制造业污染物排放水平在 2014 年以后明显快速下降，制造业污染物排放强度在整个样本期内呈明显下降趋势。分地区来看，中部地区的污染物排放水平最低，东部地区的污染物排放强度最低；工业绿色全要素生产率增长率在波动中总体上升，西部地区的增长幅度最大。

关于中国高铁开通对沿线城市制造业转型升级的影响及直接作用机制，研究发现有三。第一，高铁开通显著提升了沿线地区制造业的经济效益。高铁开通通过促进人力资本要素流动、研发资本要素流动以及市场一体化程度提升实现了沿线地区制造业经济效益的改善；高铁开通对沿线地区制造业经济效益的影响具有显著的时间累积效应和正向空间溢出效应，但不同维度指标的空间溢出对象存在一定差异；高铁开通对中部地区城市、人口规模大城市、人力资本规模最小城市、研发资本规模最小城市以及市场规模最小城市的制造业经济效益改善的促进作用更为突出。第二，高铁开通显著改善了沿线地区制造业的环境效益。高铁开通可以通过促进人力资本要素流动、研发资本要素流动、市场一体化程度提升以及旅游经济发展增加沿线地区制造业的环境效益，但高铁对绿色物流发展无显著影响，绿色物流机制仍有待进一步发挥；高铁开通对沿线地区制造业环境效益的影响具有显著的时间累积效应，高铁开通对制造业污染物排放水平的影响具有一定的正向空间溢出效应，而高铁开通对制造业污染物排放强度的影响则不具有空间溢出效益；高铁开通对东西部地区城市、人口规模超大城市和大城市、人力资本规模最小城市、研发资本规模最小城市、市场规模最小城市，以及旅游经济发展水平最高城市的制造业环境效益改善的促进作用更为突出。第三，高铁开通显著改善了沿线地区制造业的综合效率。高铁开通对沿线地区制造业综合效率的影响具有显著的时间累积效应，但不存在空间溢出效应；高铁开通对东中部地区城市、人口规模特大城市和大城市、人力资本规模较小城市、研发资本规模较大和较小城市、市场规模较大城市以及旅游经济发展水平较高城市的制造业综合效率改善的促进作用更为突出。

关于"两业融合"视角下高铁开通对沿线城市制造业转型升级的间接作用机制，研究发现有三。第一，高铁开通显著促进了沿线地区生产性服务业的发展。高铁开通对金融业以及中部地区城市、人口规模超大城市、知识溢出条件最好城市以及工业发展水平中等城市的生产性服务业发展的促进作用更强。第二，高铁开通也显著促进了沿线地区生产性服务业的专业化集聚和多样化集聚，且高铁开通对专业化集聚的影响更为突出。从子行业来看，高铁开通对知识密集型生产性服务业专业化集聚的促进作用更强。其中，高铁开通对信息传输、计算机服务和软件业以及科学研究、技术服务和地质勘查业集聚的正向影响更为突出。此外，高铁开通对东部和中部地区城市、人口规模大城市、知识溢出条件最好城市、工业发展水平最高城市生产性服务业集聚的积极影响更强。第三，高铁开通对生产性服务业与制造业协同集聚无显著影响。高铁开通显著促进了沿线西部地区生产性服务业与制造业的分离式集聚，推动了一线城市以及知识溢出条件最好城市生产性服务业与制造业的协同集聚。

第二节 启示与对策建议

基于上述研究结论，本书提出如下对策建议。

第一，稳步推进高铁建设，优化高铁空间布局，助力制造业转型升级。研究发现，高铁开通对多维度制造业转型升级均具有显著的促进效应。因此，要进一步强化高铁在促进现代化经济和产业体系建设中的作用，不断完善现有高铁网络，优化高铁空间布局，合理规划线路站点。一方面，要基于《国家综合立体交通网规划纲要》等政策文件，稳步推进高铁线路建设，不断加快既有线路改造，尽快实现慢速、普速列车提速，进一步加强城市群交通基础设施互联互通，提升区域可达性，加快区域资源要素流动和市场一体化进程，助力地区间的联动发展和制造业企业的转型升级。另一方面，要不断提升高铁建设空间布局的合理性，加快中西部地区（尤其是西部地区）的高铁建设，优先在中西部地区及各个城市群的中心城市及交通枢纽城市布局高铁线路和站点；同时，在新建和改造高铁线路时充分考虑国家中长期经济和产业发展需要，在重点产业集聚城市、增长潜力较高城市优先布局高铁站点。

第二，根据实际情况制定符合本地区经济发展特征的制造业转型升级战略，实现高铁有序均衡促进不同地区和不同类型城市制造业转型升级。研究表明，高铁的制造业转型升级效应在不同地区和不同类型城市间存在较大差异。因此，各地区在依托高铁开通促进制造业转型升级时不应盲目效仿，而应根据实际情况制定符合本地区经济发展特征的制造业升级战略。在地区层面，东部地区应注重发挥高铁对制造业环境效益和综合效率的改善效应，中部地区应注重发挥高铁对制造业经济效益和综合效率的积极影响，而西部地区应注重发挥高铁对制造业经济效益和环境效益的正向作用，各地区应根据自身实际情况，完善相关政策和配套设施，不断提升高铁对制造业转型升级影响的深度和持续性。在城市规模层面，高铁开通对规模较大城市的正向影响在各个维度都较为突出，国家政策应进一步向中小城市倾斜，中小城市自身也应不断完善政策机制、营商环境和配套设施，努力激发高铁开通的积极效应，降低"虹吸效应"的负面影响。同时，中小城市也应积极融入周边城市群，充分利用大规模城市的溢出效应实现自身产业转型升级。在城市特征层面，对于高端要素匮乏、市场规模有限以及旅游经济发展基础较好的城市，应着力完善高端要素引进政策，加强旅游业宣传推介，着力提升设施和服务质量，借高铁之势加快提高制造业经济和环境效益，而对于以上变量水平居中的城市，在完善以上政策的同时，应大力鼓励技术创新，加强先进技术和工艺的研发引进，强化管理人员交流互动，以提升制造业综合效率。

第三，注重发挥要素流动和市场一体化在高铁开通促进制造业转型升级中的作用。要素流动和市场一体化是高铁开通促进制造业转型升级最为基础和重要的机制，沿线地区必须注重发挥其对本地制造业企业转型升级的积极影响。作为高铁开通城市，要基于本地区经济与产业的发展需要，制定针对性的人才和要素引进政策；同时，加强对周边地区市场的深入考察和调研，明确市场拓展的方向和目标。考虑到高铁开通对制造业转型升级存在显著的时间累积效应，为了加快制造业升级效应的实现，相关政策的制定和市场的考察应尽早开展，制造业企业自身也应树立高端化、绿色化和智能化的发展理念，不断完善配套基础设施，提高企业规范化、科学化管理水平，加强对人才和要素的吸引力和市场开拓的竞争力。对于尚未开通高铁但与节点城市距离较近的城市，要充分发挥高铁开通对制造业经济效益和部分环境效益的正向空间溢出效应，积极加强与邻近高铁开通城市的经济往来和商业合作，注重与城市群内部以及相邻城市群中经济发展水平和产业结构相似的交通枢纽城市的交流与合作，破除资源要素流动壁垒，积极拓展产品市场范围；而对于与高铁网络节点距离较远的城市，要积极改善自身与地理和经济距离相对较近的城市群节点城市的交通条件，尽可能缩短时间距离，通过承接产业转移等途径加强合作交流。

第四，强化旅游经济和绿色物流在高铁开通推动制造业绿色转型升级中的影响。尽管从理论上看，旅游经济和绿色物流均是高铁开通促进制造业绿色转型升级的重要机制，但从中国目前的实际来看，旅游经济机制发挥了一定作用，而绿色物流的影响有待进一步激发。一方面，要进一步加强旅游经济机制。对于旅游经济发展基础较好且开通高铁的城市，要加大对本地旅游资源的宣传推介力度；同时，不断完善旅游产业发展的配套政策措施，鼓励相关企业入驻，不断扩大产业规模，完善软硬件配套设施。对于旅游经济发展基础较好但地理位置偏僻、交通条件不便利的城市来说，应充分发挥邻近地区高铁开通的优势，积极融入以交通枢纽城市为核心的城市群，增加与枢纽城市直达列车的开通频次，加大对本地特色旅游的宣传力度，加强与邻近地区交通便利且旅游资源丰富城市的交流与合作，协同建设自然生态和文化旅游廊道，联合打造地区精品文旅线路。另一方面，要激发绿色物流的积极作用。坚持落实系统观念，进一步统筹各种交通运输方式，完善政策举措，加大运输结构调整力度，推动制造业企业加快落实运输结构调整方针，大力发展"公转铁"，降低公路运输在货物运输结构中的占比；同时，进一步发挥高铁在释放现有铁路货运能力方面的积极作用，加强高铁货运能力建设，完善相关配套设施和货运组织，持续扩大高铁快运规模；积极打造区域绿色物流枢纽，加快构建国家和地区绿色物流网络。

第五，制定阶段性发展战略，稳步有序实现生产性服务业发展和集聚水平提升，更好地推进制造业转型升级。高铁开通显著促进了沿线城市生产性服务业的发展和集聚，但对生产性服务业与制造业的协同集聚无显著影响。其一，各地区应制定分阶段的生产性服务业发展战略。在高铁开通后，应先围绕生产性服务业规模扩大完善配套政策和设施，然后着力推进其集聚发展，注重发挥高铁在提升生产性服务业（尤其是知识密集型生产性服务业）专业化集聚水平方面的积极作用，允许生产性服务业各个子行业的集聚水平存在较大的差异。随着生产性服务业专业化集聚水平的提高，应逐步调整发展战略，将缩小生产性服务业各个子行业间发展水平的差异置于更为重要的位置，努力提升本地生产性服务业的多样化集聚水平。考虑到中国高铁开通对沿线城市生产性服务业专业化集聚的促进作用更为突出，而生产性服务业多样化集聚对制造业转型升级的正向影响更强，各地区一方面要优化产业结构和布局，降低同质化竞争，提升生产性服务业专业化集聚的有效性；另一方面要积极创造有利于生产性服务业多样化集聚的产业、要素和政策条件，通过完善顶层设计、招商引资、承接产业转移等方式提升多样化集聚水平，不断扩大多样化集聚规模。其二，由于高铁开通对生产性服务业各子行业的影响具有显著差异，各级政府应结合本地实际情况制定差异化的产业政策。一方面，继续为信息传输、计算机服务和软件业以及科学研究、技术服务业和地质勘查业的专业化集聚提供政策和设施上的支持；另一方面，制定更加优惠的金融业以及租赁和商务服务业所需高水平专业人才和资源要素的引进政策，促进其专业化集聚水平的提高，同时也要注意对集聚规模的控制，避免集聚过度带来的不利影响。

第六，根据实际情况制定符合本地区经济发展特征的生产性服务业发展和集聚战略，实现高铁有序均衡地促进不同地区和不同类型城市生产性服务业的发展和集聚，进而间接推动制造业转型升级。根据本书的研究结论，高铁开通对不同地区以及不同类型城市生产性服务业发展和集聚的影响具有显著的异质性。因此，各地区在促进生产性服务业发展及集聚时不应操之过急，而应根据实际情况制定符合本地区经济发展特征的战略。从地区来看，要进一步强化高铁开通对东中部地区生产性服务业发展及集聚的影响，各城市应根据本地区产业发展方向和优势，聚焦重点行业完善配套政策；同时，考虑到西部地区制造业占比较高且转型升级迫切，要继续优化西部地区生产性服务业发展的配套政策和设施，尤其是人才政策，加强招商引资和地区间合作，推动高水平制造业和生产性服务业企业向西部地区转移，激发高铁开通对生产性服务业发展及集聚的促进作用，缓解对多样化集聚的负面影响。从人口规模来看，人口规模超大城市应主要借助高铁开通对生产性服务业规模扩大的积极作用推动制造业转型升级，而大城市应依托高铁开通对生产性服务业集聚的促进作用助推制造业转型升级，部分资本技术密集型制造业集聚的一线城市甚至可以依托二者的协同集聚进一步放大高铁开通的产业升级效应，不同城市应根据自身实际情况，完善产业发展支持政策和举措；对中小城市来说，则应继续优化营商环境，基于产业发展规划制定针对性产业政策，并完善配套基础设施（尤其是信息基础设施等新型基础设施），为知识技术密集的生产性服务业发展和集聚提供必要基础，减轻高铁开通可能带来的"虹吸效应"，不断扩大正向影响。在城市特征层面，知识溢出条件较好的城市应将生产性服务业作为未来主要的产业发展方向，并制定相关产业政策和配套举措，充分借助高铁开通优势，助推产业规模扩大、集群化发展甚至与制造业协同集聚发展；较高的工业发展程度可能会对生产性服务业规模产生一定挤出效应，这些城市应将发展重点放在产业集群化发展上，而对于工业发展水平一般的城市来说，则可依托生产性服务业规模扩大塑造产业发展优势。

参考文献

一 中文文献

白俊红、王钺、蒋伏心，2017，《研发要素流动、空间知识溢出与经济增长》，《经济研究》第 7 期。

白清，2015，《生产性服务业促进制造业升级的机制分析——基于全球价值链视角》，《财经问题研究》第 4 期。

包群、郝腾，2023，《交通基础设施质量对制造业价值链升级的影响研究》，《当代经济研究》第 5 期。

鲍丽洁，2011，《产业共生的特征和模式分析》，《当代经济》第 16 期。

曹小曙、洪浩霖、梁斐雯，2019，《高铁对中国城市群生产性服务业集聚的影响》，《热带地理》第 3 期。

曹跃群、杨玉玲、向红，2021，《交通基础设施对服务业全要素生产率的影响研究——基于生产性资本存量数据》，《经济问题探索》第 4 期。

曹允春、席艳荣、李微微，2009，《新经济地理学视角下的临空经济形成分析》，《经济问题探索》第 2 期。

陈超凡，2016，《中国工业绿色全要素生产率及其影响因素——基于 ML 生产率指数及动态面板模型的实证研究》，《统计研究》第 3 期。

陈春阳、孙海林、李学伟，2005，《客运专线运营对区域经济的影响》，《北京交通大学学报》（社会科学版）第 4 期。

陈光、张超，2014，《生产性服务业对制造业效率的影响研究——基于全国面板数据的实证分析》，《经济问题探索》第 2 期。

陈国亮、陈建军，2012，《产业关联、空间地理与二三产业共同集聚——来自中国 212 个城市的经验考察》，《管理世界》第 4 期。

陈建军、陈国亮、黄洁，2009，《新经济地理学视角下的生产性服务业集聚及其影响因素研究——来自中国 222 个城市的经验证据》，《管理世界》第 4 期。

陈建军、陈菁菁，2011，《生产性服务业与制造业的协同定位研究——以浙江省 69 个城市和地区为例》，《中国工业经济》第 6 期。

陈启斐、刘志彪，2014，《生产性服务进口对我国制造业技术进步的实证分析》，《数量经济技术经济研究》第 3 期。

陈雪梅，2003，《中小企业集群的理论与实践》，经济科学出版社。

程中华、李廉水、刘军，2017，《生产性服务业集聚对工业效率提升的空间外溢效应》，《科学学研究》第 3 期。

戴魁早、骆莙函，2022，《环境规制、政府科技支持与工业绿色全要素生产率》，《统计研究》第 4 期。

邓慧慧、杨露鑫、潘雪婷，2020，《高铁开通能否助力产业结构升级：事实与机制》，《财经研究》第 6 期。

邓明，2014，《中国城市交通基础设施与就业密度的关系——内生关系与空间溢出效应》，《经济管理》第 1 期。

邓涛涛、王丹丹、程少勇，2017，《高速铁路对城市服务业集聚的影响》，《财经研究》第 7 期。

董辰、孔刘柳，2012，《交通基础设施与中国产业结构升级》，《金融经济》第 22 期。

董晓霞等，2006，《地理区位，交通基础设施与种植业结构调整研究》，《管理世界》第 9 期。

董艳梅、朱英明，2016，《高铁建设能否重塑中国的经济空间布局——基于就业、工资和经济增长的区域异质性视角》，《中国工业经济》第 10 期。

董也琳，2016，《生产性服务进口会抑制中国制造业自主创新吗》，《财贸研究》第 2 期。

杜兴强、彭妙薇，2017，《高铁开通会促进企业高级人才的流动吗?》，《经济管理》第 12 期。

冯烽、崔琳昊，2020，《高铁开通与站点城市旅游业发展："引擎"还是"过道"?》，《经济管理》第 2 期。

冯泰文，2009，《生产性服务业的发展对制造业效率的影响——以交易成本和制造成本为中介变量》，《数量经济技术经济研究》第 3 期。

冯媛，2017，《大规模交通基础设施投资与县域企业生产率》，硕士学位论文，暨南大学。

付向阳、黄涛珍，2016，《生态旅游影响居民环保意识的机制与对策》，《统计与决策》第 23 期。

高传胜、李善同，2007，《中国生产者服务：内容、发展与结构——基于中国 1987—2002 年投入产出表的分析》，《现代经济探讨》第 8 期。

高传胜，2008，《中国生产者服务对制造业升级的支撑作用——基于中国投入产出数据的实证研究》，《山西财经大学学报》第 1 期。

高洪玮、吴滨，2022，《长江经济带高铁开通对制造业绿色转型的影响》，《中国人口·资源与环境》第 8 期。

高觉民、李晓慧，2011，《生产性服务业与制造业的互动机理：理论与实证》，《中国工业经济》第 6 期。

高康、原毅军，2020，《生产性服务业空间集聚如何推动制造业升级？》，《经济评论》第 4 期。

高翔、龙小宁、杨广亮，2015，《交通基础设施与服务业发展——来自县级高速公路和第二次经济普查企业数据的证据》，《管理世界》第 8 期。

耿纯、赵艳朋，2018，《交通基础设施对新建制造业企业选址的异质影响研究》，《经济学动态》第 8 期。

顾乃华，2011，《我国城市生产性服务业集聚对工业的外溢效应及其区域边界——基于 HLM 模型的实证研究》，《财贸经济》第 5 期。

顾乃华、毕斗斗、任旺兵，2006，《中国转型期生产性服务业发展与制造业竞争力关系研究——基于面板数据的实证分析》，《中国工业经济》第 9 期。

郭吉安，2012，《武广高速铁路对湖南省沿线旅游经济的影响分析》，《铁道运输与经济》第 6 期。

郭然、原毅军，2020，《生产性服务业集聚能够提高制造业发展质量吗？——兼论环境规制的调节效应》，《当代经济科学》第 2 期。

韩峰、洪联英、文映，2014，《生产性服务业集聚推进城市化了吗？》，《数量经济技术经济研究》第 12 期。

韩峰、阳立高，2020，《生产性服务业集聚如何影响制造业结构升级？——一个集聚经济与熊彼特内生增长理论的综合框架》，《管理世界》第 2 期。

胡汉辉、邢华，2003，《产业融合理论以及对我国发展信息产业的启示》，《中国工业经济》第 2 期。

胡天军、申金升，1999，《京沪高速铁路对沿线经济发展的影响分析》，《经济地理》第 5 期。

胡晓鹏，2008，《产业共生：理论界定及其内在机理》，《中国工业经济》第 9 期。

胡昭玲、夏秋、孙广宇，2017，《制造业服务化、技术创新与产业结构转型升级——基于 WIOD 跨国面板数据的实证研究》，《国际经贸探索》第 12 期。

黄凯南、孙广召，2019，《高铁开通如何影响企业全要素生产率？——基于中国制造业上市企业的研究》，《中国地质大学学报》（社会科学版）第 1 期。

贾俊雪，2017，《公共基础设施投资与全要素生产率：基于异质企业家模型的理论分析》，《经济研究》第 2 期。

江静、刘志彪、于明超，2007，《生产者服务业发展与制造业效率提升：基于地区和行业面板数据的经验分析》，《世界经济》第 8 期。

江静、刘志彪，2009，《生产性服务业发展与制造业在全球价值链中的升级——以长三角地区为例》，《南方经济》第 11 期。

江曼琦、席强敏，2014，《生产性服务业与制造业的产业关联与协同集聚》，《南开学报》（哲学社会科学版）第 1 期。

江艇，2022，《因果推断经验研究中的中介效应与调节效应》，《中国工业经济》第 5 期。

蒋荷新，2017，《交通基础设施对生产性服务业发展的溢出效应——基于省际的空间计量模型分析》，《中南财经政法大学学报》第 3 期。

金凤君、王姣娥、孙炜等，2003，《铁路客运提速的空间经济效果评价》，《铁道学报》第 6 期。

靳光涛、唐荣、黄抒田，2023，《高质量生产性服务业集聚与制造业升级：基于知识溢出的视角》，《宏观经济研究》第 7 期。

［英］肯尼思·巴顿，2002，《运输经济学》，冯宗宪译，商务印书馆。

黎绍凯、朱卫平、刘东，2020，《高铁能否促进产业结构升级：基于资源再配置的视角》，《南方经济》第 2 期。

李超、李涵、唐丽淼，2021，《高速铁路、运输效率与垂直专业化分工》，《经济学》（季刊）第 1 期。

李国强，1998，《京九沿线将成为我国一条新经济增长带》，《管理世界》第 2 期。

李涵、黎志刚，2009，《交通基础设施投资对企业库存的影响——基于我国制造业企业面板数据的实证研究》，《管理世界》第 8 期。

李涵、唐丽淼，2015，《交通基础设施投资、空间溢出效应与企业库存》，《管理世界》第 4 期。

李红昌等，2016，《中国高速铁路对沿线城市经济集聚与均等化的影响》，《数量经济技术经济研究》第 11 期。

李慧玲，2018，《交通基础设施建设对产业结构转型的影响研究》，《云南财经大学学报》第 11 期。

李慧玲、徐妍，2016，《交通基础设施、产业结构与减贫效应研究——基于面板 VAR 模型》，《技术经济与管理研究》第 8 期。

李佳洺、孙铁山、张文忠，2014，《中国生产性服务业空间集聚特征与模式研究——基于地级市的实证分析》，《地理科学》第 4 期。

李建明、罗能生，2020，《高铁开通改善了城市空气污染水平吗？》，《经济学（季刊）》第 4 期。

李建明、王丹丹、刘运材，2020，《高速铁路网络建设推动中国城市产业结构升级了吗？》，《产业经济研究》第 3 期。

李兰冰、阎丽、黄玖立，2019，《交通基础设施通达性与非中心城市制造业成长：市场势力、生产率及其配置效率》，《经济研究》第 12 期。

李磊、刘常青、徐长生，2019，《劳动力技能提升对中国制造业升级的影响：结构升级还是创新升级？》，《经济科学》第 4 期。

李宁、韩同银，2018，《京津冀生产性服务业与制造业协同发展实证研究》，《城市发展研究》第 9 期。

李廷智、杨晓梦、赵星烁，2013，《高速铁路对城市和区域空间发展影响研究综述》，《城市发展研究》第 2 期。

李祥妹、刘亚洲、曹丽萍，2014，《高速铁路建设对人口流动空间的影响研究》，《中国人口·资源与环境》第 6 期。

李晓刚，2016，《交通可达性与制造业升级》，博士学位论文，江西财经大学。

李晓华，2017，《服务型制造与中国制造业转型升级》，《当代经济管理》第 12 期。

李欣泽、纪小乐、周灵灵，2017，《高铁能改善企业资源配置吗？——来自中国工业企业数据库和高铁地理数据的微观证据》，《经济评论》第 6 期。

李雪松、孙博文，2017，《高铁开通促进了地区制造业集聚吗？——基于京广高铁的准自然试验研究》，《中国软科学》第 7 期。

李永友、严岑，2018，《服务业"营改增"能带动制造业升级吗》，《经济研究》第 4 期。

李中，2015，《交通基础设施的技术演进对产业结构升级研究》，博士学位论文，东南大学。

梁双陆、梁巧玲，2016，《交通基础设施的产业创新效应研究——基于中国省域空间面板模型的分析》，《山西财经大学学报》第 7 期。

林航、谢志忠，2015，《体验经济视角下制造业升级路径探讨——以德国、意大利为例》，《现代经济探讨》第 11 期。

林善浪、张惠萍，2011，《通达性、区位选择与信息服务业集聚——以上海为例》，《财贸经济》第 5 期。

林晓言，2015，《高速铁路与经济社会发展新格局》，社会科学文献出版社。

刘秉镰、刘玉海，2011，《交通基础设施建设与中国制造业企业库存成本降低》，《中国工业经济》第 5 期。

刘叶、刘伯凡，2016，《生产性服务业与制造业协同集聚对制造业效率的影响——基于中国城市群面板数据的实证研究》，《经济管理》第 6 期。

刘冲、刘晨冉、孙腾，2019，《交通基础设施、金融约束与县域产业发展——基于"国道主干线系统"自然实验的证据》，《管理世界》第 7 期。

刘冲、周黎安，2014，《高速公路建设与区域经济发展：来自中国县级水平的证据》，《经济科学》第 2 期。

刘峰、张忠军，2014，《交通基础设施对制造业企业库存的降低效应研究——基于空间计量模型的实证分析》，《工业技术经济》第 9 期。

刘荷、王健，2014，《交通基础设施对制造业集聚的溢出效应：基于地区和行业的实证分析》，《东南学术》第 4 期。

刘慧、彭榴静、陈晓华，2020，《生产性服务资源环节偏好与制造业出口品国内增加值率》，《数量经济技术经济研究》第 3 期。

刘江，1997，《成渝高速公路通车一年多社会经济效益显著》，《公路》第 2 期。

刘钜强、赵永亮，2010，《交通基础设施、市场获得与制造业区位——来自中国的经验数据》，《南开经济研究》第 4 期。

刘利民、王敏杰，2010，《基于一个 NEG 模型的运输成本、地租与产业的集聚和转移》，《工业技术经济》第 4 期。

刘强、王丽君、徐生霞，2023，《产业协同集聚对全要素生产率的影响研究——以制造业和生产性服务业为例》，《首都经济贸易大学学报》第 1 期。

刘奕、夏杰长、李垚，2017，《生产性服务业集聚与制造业升级》，《中国工业经济》第 7 期。

刘奕、夏杰长，2010，《以功能性服务集群策动制造业集群升级的实现路径与政策建议》，《宏观经济研究》第 3 期。

刘勇，2011，《绿色技术创新与传统意义技术创新辨析》，《工业技术经济》第 12 期。

刘玉国、贾洪飞、张枭雄，2003，《现代物流业的发展与产业结构的优化》，《工业技术经济》第 5 期。

刘志彪，2006，《发展现代生产者服务业与调整优化制造业结构》，《南京大学学报》（哲学·人文科学·社会科学版）第 5 期。

龙小宁、高翔，2014，《交通基础设施与制造业企业生产率——来自县级高速公路和中国工业企业数据库的证据》，《华中师范大学学报》（人文社会科学版）第 5 期。

卢飞、刘明辉，2016，《生产性服务业集聚门槛与制造业升级研究——基于集聚三重效应的分析》，《贵州财经大学学报》第 4 期。

鲁成浩、符大海、曹莉，2022，《生产性服务发展促进我国制造业升级了吗——基于现代服务业综合试点的政策冲击》，《南开经济研究》第 1 期。

陆大道，1995，《区域发展及其空间结构》，科学出版社。

路红艳，2009，《生产性服务与制造业结构升级——基于产业互动、融合的视角》，《财贸经济》第 9 期。

路江涌、陶志刚，2007，《我国制造业区域集聚程度决定因素的研究》，《经济学（季刊）》第 3 期。

罗军，2019，《生产性服务进口与制造业全球价值链升级模式——影响机制与调节效应》，《国际贸易问题》第 8 期。

罗能生、萧楠芳、李建明，2020，《高铁能否促进产业结构优化升级——基于准自然实验的分析》，《管理学刊》第 1 期。

罗鹏飞、徐逸伦、张楠楠，2004，《高速铁路对区域可达性的影响研究——以沪宁地区为例》，《经济地理》第 3 期。

罗双成、刘建江、石大千，2021，《创新的高速路：高铁对制造业创新的影响》，《中国经济问题》第 4 期。

马光荣、程小萌、杨恩艳，2020，《交通基础设施如何促进资本流动——基于高铁开通和上市公司异地投资的研究》，《中国工业经济》第 6 期。

马红梅、郝美竹，2020，《中国高铁建设与沿线城市生产性服务业集聚：影响机制与实证检验》，《产业经济研究》第 1 期。

马健，2002，《产业融合理论研究评述》，《经济学动态》第 5 期。

［美］迈克尔·波特，2002，《国家竞争优势》，李明轩等译，华夏出版社。

孟萍莉，2017，《中国生产性服务贸易对制造业升级的影响研究》，博士学位论文，首都经济贸易大学。

年猛，2019，《交通基础设施、经济增长与空间均等化——基于中国高速铁路的自然实验》，《财贸经济》第 8 期。

庞彪，2019，《高铁货运来袭》，《中国物流与采购》第 2 期。

彭湘君、曾国平，2014，《基于内生经济增长模型的生产性服务业对制造业效率影响的研究》，《经济问题探索》第 12 期。

乔彬、张蕊、雷春，2019，《高铁效应、生产性服务业集聚与制造业升级》，《经济评论》第 6 期。

覃成林、杨晴晴，2017《高速铁路对生产性服务业空间格局变迁的影响》，《经济地理》，第 2 期。

覃成林、杨晴晴，2016，《高速铁路发展与城市生产性服务业集聚》，《经济经纬》第 3 期。

任晓红、张宗益，2010，《交通基础设施与制造业区位选择的空间计量经济学分析》，《经济问题探索》第 10 期。

邵晖，2008，《北京市生产者服务业聚集特征》，《地理学报》第 12 期。

盛丰，2014，《生产性服务业集聚与制造业升级：机制与经验——来自 230 个城市数据的空间计量分析》，《产业经济研究》第 2 期。

施卫东、孙霄凌，2008，《京沪高速铁路建设对两地及沿线创意产业发展的影响》，《经济与管理研究》第 10 期。

施震凯、邵军、浦正宁，2018，《交通基础设施改善与生产率增长：来自铁路大提速的证据》，《世界经济》第 6 期。

史明华，2008，《贵广高速铁路对贵州区域经济影响力及利用研究》，硕士学位论文，贵州大学。

苏杭、郑磊、牟逸飞，2017，《要素禀赋与中国制造业产业升级——基于 WIOD 和中国工业企业数据库的分析》，《管理世界》第 4 期。

苏文俊、施海涛、王新军，2009，《京沪高铁对鲁西南沿线主要城市的影响》，《复旦学报》（自然科学版）第 1 期。

孙鹏博、葛力铭，2021，《通向低碳之路：高铁开通对工业碳排放的影响》，《世界经济》第 10 期。

孙伟增、牛冬晓、万广华，2022，《交通基础设施建设与产业结构升级——以高铁建设为例的实证分析》，《管理世界》第 3 期。

孙文浩、张杰，2020，《高铁网络能否推动制造业高质量创新》，《世界经济》第 12 期。

孙文浩、张杰，2021，《高铁网络对制造业企业创新的动态影响》，《北京工业大学学报》（社会科学版）第 6 期。

孙文浩、张杰，2022，《高铁网络、要素逆集聚与制造业创新》，《西安交通大学学报》（社会科学版）第 1 期。

孙晓华、刘小玲、徐帅，2017，《交通基础设施与服务业的集聚效应——来自省市两级的多层线性分析》，《管理评论》第 6 期。

孙正、杨素、刘瑾瑜，2021，《我国生产性服务业与制造业协同融合程度测算及其决定因素研究》，《中国软科学》第 7 期。

谭洪波，2015，《生产者服务业与制造业的空间集聚：基于贸易成本的研究》，《世界经济》第 3 期。

谭洪波、夏杰长，2022，《数字贸易重塑产业集聚理论与模式——从地理集聚到线上集聚》，《财经问题研究》第 6 期。

谭建华、丁红燕、谭志东，2019，《高铁开通与企业创新——基于高铁开通的准自然实验》，《山西财经大学学报》第 3 期。

唐红祥，2017，《交通基础设施视角下西部地区制造业集聚的区位熵分析》，《管理世界》第 6 期。

唐红祥，2018，《西部地区交通基础设施对制造业集聚影响的 EG 指数分析》，《管理世界》第 8 期。

唐红祥、王业斌、王旦等，2018，《中国西部地区交通基础设施对制造业集聚影响研究》，《中国软科学》第 8 期。

唐荣、顾乃华，2018，《高铁建设与上游生产性服务业发展——基于 PSM-DID 的实证检验》，《经济与管理研究》第 7 期。

唐晓华、张欣珏、李阳，2018，《中国制造业与生产性服务业动态协调发展实证研究》，《经济研究》第 3 期。

田坤、行伟波、黄坤，2022，《交通基础设施升级与旅游经济高质量发展——基于高铁开通的实证研究》，《经济学报》网络首发。

王春杨、兰宗敏、张超，2020，《高铁建设、人力资本迁移与区域创新》，《中国工业经济》第 12 期。

王俊，2011，《流通业对制造业效率的影响——基于我国省级面板数据的实证研究》，《经济学家》第 1 期。

魏后凯，2001，《中国区域基础设施与制造业发展差异》，《管理世界》第 6 期。

吴昌南、陈小兰，2014，《我国服务业生产效率区域差异的实证研究——基于高速公路密度和改革力度的视角》，《经济地理》第 8 期。

吴江、贾元华、于帅，2019，《交通基础设施建设对产业集聚的影响分析——以旅游产业为例》，《北京交通大学学报》（社会科学版）第 2 期。

肖挺，2016，《中国城市交通基础设施建设对本地就业的影响》，《中国人口科学》第 4 期。

肖挺、黄先明，2017，《交通基础设施建设与本地就业：效应评估及传导机制分析》，《宏观质量研究》第 1 期。

肖雁飞、张琼、曹休宁，2013，《武广高铁对湖南生产性服务业发展的影响》，《经济地理》第 10 期。

谢呈阳、王明辉，2020，《交通基础设施对工业活动空间分布的影响研究》，《管理世界》第 12 期。

徐海东，2019，《城市高铁开通对产业升级及就业—产业耦合协调度的影响》，《首都经济贸易大学学报》（双月刊）第 5 期。

徐翌、欧国立，2016，《交通基础设施对区域间制造业分工的影响——基于制造业细分行业数据的实证研究》，《经济问题探索》第 8 期。

许丽萍、吴玉鸣、马为彪，2023，《高铁建设促进制造业与生产性服务业协同集聚了吗?》，《产业经济研究》第 1 期。

宣烨，2012，《生产性服务业空间集聚与制造业效率提升——基于空间外溢效应的实证研究》，《财贸经济》第 4 期。

宣烨、陈启斐，2017，《生产性服务品进口技术复杂度与技术创新能力——来自全球高科技行业的证据》，《财贸经济》第 9 期。

宣烨、余泳泽，2014，《生产性服务业层级分工对制造业效率提升的影响——基于长三角地区 38 城市的经验分析》，《产业经济研究》第 3 期。

宣烨、余泳泽，2017，《生产性服务业集聚对制造业企业全要素生产率提升研究——来自 230 个城市微观企业的证据》，《数量经济技术经济研究》第 2 期。

宣烨、陆静、余泳泽，2019，《高铁开通对高端服务业空间集聚的影响》，《财贸经济》第 9 期。

薛立敏等，1993，《生产性服务业与制造业互动关系之研究》，台湾中华经济研究院。

薛漫天，2011，《基础设施对各行业生产率的影响研究》，《工业技术经济》第 11 期。

杨汝岱，2015，《中国制造业企业全要素生产率研究》，《经济研究》第 2 期。

杨晓云、赵小红，2022，《生产性服务业进口技术复杂度与制造业企业创新》，《软科学》第 7 期。

杨晓智、陈柳钦，2007，《缄默知识、产业集群及其技术创新》，《经济管理》第 5 期。

姚如青，2010，《沪杭高铁对于沪杭关系和杭州发展的影响研究》，

《现代城市研究》第 6 期。

姚士谋、管驰明、房国坤，2001，《高速公路建设与城镇发展的相互关系研究初探——以苏南地区高速路段为例》，《经济地理》第 3 期。

尹希果、刘培森，2014，《城市化、交通基础设施对制造业集聚的空间效应》，《城市问题》第 11 期。

于斌斌，2017，《生产性服务业集聚能提高制造业生产率吗？——基于行业、地区和城市异质性视角的分析》，《南开经济研究》第 2 期。

于明远、范爱军，2016，《全球价值链、生产性服务与中国制造业国际竞争力的提升》，《财经论坛》第 6 期。

余泳泽、刘大勇、宣烨，2016，《生产性服务业集聚对制造业生产效率的外溢效应及其衰减边界——基于空间计量模型的实证分析》，《金融研究》第 2 期。

喻美辞，2011，《生产性服务业发展对珠三角制造业竞争力的影响》，《华南农业大学学报》（社会科学版）第 1 期。

喻胜华、李丹、祝树金，2020，《生产性服务业集聚促进制造业价值链攀升了吗——基于 277 个城市微观企业的经验研究》，《国际贸易问题》第 5 期。

喻胜华、黄婉莹、赵盼，2022，《生产性服务业开放对制造业创新质量的影响研究——基于中国加入 WTO 的准自然实验》，《财经理论与实践》第 6 期。

袁纯清，1998，《共生理论——兼论小型经济》，经济科学出版社。

原毅军、郭然，2018，《生产性服务业集聚、制造业集聚与技术创新——基于省级面板数据的实证研究》，《经济学家》第 5 期。

原毅军、谢荣辉，2016，《环境规制与工业绿色生产率增长——对"强波特假说"的再检验》，《中国软科学》第 7 期。

臧霄鹏、林秀梅，2011，《生产性服务业与其他产业的关联关系研究——基于投入产出模型的动态分析》，《经济问题》第 6 期。

曾艺、韩峰，2022，《生产性服务业集聚与制造业出口产品质量升级》，《南开经济研究》第 7 期。

詹浩勇，2013，《生产性服务业集聚与制造业转型升级研究》，博士学位论文，西南财经大学。

张彬斌、陆万军，2016，《公路交通性能与服务业发展机会——基于国道主干线贯通中国西部的研究》，《财贸经济》第 5 期。

张彬斌，2021，《制造业就业增长机制：产业集聚与交通基础设施的作用——生成逻辑、现实路径及影响》，《经济问题探索》第 1 期。

张华、贺灿飞，2007，《区位通达性与在京外资企业的区位选择》，《地理研究》第 5 期。

张慧、易金彪、徐建新，2023，《交通可达性与制造业出口升级——基于空间溢出效应视角的经验分析》，《云南财经大学学报》第 9 期。

张金月、张永庆，2020，《高铁开通对工业绿色全要素生产率的影响——以长江经济带 11 个省份为例》，《地域研究与开发》第 4 期。

张克中、陶东杰，2016，《交通基础设施的经济分布效应——来自高铁开通的证据》，《经济学动态》第 6 期。

张梦婷等，2018，《高铁网络、市场准入与企业生产率》，《中国工业经济》第 5 期。

张明志、余东华、孙婷，2019，《高铁开通对城市生产体系绿色重构的影响》，《中国人口·资源与环境》第 7 期。

张天华、高翔、步晓宁等，2017，《中国交通基础设施建设改善了企业资源配置效率吗？——基于高速公路建设与制造业企业要素投入的分析》，《财经研究》第 8 期。

张文忠，1999，《日资和韩资企业在华投资的产业结构和区位特征》，《世界经济》第 5 期。

张学良，2012，《中国交通基础设施促进了区域经济增长吗——兼论交通基础设施的空间溢出效应》，《中国社会科学》第 3 期。

张振刚、陈志明、胡琪玲，2014，《生产性服务业对制造业效率提升的影响研究》，《科研管理》第 1 期。

张志彬，2017，《生产性服务业集聚的区际差异、驱动因素与政策选择——基于京津冀、长三角和珠三角城市群的比较分析》，《经济问题探索》第 2 期。

张志醒，2018，《中国生产性服务进口与制造业转型升级研究》，博士学位论文，对外经济贸易大学。

赵鹏，2017，《交通基础设施对区域经济增长的影响》，博士学位论文，吉林大学。

郑联盛、孟雅婧、李俊成，2022，《高铁开通、金融资源配置与区域经济发展不平衡——基于 PSM-DID 模型的估计》，《金融评论》第 3 期。

钟韵、闫小培，2005，《西方地理学界关于生产性服务业作用研究述评》，《人文地理》第 3 期。

中国社会科学院工业经济研究所课题组，2023，《新型工业化内涵特征、体系构建与实施路径》，《中国工业经济》第 3 期。

周浩、余壮雄、杨铮，2015，《可达性，集聚和新建企业选址——来自中国制造业的微观证据》，《经济学》（季刊）第 3 期。

周茂、陆毅、杜艳等，2018，《开发区设立与地区制造业升级》，《中国工业经济》第 3 期。

周思思、逯苗苗，2023，《"分离式集聚"还是"协同式集聚"？——高铁网络对产业分布关系的影响研究》，《软科学》第 7 期。

朱文涛、顾乃华、谭周令，2018，《高铁建设对中间站点城市服务业就业的影响——基于地区和行业异质性视角》，《当代财经》第 7 期。

朱文涛，2019，《高铁服务供给对省域制造业空间集聚的影响研究》，《产业经济研究》第 3 期。

朱文涛、顾乃华，2020，《高铁可达性、空间溢出效应与制造业集聚》，《首都经济贸易大学学报》第 5 期。

朱瑜珂，2017，《交通基础设施对制造业全要素生产率的空间溢出效应研究》，硕士学位论文，兰州大学。

朱正伟，2014，《交通基础设施与中国制造业库存水平的关系研究》，硕士学位论文，重庆大学。

二 外文文献

Abdel-Rahman, H., M. Fujita, 1990, "Product Variety, Marshallian Externalities, and City Sizes", *Journal of Regional Science*, Vol. 30, No 2.

Baek, J., W. R. Park, 2022, "The Impact of Improved Passenger Transport System on Manufacturing Plant Productivity", *Regional Science and Urban Economics*, Vol. 96.

Baldwin, R. et al., 2011, *Economic Geography and Public Policy*, Princeton: Princeton University Press.

Banga, R., 2005, "Impact of Liberalization on Wages and Employment in Indian Manufacturing Industries", ICRIER Woking Paper, No. 153.

Banister, D. , Y. Berechman, 2017, "The Economic Development Effects of Transport Investments", Transport Projects, Programmes and Policies, London: Routledge.

Barton, S. L. , P. J. Gordon, 1987, "Corporate Strategy: Useful Perspective for the Study of Capital Structure?", *Academy of Management Review*, Vol. 12, No. 1.

Bary, A. D. , 1879, "Die Erscheinung Der Symbios", Strasbourg: Privately Printed.

Bernard, A. B. , A. Moxnes, Y. U. Saito, 2019, "Production Networks, Geography, and Firm Performance", *Journal of Political Economy*, Vol. 127, No. 2.

Beyers, W. B. , D. P. Lindahl, 1996, "Explaining the Demand for Producer Services: Is Cost−Driven Externalization the Major Factor?", *Papers in Regional Science*, Vol. 75, No. 3.

Blum, U. A. , T. E. Havnes, J. C. Karlsson, 1997, "Introduction to the Special Issue, The Regional and Urban Effects of High−speed Trains", *The Annals of Regional Science*, Vol. 31.

Bonnafous, A. , 1987, "The Regional Impact of the TGV", *Transportation*, Vol. 14, No 2.

Browning, H. L. , J. Singelmann, 1975, "The Emergence of a Service Society: Demographic and Sociological Aspects of the Sectoral Transformation of the Labor Force in the USA", Alexandria: National Technical Information Service.

Button, K. J. , S. Leitham, R. W. Ronald, et al. , 1995, "Transport and Industrial and Commercial Location", *The Annals of Regional Science*, Vol. 29, No. 2.

Button, K. , 1993, *Transport Economics*, Cheltenham: Edward Elgar Publishing.

Wie, B. W. , D. J. Choy, 1993, "Traffic Impact and Analysis of Tourism Development", *Annal of Tourism Research*, Vol. 20, No. 3.

Cao, W. , X. Feng, H. Zhang, 2019, "The Structural and Spatial Properties of the High−Speed Railway Network in China: A Complex Network

Perspective", *Journal of Rail Transport Planning & Management*, Vol. 9.

Charnoz, P. , L. Claire, C. Trevien, 2018, "Communication Costs and the Internal Organization of Multi-Plant Businesses: Evidence from the Impact of the French High-Speed Rail", CEPR Discussion Papers.

Chen, C. L. , P. Hall, 2011, "The Impacts of High-Speed Trains on British Economic Geography: A Study of the UK's InterCity 125/225 and Its Effects", *Journal of Transport Geography*, Vol. 19, No. 4.

Cheng, L. K. , Y. K. Kwan, 2000, "What are the Determinants of the Location of Foreign Direct Investment? The Chinese Experience", *Journal of International Economics*, Vol. 51, No. 2.

Chertow, M. R. , 2000, "Industrial Symbiosis: Literature and Taxonomy", *Annual Review of Energy and the Environment*, Vol. 25.

Christaller, W. , 1933, *Central Places in Southern Germany*, Englewood: Prentice-Hall.

Ciccone, A. , R. E. Hall, 1996, "Productivity and the Density of Economic Activity", *The American Economic Review*, Vol. 86, No. 1.

Clark, C. , 1940, *The Conditions of Economic Progress*, London: Macmillan.

Coffey, W. J. , A. S. Bailly, 1991, "Producer Services and Flexible Production: An Exploratory Analysis", *Growth and Change*, Vol. 22, No. 4.

Coffey, W. J. , 2000, "The Geographies of Producer Services", *Urban Geography*, Vol. 21, No. 2.

Coughlin, C. C. , E. Segev, 2000, "Location Determinants of New Foreign-Owned Manufacturing Plants", *Journal of Regional Science*, Vol. 40, No. 2.

Cui, C. , S. Z. Li, 2019, "High-Speed Rail and Inventory Reduction: Firm-Level Evidence from China", *Applied Economics*, Vol. 51, No. 25.

Curran, C. S. , J. Leker, 2011, "Patent Indicators for Monitoring Convergence-Examples from NFF and ICT", *Technological Forecasting and Social Change*, Vol. 78, No. 2.

Daniels, J. D. , J. A. Krug, L. Trevino, 2007, "Foreign Direct Investment from Latin America and the Caribbean", *Transnational Corporations*, Vol. 16, No. 1.

Datta, S., 2012, "The Impact of Improved Highways on Indian Firms", *Journal of Development Economics*, Vol. 99, No. 1.

David, A. J., S. K. Oliver, 2012, "The Successes and Failures of a Key Transportation Link: Accessibility Effects of Taiwan's High-speed Rail", *The Annals of Regional Science*, Vol. 48, No. 1.

Devereux, M. P., R. Griffith, H. Simpson, 2004, "The Geographic Distribution of Production Activity in the UK", *Regional Science & Urban Economics*, Vol. 34, No. 5.

Démurger, S., 2001, "Infrastructure Development and Economic Growth: An Explanation for Regional Disparities in China?", *Journal of Comparative Economics*, Vol. 29, No. 1.

Diamond, D. R., N. Spence, 1989, "Infrastructure and Industrial Costs in British Industry", London: HM Stationery Office.

Ding, C. R., 2013, "Transport Development, Regional Concentration and Economic Growth", *Urban Studies*, Vol. 50, No. 2.

Drucker, P., 2005, *Critical Evaluations in Business and Management*, Abingdon: Taylor & Francis.

Duran - Fernandez, R., G. Santos, 2014, "Regional Convergence, Road Infrastructure, and Industrial Diversity in Mexico", *Research in Transportation Economics*, Vol. 46.

Duranton, G., D. Puga, 2005, "From Sectoral to Functional Urban Specialisation", *Journal of Urban Economics*, Vol. 57, No. 2.

Eberts, R. W., D. P. McMillen, 1999, "Agglomeration Economies and Urban Public Infrastructure", *Handbook of Regional and Urban Economies*, Vol. 3.

Elhorst, J. P., 2014, "Matlab Software for Spatial Panels", *International Regional Science Review*, Vol. 37, No. 3.

Ellison, G., E. L. Glaeser, 1997, "Geographic Concentration in US Manufacturing Industries: A Dartboard Approach", *Journal of Political Economy*, Vol. 105, No. 5.

Eswaran, M., D. Kotwal, 1989, "Why are Capitalists the Bosses?", *The Economic Journal*, Vol. 99, No. 394.

Ezcurra, R. , P. Pascual, M. Rapún, 2006, "Regional Specialization in the European Union", *Regional Studies*, Vol. 40, No. 6.

Faber, B. , 2014, "Trade Integration, Market Size, and Industrialization: Evidence from China's National Trunk Highway System", *Review of Economic Studies*, Vol. 81, No. 3.

Frenken, K. , T. F. Van Oort, 2007, "Verburg, Related Variety, Unrelated Variety and Regional Economic Growth", *Regional Studies*, Vol. 41, No. 5.

Fromm, G. , 1965, "Transport Investment and Economic Development", Washington: Brookings Institution.

Garmendia, M. et al. , 2008, "Urban Residential Development in Isolated Small Cities that are Partially Integrated in Metropolitan Areas by High-Speed Train", *European Urban and Regional Studies*, Vol. 15, No. 3.

Geertman, S. C. M. , V. E. Ritsema, 1995, "GIS and Model of Accessibility: An Application in Planning", *International Journal of Geographical Information Systems*, Vol. 9, No. 1.

Gereffi, G. , 1999, "International Trade and Industrial Upgrading in the Apparel Commodity Chain", *Journal of International Economics*, Vol. 48, No. 1.

Gereffi, G. , 2005, "The Global Economy: Organization, Governance, and Development", *The Handbook of Economic Sociology*, Vol. 2.

Ghani, E. , A. G. Goswami, W. R. Kerr, 2016, "Highway to Success: The Impact of the Golden Quadrilateral Project for the Location and Performance of Indian Manufacturing", *Economic Journal*, Vol. 126, No. 591.

Giroud, X. , 2013, "Proximity and Investment: Evidence from Plant-level Data", *The Quarterly Journal of Economics*, Vol. 128, No. 2.

Givoni, M. , 2006, "Development and Impact of the Modern High-Speed Train: A review", *Transport Reviews*, Vol. 26, No. 5.

Glickman, N. J. , D. P. Woodward, 1987, "Regional Patterns of Manufacturing Foreign Direct Investment in the United States", U. S. Department of Commerce, Economic Development Administration.

Graham, D. J. et al. , 2003, "Economies of Scale and Density in Urban Rail Transport: Effects on Productivity", *Transportation Research Part E: Logistics and Transportation Review, Vol. 39, No. 6.

Graham, D. J., 2007, "Agglomeration, Productivity and Transport Investment", Journal of Transport Economics and Policy, Vol. 41, No. 3.

Greenfield, H., 1966, Manpower and the Growth of Producer Services, London: Columbia University Press.

Greenhut, M. L., 1963, Microeconomics and the Space Economy, Chicago: Scott, Foresman and Company.

Greensteina, S., T. Khanna, 1997, What Does It Mean for Industries to Converge? Boston: Harvard Business School Press.

Grubel, H. G., M. A. Walker, 1989, "Service Industry Growth: Causes and Effects", Vancouver: Fraser Institute.

Haig, R. M., 1926, "Toward an Understanding of the Metropolis: I. Some Speculations Regarding the Economic Basis of Urban Concentration", The Quarterly Journal of Economics, Vol. 40, No. 3.

Hall, P., 2009, "Magic Carpets and Seamless Webs: Opportunities and Constraints for High-Speed Trains in Europe", Built Environment, Vol. 35, No. 1.

Harris, C. D., 1954, "The Market as a Factor in the Localization of Industry in the United States", Annals of the Association of American Geographers, Vol. 44, No. 4.

Haughwout, A. F., 1997, "Central City Infrastructure Investment and Suburban House Values", Regional Science and Urban Economics, Vol. 27, No. 2.

Haughwout, A. F., 1999, "State Infrastructure and the Geography of Employment", Growth and Change, Vol. 30, No. 4.

Henderson, J. V., 1974, "The Sizes and Types of Cities", The American Economic Review, Vol. 64, No. 4.

Hering, L., S. Poncet, 2010, "Income Per Capita Inequality in China: The Role of Economic Geography and Spatial Interactions", World economy, Vol. 33, No 5.

Hill, W., C. M. Pickering, 2006, "Vegetation Associated with Different Walking Track Types in the Kosciuszko Alpine Area, Australia", Journal of

Environmental Management, Vol. 78, No. 1.

Hirschman, A. O. , 1958, *The Strategy of Economic Development*, New Haven, Conn. : Yale University Press.

Holl, A. , 2004, "Manufacturing Location and Impacts of Road Transport Infrastructure: Empirical Evidence from Spain", *Regional Science and Urban Economics*, Vol. 34, No. 3.

Holl, A. , 2016, "Highways and Productivity in Manufacturing Firms", *Journal of Urban Economics*, Vol. 93.

Hong, F. , 2007, "Modeling Heterogeneity in Transportation Infrastructure Deterioration: Application to Pavement", Austin: The University of Texas at Austin.

Hoover, E. M. , 1937, *Location Theory and the Shoe and Leather Industries*, Cambridge: Harvard University Press.

Hoover, E. M. , 1948, *The Location of Economic Activity*, New York: McGraw-Hill Book Company.

Humphrey, J. , H. Schmitz, 2002, "How does Insertion in Global Value Chains Affect Upgrading in Industrial Clusters?", *Regional Studies*, Vol. 36, No. 9.

Jacobs, J. , 1969, *The Economy of Cities*, New York: Random House.

Javorcik, B. , J. M. Arnold, M. Lipscomb, et al. , 2016, "Services Reform and Manufacturing Performance: Evidence from India", *Economic Journal*, Vol. 126, No. 590.

Keeble, D. , L. Nachum, 2002, "Why do Business Service Firms Cluster? Small Consultancies, Clustering and Decentralization in London and Southern England", *Transactions of the Institute of British Geographers*, Vol. 27, No. 1.

Kim, K. S. , 2000, "High−Speed Rail Developments and Spatial Restructuring: A Case Study of the Capital Region in South Korea", *Cities*, Vol. 17, No. 4.

Kobayashi, K. , M. Okumura, 1997, "The Growth of City Systems with High-speed Railway Systems", *The Annals of Regional Science*, Vol. 31, No. 1.

Kojima, K. , 2000, "The 'Flying Geese' Model of Asian Economic

Development: Origin, Theoretical Extensions, and Regional Policy Implications", *Journal of Asian Economics*, Vol. 11, No. 4.

Krugman, P., 1980, "Scale Economies, Product Differentiation and the Pattern of Trade", *American Economic Review*, Vol. 70, No. 5.

Krugman, P., 1991, "Increasing Returns and Economic Geography", *Journal of Political Economy*, Vol. 99, No. 3.

Laird, J. J., J. Nellthorp, P. J. Mackie, 2005, "Network Effects and Total Economic Impact in Transport Appraisal", *Transport Policy*, Vol. 12, No. 6.

Launhardt, W., 1882, "Die Bestimmung des zweckmäßigsten Standortes einer gewerblichen Anlage", *Zeitschrift des Vereines deutscher Ingenieure*, Vol. 26, No. 3.

Leitham, S., R. Mcquaid, J. D. Nelson, 2000, "The Influence of Transport on Industrial Location Choice: A Stated Preference Experiment", *Transportation Research Part A: Policy and Practice*, Vol. 34, No. 7.

Levinson, D. M., 2012, "Accessibility Impacts of High-Speed Rail", *Journal of Transport Geography*, 2012, No. 22.

Li, H., Z. Li., 2013, "Road Investment and Inventory Reduction: Firm Level Evidence from China", *Journal of Urban Economics*, Vol. 76, No. 1.

Li, P., Y. Lu, J. Wang, 2016, "Does Flattening Government Improve Economic Performance?: Evidence from China", *Journal of Development Economics*, No. 123.

Lind, J., 2005, "Ubiquitous Convergence: Market Redefinitions Generated by Technological Change and the Industry Life Cycle", New York: Paper for the DRUID Academy Winter Conference.

Liu, C., W. Wang, Q. Wu, 2019, "Transportation Infrastructure, Competition and Productivity: Theory and Evidence from China", *Economics Letters*, No. 174.

Liu, Z. et al., 2022, "Transport Infrastructure and Industrial Agglomeration: Evidence from Manufacturing Industries in China", *Transport Policy*, No. 121.

Lösch, A., 1954, *The Economics of Location*, New Haven, Conn.: Yale Univ Press.

Lucas, R. J., 1988, "On the Mechanism of Economic Development", *Journal of Monetary Economics*, Vol. 22, No. 3.

Machlup, F., 1962, *The Production and Distribution of Knowledge in the United States*, Princeton: Princeton University Press.

Markusen, J. R., 1989, "Trade in Producer Services and in Other Specialized Intermediate Inputs", *The American Economic Review*, Vol. 97, No. 2.

Markusen, J. R., B. Strand, 2007, "Trade in Business Services in General Equilibrium", NBER Working Papers, No. 12816.

Marshall, A., 1890, *Principles of Economics*, London: Macmillan.

Marshall, J. N., P. Damesick, P. Wood, 1987, "Understanding the Location and Role of Producer Services in the United Kingdom", *Environment and Planning A*, Vol. 19, No. 5.

Martin, R., G. Ottaviano., 2001, "Growth and Agglomeration", *International Economic Review*, Vol. 42, No. 3.

Masson, S., R. Petiot, 2009, "Can the High Speed Rail Reinforce Tourism Attractiveness? The Case of the High Speed Rail between Perpignan (France) and Barcelona (Spain) ", *Technovation*, Vol. 29, No. 9.

Meliciani, V., M. Savona, 2015, "The Determinants of Regional Specialisation in Business Services: Agglomeration Economies, Vertical Linkages and Innovation", *Journal of Economic Geography*, Vol. 15, No. 2.

Melo, P. C., D. J. Graham, R. B. Noland., 2009, " A Meta-Analysis of Estimates of Urban Agglomeration Economies", *Regional Science and Urban Economics*, Vol. 39, No. 3.

Mitraa, A., C. Sharmab, M. Véganzonès-Varoudakisc, 2014, " Trade Liberalization, Technology Transfer, and Firms' Productive Performance: The Case of Indian Manufacturing", *Journal of Asian Economics*, No. 33.

Moses, L. N., 1962, "Towards a Theory of Intra-Urban Wage Differentials and their Influence on Travel Patterns", *Papers in Regional Science*, Vol. 9, No. 1.

O'Farrell, P. N., D. Hitchens, 1990, "Producer Services and Regional Development: A Review of Some Major Conceptual Policy and Research Issues", *Environment and planning A*, Vol. 22, No. 9.

O'Sullivanm, D. , 2001, "Graph – Cellular Automata: A Generalised Discrete Urban and Regional Model", *Environment and Planning B: Planning and Design*, Vol. 28, No. 5.

Park, S. H. , K. S. Chan, 1989, "A Cross−Country Input−Output Analysis of Intersectoral Relationships between Manufacturing and Services and their Employment Implications", *World Development*, Vol. 17, No. 2.

Parr, J. B. , 1965, "Specialization, Diversification and Regional Development", *The Professional Geographer*, Vol. 17, No. 6.

Petty, W. , 1662, *Treatise on Taxes and Contributions*, London: Printed for N. Brooke.

Porter, M. E. , 1985, *Competitive Advantage: Creating and Sustaining Superior Performance*, New York: Free Press.

Pratt, A. C. , 2000, "New Media, the New Economy and New Spaces", *Geoforum*, Vol. 31, No. 4.

Puga, D. , 1999, "The Rise and Fall of Regional Inequalities", *European Economic Review*, 1999, Vol. 43, No. 2.

Puga, D. , 2002, "European Regional Policies in Light of Recent Location Theories", *Journal of Economic Geography*, Vol. 2, No. 4.

Qin, Y. , 2017, " 'No County Left Behind?' The Distributional Impact of High – Speed Rail Upgrades in China", *Journal of Economic Geography*, Vol. 17, No. 3.

Richardson, H. W. , 1978, "Growth Centers, Rural Development and National Urban Policy: A Defense", *International Regional Science Review*, Vol. 3, No. 2.

Rietveld, P. , F. Bruinsma, 2012, *Is Transport Infrastructure Effective? Transport Infrastructure and Accessibility: Impacts on the Space Economy*, Berlin: Springer Science & Business Media.

Romer, P. M. , 1986, "Increasing Returns and Long-Run Growth", *Journal of Political Economy*, Vol. 94, No. 5.

Rosenberg, N. , 1963, "Technological Change in the Machine Tool Industry, 1840−1910", *The Journal of Economic History*, Vol. 23, No. 4.

Rostow, W. W. , 1960, *The Stages of Economic Growth: A Non-Commu-*

nist Manifesto, Cambridge: Cambridge University Press.

Renner, G. T. , 1947, "Geography of industrial localization", *Economic Geography*, Vol. 23, No. 3.

Rennings, K. , 2000, "Redefining Innovation-Eco-Innovation Research and the Contribution from Ecological Economics", *Ecological Economics*, Vol. 32, No. 2.

Sands, B. D. , 1993, "The Development Effects of High-Speed Rail Station and Implications for California", *Built Environment*, Vol. 19, No. 3/4.

Shaw, S. L. , Z. Fang, S. Lu, R. Tao, 2014, "Impacts of High Speed Rail on Railroad Network Accessibility in China", *Journal of Transport Geography*, No. 40.

Shirley, C. , C. Winston, 2004, "Firm Inventory Behavior and the Returns from Highway Infrastructure Investments", *Journal of Urban Economics*, Vol. 55, No. 2.

Smith, A. , 1776, *The Wealth of Nations*, New York: Random House of Canada Limited.

Sombart, W. , S. D. Geer, 1927, "The American Manufacturing Belt", *Geografiska Annaler*, No. 9.

Stanback, T. M. , 1981, *Services: The New Economy*, New Jersey: Allanheld, Osmun & Co.

Storper, M. , A. J. Scott, 1995, "The Wealth of Regions: Market Forces and Policy Imperatives in Local and Global Context", *Futures*, Vol. 27, No. 27.

Straub, S. , 2011, "Infrastructure and Development: A Critical Appraisal of the Macro-level Literature", *Journal of Development Studies*, Vol. 47, No. 5.

Tabuchi, T. , J. F. Thisse, 2006, "Regional Specialization, Urban Hierarchy, and Commuting Costs", *International Economic Review*, Vol. 17, No. 4.

Trip, J. J. , 2005, "Railway Station Development in Post-Industrial Rotterdam-Path Dependency and Shifting Priorities", European Regional Science Association.

Tsekeris, T. , K. Vogiatzoglou, 2014, "Public Infrastructure Investments and Regional Specialization: Empirical Evidence from Greece", *Region-*

al Science Policy and Practice, Vol. 6, No. 3.

Thünen, J. H. , 1826, Der Isolierte Staat in Beziehung Auf Land-wirtschaft Und Nationalökonomie, Perthes.

Ueda, T. , H. Nakamura, 1989, "The Impacts of Shinkansen on Regional Development", Proceedings of Infrastructure Planning, No. 12.

Venables, A. J. , 1996, "Equilibrium Locations of Vertically Linked Industries", International Economic Review, Vol. 37, No. 2.

Vickerman, R. , 1997, "High-Speed Rail in Europe: Experience and Issues for Future Development", Annals of Regional Science, Vol. 31, No. 1.

Wagner, J. E. , 2000, "Regional Economic Diversity: Action, Concept or State of Confusion", Journal of Regional Analysis and Policy, Vol. 30,No. 2.

Wang, Z. , S. J. Wei, K. Zhu, 2013, "Quantifying International Production Sharing at the Bilateral and Sector Levels", National Bureau of Economic Research.

Wearing, S. , 2001, Volunteer Tourism: Experiences that Make a Difference, New York: CABI Publication.

Weber, A. , 1909, "Reine Theorie des Standorts", Tübingen: JCB Mohr (Paul Siebeck) .

Wie, Byung-Wook, Dexter J. L. Choy, "Traffic Impact and Analysis of Tourism Development", Annal of Tourism Research, No. 2, 1993, pp. 505 - 518.

Yang, F. F. , A. Yeh, J. Wang, 2018, "Regional Effects of Producer Services on Manufacturing Productivity in China", Applied Geography, No. 97.

Yang, Y. , 2018, "Transport Infrastructure, City Productivity Growth and Sectoral Reallocation: Evidence from China", International Monetary Fund.

Zheng, S. , M. E. Kahn, 2013, "China's Bullet Trains Facilitate Market Integration and Mitigate the Cost of Megacity Growth", Proceedings of the National Academy of Sciences, Vol. 110, No. 14.

后　记

　　本书以我的博士学位论文为基础，整合了我近两年关于高铁开通与制造业转型升级的相关研究，从最初的数据收集到最终成稿历经近五年的时间，在写作过程中我收集并阅读了数百篇中英文文献，学习运用了多种计量经济方法。受益于这项研究，我的学术研究能力得到了全面锻炼，为后续的科研工作打下了坚实基础。作为我独立完成的第一项研究课题，本书尽管还有诸多需要完善之处，但依然是对我青葱求学岁月最宝贵的纪念。

　　作为近20年来中国交通基础设施发展的典型代表，高速铁路不仅极大地便利了中国人民的出行，密切了区域间的联系，为中国经济发展提供了重要支撑，还通过技术输出在一定程度上改变了世界铁路交通格局。犹记得世纪之交，父亲从家乡唐山去省会石家庄求学时还只能乘坐普通列车，需要耗费近十个小时，当2012年我赴石家庄求学时，动车仅需6个多小时，而当2015年临近我毕业时，津宝高铁的开通已经将车程压缩至3小时，中国高铁的发展成就从我们一个家庭的出行经历中就可见一斑。在高速铁路蓬勃发展的同一时期，发达国家的再工业化及发展中国家的加速工业化也对中国造成了不小冲击，中国制造业同时面临先进技术和低成本竞争的双重挤压，转型升级的需求愈加迫切；同时，在全球服务经济快速发展及国际分工日益深化的背景下，服务化逐渐成为世界各国制造业转型升级和竞争力获取的重要手段，生产性服务业在支撑和壮大实体经济方面的作用愈加突出。作为一种客运交通基础设施，高铁的开通加快了人员、知识和信息等要素的流动，对服务业的发展具有更为直接的影响，那么高铁能否通过推动生产性服务业的发展和集聚助力制造业转型升级呢？我于2019年开始关注并思考这一问题，但当时的相关研究还不多。近年来，伴随着国内高质量发展的推进及部分西方国家对中国高科技行业的封锁打压，制造业转型升级加快推进，国家多次提出要依托先进制造业和现代服务业的深度融合推进制造业转型升级。在此背景下，高铁开通对服务业及制造业发展影响的研究快速增加。但总体来看，将三者相结合，并体系化研究这一问题的文献依然不足。如何将高铁开通这一中国发展的突出优势与制造业转型升级的迫切需求充分对接，基于"两业融合"路径加快制造业的转型升级进程，我想即使在今天也依然是一个值得关注的问题。本书既包含对学理问题的探究，也蕴含对政策方向的探讨，希望能在一定程度上深化现有关于高铁开通与制造业转型升级之间关系的研究，为中国未来依托高铁推进实体经济发展提供有益的启示和对策。

本书的完成离不开我的博士生导师中央财经大学刘志东教授的全力支持。刘老师引领我走上学术道路，为我的学术研究提供了全力的指导和帮助，他严谨的科研态度和严格的学术要求一直影响着我。即使在毕业后，刘老师也一直关心并支持着我的工作和生活，恩师严谨的学术精神和高尚的道德品质令我终身受益！此外，我还要感激中央财经大学管理科学与工程学院的荆中博老师、李玉龙老师和美国路易斯安那州立大学的王超老师在我学习和留学生活中的指导和帮助，感谢学院其他老师对我学习和生活的关怀和支持。

感谢中国社会科学院数量经济与技术经济研究所的领导和老师。你们的欣赏和认可让我有机会初出校门就进入顶尖的研究机构开启职业生涯，能够和众多优秀学者交流合作，参与重大的研究项目。这里宽松的科研环境、严谨的学术氛围以及多元化的发展机会为青年人的成长创造了优良的条件，身为其中的一员，我感到非常荣幸。

感谢中国社会科学院—上海市人民政府上海研究院为我的书籍出版提供资助。在上海研究院的经历极大地拓展了我的视野、丰富了我的实践经验，令我终生难忘。衷心感谢上海研究院的领导和老师对我的帮助和支持，特别感谢科研处老师对本书出版的辛勤付出。感谢中国社会科学出版社周佳老师对我书稿的悉心审读和对出版事宜的大力支持。

最后，我要由衷地感激我的父母和爱人，你们是我一生最宝贵的财富。感谢父母无条件的爱和奉献，是你们的辛勤工作让我没有生活的负担和经济的压力，可以自由追求自己的理想和事业，也是你们的爱和关怀让我有了坚强的后盾，有勇气面对学习和生活中的重重困难。感谢爱人一直和我并肩作战，尽管相隔两地，却从未忽视对我的关心和帮助，那些共同奋斗的日子终将成为我们未来人生中的美好回忆。我将永远深爱并感激着你们!

本书难免存在一些疏漏和缺憾,诚祈各位专家不吝批评指正。

高洪玮

2023 年 12 月写于上海研究院